リスボン条約

小林 勝 訳

御茶の水書房

本書の翻訳部分は、欧州公式出版局がウェブサイト (http://eur-lex.europa.eu/) 上で公表した「リスボン条約」のドイツ語版 (“Konsolidierte Fassungen des Vertrags über die Europäischen Union und des Vertrags über die Arbeitsweise der Europäischen Union”, in : *Amtsblatt der Europäischen Union,* Reihe ‘Mitteilungen und Bekanntmachungen’, C 115 vom 9. Mai 2008) を翻訳したものである。邦訳の責任は、すべて御茶の水書房にある。

リスボン条約　目　次

欧州連合条約

欧州連合の運営方法に関する条約［欧州連合運営条約］

目次

リスボン条約

欧州連合条約

［前　文］

ベルギー王陛下、デンマーク女王陛下、ドイツ連邦共和国大統領、ギリシャ共和国大統領、スペイン王陛下、フランス共和国大統領、アイルランド大統領、イタリア共和国大統領、ルクセンブルク大公国陛下、オランダ女王陛下、ポルトガル共和国大統領、グレートブリテンおよび北アイルランド連合王国女王陛下は(1)、

欧州共同体の設立によって開始された欧州統合の過程を新しい段階に引き上げることを**決意しつつ**、

人間の不可侵かつ譲渡不可能な諸権利、ならびに自由、民主主義、平等および法の支配を、普遍的価値としてその中から発展させた欧州の文化的、宗教的および人間中心主義《ヒューマニズム》的遺産から**汲み取りつつ**、

欧州大陸の分断の克服の歴史的意義および未来の欧州の姿のため堅固な基礎を作る必要性を**忘れることなく**、

自由、民主主義および人権と基本的自由の尊重の原則ならびに法の支配を信条とすることを**確認しつつ**、

一九六一年一〇月一八日にトリノにおいて調印された欧州社会憲章および一九八九年の社会的基本権の連合憲章が定める社会的基本権に対して我々が認める意義を**確認しつつ**、

諸国民の歴史、文化および伝統を尊重して諸国民の連帯を強化することを**願いつつ**、

機関が移譲された任務を統一的な制度的枠組みの中でより良く遂行できるようにするべく、機関の活動における民主主義および効率性を強化することを**願いつつ**、

国民経済の強化と収斂をもたらし、ならびに本条約および欧州連合の運営方法に関する条約［以下、「欧州連合運

営条約」と呼ぶ――訳者」と一致する安定的統一通貨を含む経済・通貨同盟を設立することを**決意しつつ、**

域内市場の実現ならびに結束および環境保護の強化の枠内において、我々諸国民の経済的および社会的進歩を、持続可能な発展の原則を考慮しつつ促進し、経済的統合の前進が他の分野と平行して前進することを保障する政策を追求することを、**固く決意しつつ、**

我々の国の国籍保持者に共通の連合市民権を導入することを**決意しつつ、**

欧州および世界において平和、安全および進歩を促進するために、第四二条に従えば共同防衛に至ることも可能な共通防衛政策の漸進的な決定も含む共通外交・安全保障政策を追求し、これによって欧州のアイデンティティーおよび独立を強化することを**決意しつつ、**

本条約および欧州連合運営条約の規定に従った自由、安全および正義の領域の建設を通じて、我々の市民の安全を同時に保障しつつその自由移動を促進することを**決意しつつ、**

決定が補完性の原則に従って可能な限り市民に身近なところで行われる、諸国民のますます緊密な連合の創出の過程をさらに推し進めることを**決意しつつ、**

欧州統合を前進させるためになされなければならないさらなる措置を**見据えつつ、**

欧州連合を創設することを**決定した。**この目的のために、全権委任者に以下の者を任命した。

［全権委任者の氏名等は省略――訳者。以下、大括弧内の語は訳者による］

これらの者は、真正の全権委任状の交換の後に、以下の通り合意した。

第Ⅰ編　共通規定

第一条

本条約によって**条約締結国**は互いの間で**欧州連合**（以下、「連合」）を創設し、加盟諸国はこれに、自己の共通の目標を実現するために管轄権を移譲する。

本条約は、欧州諸国民のますます緊密となる連合の実現に際して、新しい段階をなし、ここにおいては、決定は可能な限りオープンに、可能な限り市民に身近なところで行われる。

連合の基礎は、本条約および欧州連合運営条約（以下、「二条約」）である。二条約は、法的に同列にある。連合は、欧州共同体に取って代わり、その法的継承者である。

第二条

連合が拠って立つ価値は、人間の尊厳の尊重、自由、民主主義、平等、法の支配および少数派に属する者の権利を含めた人権の擁護である。これらの価値は、多元主義、非差別、寛容、公正、連帯および男女平等を特徴とする社会であるすべての加盟国に共通する。

第三条

（一）連合の目標は、平和、連合の価値、連合の諸国民の繁栄を促進することにある。

（二）連合は、その市民男女に、域内国境のない自由、安全および正義の領域を提供し、ここにおいては――外囲国境における検査、庇護、［連合内部への］移住、犯罪の予防と克服に関する適切な措置と結びついて――人の自由移動が保障される。

（三）連合は、域内市場を設立する。連合は、均衡のとれた経済成長および物価の安定を基礎とする欧州の持続的発展、完全雇用および社会進歩を目指す高度の競争力を有する社会的市場経済、ならびに高度の環境保護および環境の質の改善を、目指して努力する。連合は、科学技術の進歩を促進する。

連合は、社会的排除および差別を克服し、社会的公正、社会的保護、男女の平等、世代間の連帯および子どもの権利の擁護を促進する。

連合は、加盟国間の経済的、社会的および領土的結束ならびに連帯を促進する。

連合は、その豊かな文化的および言語的多様性を守り、欧州の文化遺産の保護および発展に努める。

（四）連合は、ユーロを通貨とする経済・通貨同盟を設立する。

（五）他の世界との関係において、連合は、連合の価値および利益を促進し、連合市民の利益の擁護に貢献する。連合は、平和、安全、グローバルな持続的発展、諸国民の間の連帯および相互尊重、自由で公正な貿易、貧困の除去、人権の、特に子どもの権利の擁護に、ならびに国際法の厳格な遵守および更なる発展に、特に国連憲章の原則の維持に、貢献する。

（六）連合は、その目標を、一条約において連合に移譲された管轄権に相応した適切な手段によって、追求する。

第四条

（一）二条約において連合に移譲されていないすべての管轄権は、第五条に従って、加盟国のもとに留まる。

（二）連合は、二条約の下における加盟国の平等を尊重し、ならびに地域および地方の自治を含む基本的な政治的および憲法的構造の中に表現される加盟国のそれぞれの国民的アイデンティティーを、尊重する。連合は、国家の基本的な機能、特に領土保全、公的秩序の維持および国内治安の維持を、尊重する。特に国内治安は、引き続き個々の加盟国が単独で責任を負う。

（三）誠実な協力の原則に従い、連合および加盟国は、二条約から生じる任務の遂行に際して、互いに尊重しかつ支援する。

加盟国は、二条約または連合の機関の行為から生じる義務を履行するために、一般的または特別の性質のあらゆる適切な措置を講じる。

加盟国は、連合の任務の遂行に際して連合を支援し、連合の目標の実現を危うくする可能性のあるいかなる措置も講じない。

第五条

（一）連合の管轄権の区分には、限定的個別授権の原則が適用される。連合の管轄権の行使には、補完性および比例性の原則が適用される。

（二）限定的個別授権の原則に従って連合は、加盟国が、二条約に定める目標を実現するために、二条約において連合に移譲した管轄権の範囲内でのみ、行動する。二条約において連合に移譲されていないすべての管轄権は、加盟国のもとに留まる。

（三）補完性の原則に従って連合は、その排他的管轄権に属さない分野においては、検討中の措置の目標が、加盟国によっては中央、地域および地方のいずれの次元においても十分には達成できず、むしろその範囲または効果ゆえに連合の次元においてより良く達成できる場合に、かつその限りにおいてのみ、行動する。

連合の機関は、補完性の原則を、補完性および比例性の原則適用に関する議定書に従って適用する。加盟国議会は、同議定書に定める手続きに従って、補完性の原則の遵守に留意する。

（四）比例性の原則に従い、連合の措置は、内容的にも形式的にも、二条約の目標を達成するのに必要な限度を超えない。

連合の機関は、比例性の原則を、補完性および比例性の原則適用に関する議定書に従って適用する。

第六条

（一）連合は、二〇〇七年一二月一二日にストラスブールにおいて調整されたテキストでの、二〇〇〇年一二月七日の欧州連合基本権憲章が定める権利、自由および原則を、承認する。すなわち、基本権憲章と二条約は、法的に同列にある。

憲章の規定によっては、二条約に定められた連合の管轄権は決して拡大されない。

憲章の定める権利、自由および原則は、憲章の解釈および適用を規律する憲章第Ⅶ編の一般規定に従って解釈され、同規定の源泉を挙げて憲章にも参照の指示がなされている解説を十分に考慮して解釈される。

（二）連合は、人権および基本的自由の擁護のための欧州規約に加盟する。この加盟は、二条約に定める連合の管轄権を変更しない。

（三）人権および基本的自由の擁護のための欧州規約において保障され、加盟諸国の共通の憲法的慣習から生じる基本権は、一般原則として連合法の一部をなす。

第七条

（一）加盟国の三分の一、欧州議会または欧州委員会の提案に基づき、理事会は、欧州議会の同意を得た後、第二条に挙げる価値に対する加盟国による重大な侵害の明白な危険が存在していることを、構成員の五分の四の多数をもって確認することができる。理事会は、そのような確認を行う前に、当該加盟国からの意見聴取を行い、同一の手続きに従って決定する勧告を当該加盟国宛に出すことができる。

理事会は、この確認に至らせた理由がなおも妥当するかどうかを、定期的に検討し直す。

（二）加盟国の三分の一または欧州委員会の提案に基づき、かつ欧州議会の同意を得た後、欧州理事会は、第二条に挙げる価値に対する加盟国による重大かつ持続的な侵害が存在していることを、当該加盟国に意見表明を要求した後、全会一致をもって確認することができる。

（三）前項による確認がなされたときは、理事会は、当該加盟国への二条約の適用から生じる特定の権利を、理事会における当該加盟国の政府代表の議決権を含めて停止することを、特定多数をもって決定することができる。その際に、理事会は、そのような停止措置が、自然人および法人の権利および義務に与える可能性のある影響を考慮する。

当該加盟国は、いずれにせよ、二条約から生じる義務に引き続き拘束される。

㈣　理事会は、その後、前項に従って取られた措置を、同措置の発令に導いた状況に変化が生じたときには、変更または取り消すことを、特定多数をもって決定することができる。

㈤　本条の目的のために欧州議会、欧州理事会および理事会に適用される決定方法は、欧州連合運営条約第三五四条に定められている。

第八条

㈠　連合は、連合の価値を基礎とし、かつ協力に基づく緊密で友好的な関係を特徴とする、安寧および善隣の領域をつくるために、近隣諸国との特別の関係を発展させる。

㈡　前項の目的のために、連合は、当該諸国との特別の協定を締結することができる。この協定は、相互の権利および義務を含み、かつ共同行動の可能性を開くことができる。協定の実施のために、定期的な協議が行われる。

第Ⅱ編　民主主義的原則に関する規定

第九条

連合は、その全行動において、その市民男女の平等の原則を尊重し、市民男女は、連合の機関、組織およびその他の部署から、等しく配慮される。加盟国の国籍を保持する者は、連合市民である。連合市民権は、国籍に付加され、これに取って代わるものではない。

第一〇条

（一）連合の運営方法は、代表民主制に基づく。

（二）市民男女は、連合の次元においては、欧州議会に直接に代表を選出する。

加盟国は、欧州理事会においては、自国の議会または市民男女に民主的な方法で責任を負わなければならないそれぞれの国家首脳または政府首脳によって、理事会においては、同様の責任を負うそれぞれの政府によって、代表される。

（三）すべての市民男女は、連合の民主主義的運営に参加する権利を有する。決定は、可能な限りオープンにかつ市民に身近なところで行われる。

（四）欧州次元における政党は、欧州的政治意識の形成および連合市民男女の意思の表現に貢献する。

第一一条

（一）機関は、市民男女および代表団体に、適切な方法で、連合の行動の全分野における自己の意見を公表し、意見交換を行う機会を与える。

（二）機関は、代表団体および市民社会との率直、透明かつ定期的な対話を育む。

（三）連合の行動の一貫性および透明性を確保するために、欧州委員会は、関係者から広く意見聴取を行う。

（四）相当数の加盟国の少なくとも百万人に達しなければならない連合市民男女は、イニシャティヴを発揮し、二条約を実施するには連合の二次法が必要だと考えるテーマについて、欧州委員会に対して、同委員会の権限の枠内において適切な提案を提出するように、要求することができる。

そのような市民発議に適用される手続きおよび条件は、欧州連合運営条約第二四条第一段に従って定められる。

第一二条

加盟国議会は、以下のことによって、連合の首尾よい運営方法に積極的に貢献する。

（a）欧州連合における加盟国議会の役割に関する議定書に従って、連合の機関から通知を受け、連合の法律案の送付を受ける。

（b）補完性の原則が補完性および比例性の原則適用に関する議定書が定める手続きに従って尊重されるように、尽力する。

（c）欧州連合運営条約第七〇条に従って、自由、平等および正義の領域の枠内において、この分野における連合の政策の実施の評価メカニズムに参加し、同条約第八八条および第八五条に従って、ユーロポールの政治的監督およびユーロジャストの活動の評価に参加する。

（d）本条約第四八条に従って、二条約の改正の手続きに参加する。

（e）本条約第四九条に従って、連合への加盟申請の通知を受ける。

（f）欧州連合における加盟国議会の役割に関する議定書に従って、加盟国議会間および欧州議会との間の議会間協力に参加する。

第Ⅲ編　機関に関する規定

第一三条

（一）連合は、連合の価値を貫徹し、連合の目標を追求し、連合の利益、連合市民男女の利益および加盟国の利益に仕え、ならびに連合の政策および措置の一貫性、効率性および継続性を確保するという目的を持った、制度的枠組みを有する。

連合の機関は、以下の通りである。

――欧州議会

――欧州理事会

――理事会

――欧州委員会（以下、「委員会」）

――欧州連合司法裁判所

――欧州中央銀行

――会計検査院

（二）各機関は、二条約において自己に付与されている権限に則し、二条約に定める手続き、条件および目標に従って、行動する。機関は、誠実に協力する。

（三）欧州中央銀行および会計検査院に関する規定ならびにその他の機関に関する詳細な規定は、欧州連合運営条約に含まれている。

（四）欧州議会、理事会および委員会は、諮問の任務を果たす経済社会委員会および地域委員会の補佐を受ける。

第一四条

（一）欧州議会は、理事会と共同で法律制定者として行動し、理事会と共同で予算の権限を行使する。欧州議会は、二条約に則して政治的監督の任務および審議機能を果たす。欧州議会は、委員会の委員長を選出する。

（二）欧州議会は、欧州市民男女の代表によって構成される。その議席数は、議長を含めて七五〇を超えてはならない。市民男女は、欧州議会において、逓減的比例的に代表を有するが、各加盟国は、最低六名の議員を有する。いずれの加盟国の議席も、九六議席を超えない。

欧州理事会は、欧州議会の発議に基づき、かつ同議会の同意を得て、前段に挙げる原則が守られる欧州議会の構成に関する決定を、全会一致をもって制定する。

（三）欧州議会の議員は、任期五年で、普通、直接、自由および秘密選挙によって選出される。

（四）欧州議会は、議長および役員を互選する。

第一五条

（一）欧州理事会は、連合に対し、その発展に必要な刺激を与え、そのために一般的政治的目標および優先順位を定める。欧州理事会は、法律を制定しない。

（二）欧州理事会は、加盟国の国家・政府首脳ならびに欧州理事会議長および委員会委員長によって構成される。外交・安全保障政策担当連合上級代表は、その活動に参加する。

（三）欧州理事会は、半年に二度会合し、その議長によって招集される。欧州理事会の構成員は、議題により必要であれば、各自閣僚一名の、または委員会委員長の場合には委員会の構成員一名の、補佐を受けることを決定することができる。必要であれば、議長は、欧州理事会の臨時会議を招集する。

（四）二条約に特段の定めがない限り、欧州理事会は、コンセンサスによって決定する。

（五）欧州理事会は、その議長を、二年半の任期で、特定多数をもって選出する。議長は、一度再選されることができる。故障または重大な過失の場合には、欧州理事会は、議長を同一の手続きに従って解任することができる。

（六）欧州理事会議長は、

（a）欧州理事会の活動に際して議長を務め、その活動に刺激を与え、

（b）委員会委員長と協力し、「総務」理事会の活動を基礎として、欧州理事会の活動の準備および継続性のために尽力し、

（c）欧州理事会における結束およびコンセンサスが促されることを目指して活動し、

（d）欧州議会に対して、欧州理事会の各会議の後に報告書を提出する。

欧州理事会議長は、外交・安全保障政策担当連合上級代表の権限を損なうことなく、自己の次元および資格において、共通外交・安全保障政策の問題における連合の対外的代表を務める。

欧州理事会議長は、個別国家の役職に就いてはならない。

第一六条

(一) 理事会は、欧州議会と共同で法律制定者として行動し、欧州議会と共同で予算の権限を行使する。理事会の任務には、二条約に則した政策決定および協調が属す。

(二) 理事会は、各加盟国一名ずつの閣僚級の代表によって構成され、当該代表は、自分が代表する加盟国の政府を拘束する行動を行い、投票権を行使する権限を有する。

(三) 二条約に特段の定めのない限り、理事会は、特定多数をもって決定する。

(四) 二〇一四年一一月一日から特定多数とされるのは、理事会の構成員の少なくとも一五人よりなる五五パーセント以上の多数であり、かつこれらの構成員によって代表される加盟国の人口の合計が、連合住民の少なくとも六五パーセントをなすときである。

阻止的少数には、少なくとも四名の理事会構成員が必要であり、これを欠く場合には、特定多数は達成されたものとする。

特定多数をもってする表決の他の方法は、欧州連合運営条約第二三八条第二項に定められている。

(五) 二〇一四年一〇月三一日まで適用される特定多数の定義に関する経過規定、および二〇一四年一一月一日から二〇一七年三月三一日までの間に適用される経過規定は、経過規定に関する議定書に定められている。

(六) 理事会は、様々な編成において会合する。この編成のリストは、欧州連合運営条約第二三六条に従って採択される。

「総務」理事会として理事会は、様々な編成における理事会の活動の一貫性のために尽力する。欧州理事会議長および委員会と連携して理事会は、欧州理事会の会議を準備し、それに続く行動のために尽力する。

「外務」理事会として理事会は、連合の対外的行動を、欧州理事会の戦略的決定に従って形成し、連合の行動の一貫性のために尽力する。

（七）加盟国政府の常設代表委員会は、理事会の活動の準備に責任を負う。

（八）理事会は、法律案について審議または表決するときは、公開で会議を開く。この目的のために、理事会の各会議は二つの部分に、すなわち一方は連合の法律に関する審議に向けられる部分と、他方は法律制定に関わらない活動に向けられる部分とに、分かれる。

（九）理事会における議長には、「外務」理事会を除くそのすべての編成において、理事会における加盟国の代表が、欧州連合運営条約第二三六条に則して定められる条件の下に、同権的輪番制に従って就任する。

第一七条

（一）委員会は、連合の全般的利益を促進し、この目的のために適切なイニシャティヴを発揮する。委員会は、二条約の適用、ならびに二条約に従って諸機関が制定する措置の適用に、尽力する。委員会は、欧州連合司法裁判所の監督の下に、連合法の適用を監視する。委員会は、予算を執行し、諸計画を管理する。委員会は、二条約に則して、協調・執行・管理機能を行う。共通外交・安全保障政策および二条約に定めるその他の場合を除き、委員会は、連合の対外的代表を務める。委員会は、［欧州連合内の］組織間協定を成立させるために、連合の年度計画および多年度計画を準備する。

（二）二条約に特段の定めのない限り、連合の法律は、委員会の提案に基づいてのみ制定することができる。他の二次法は、委員会の提案に基づくことが二条約に定められているときは、委員会の提案に基づいて制定される。

(三) 委員会の任期は、五年とする。

委員会の構成員は、独立性の確実な保証を提示する人物の中から、その全般的能力および欧州への力の傾注に基づいて選出される。

委員会は、完全に独立してその活動を行う。委員会の構成員は、第一八条第二項を損なうことなく、政府、機関、組織またはその他の部署から指示を仰いでも、受けてもならない。委員会は、その職務または任務の達成に適合しないいかなる行動も行わない。

(四) リスボン条約の発効時点と二〇一四年一〇月三一日との間に任命される委員会は、その委員長、および委員会の副委員長の一人でもある外交・安全保障政策担当連合上級代表を含め、各加盟国一名ずつの国民によって構成される。

(五) 二〇一四年一一月一日より委員会は、その委員長および外交・安全保障政策担当連合上級代表を含め、加盟国数の三分の二に相当する数の構成員よりなる。ただし、欧州理事会が、全会一致をもってこの数の変更を決定するときは、この限りではない。

委員会の構成員は、加盟国間における厳格に同権的な輪番制に従って、加盟国の国民の中から、加盟国全体の人口的および地理的分布が反映されるように選出される。この制度は、欧州理事会が、欧州連合運営条約第二四四条に従って、全会一致をもって定める。

(六) 委員会委員長は、

(a) 委員会がその任務を遂行する拠り所となる指針を定め、

(b) 委員会の行動の枠内における一貫性、効率性および同僚間の対等原則を保障するために、委員会の内部組

織について決定し、

（c）外交・安全保障政策担当連合上級代表を除く他の複数の副委員長を、委員会の構成員の中から任命する。

委員会の構成員は、委員長より求められるときは、その職を辞する。外交・安全保障政策担当連合上級代表は、委員長より求められるときは、第一八条第一項の手続きに従ってその職を辞する。

（七）欧州理事会は、欧州議会に対して、相応の協議の後、特定多数をもって、委員会の委員長職の候補者一名を提案する。欧州理事会はその際、欧州議会選挙の結果を考慮する。欧州議会は、この候補者を、総議員の過半数をもって選出する。この候補者が過半数を獲得しないときは、欧州理事会は、欧州議会に対して、一ヶ月以内に、特定多数をもって新たに候補者一名を提案する。新候補者の選出には、欧州議会は、同一の手続きを適用する。

理事会は、選ばれた委員長と合意の上、理事会が委員会の構成員として提案する他の人物の名簿を採択する。これらの人物は、加盟国の提案に基づいて、第三項第二段および第五項後段の基準に従って、選出される。

委員長、外交・安全保障政策担当連合上級代表および委員会の他の構成員は、合議体として欧州議会の信任投票を受ける。この信任に基づいて委員会は、欧州理事会によって、特定多数をもって任命される。

（八）委員会は、合議体として欧州議会に責任を負う。欧州議会は、欧州連合運営条約第二三四条に従って、委員会に対する不信任案を採択することができる。不信任案が採択されたときは、委員会の構成員は、総辞職しなければならず、また外交・安全保障政策担当連合上級代表は、委員会の枠内で行使するその職を辞さなければならない。

第一八条

（一）欧州理事会は、委員会委員長の同意を得て、外交・安全保障政策担当連合上級代表を、特定多数をもって任命する。欧州理事会は、上級代表の任期を、同一の手続きに従って終了させることができる。

（二）上級代表は、連合の共通外交・安全保障政策を指揮する。上級代表は、自らの提案によってこの政策の決定に貢献し、理事会の委託に基づいてこれを実施する。上級代表は、共通安全保障・防衛政策の分野においても、同様に行動する。

（三）上級代表は、「外務」理事会において議長を務める。

（四）上級代表は、委員会の副委員長の一人である。上級代表は、連合の対外的行動の一貫性のために尽力する。上級代表は、委員会内においては、対外関係の分野における委員会の管轄権および連合の対外的行動のその他の諸側面の協調を、委託される。委員会におけるこれらの管轄権の行使に際しては、また専らこれらの管轄権については、上級代表は、第二項および第三項に適合する限りにおいて委員会の運営方法に適用される手続きに服する。

第一九条

（一）欧州連合司法裁判所は、司法裁判所、一般裁判所および専門裁判所を含む。欧州連合司法裁判所は、二条約の解釈および適用に際して正義の維持を確保する。

加盟国は、連合法が及ぶ分野における効果的な法的保護が保障されるように、必要な司法的救済制度を設ける。

（二）司法裁判所は、各加盟国につき一名の裁判官によって構成される。司法裁判所は、法務官の補佐を受ける。

一般裁判所は、各加盟国につき少なくとも一名の裁判官によって構成される。

司法裁判所の裁判官および法務官ならびに一般裁判所の裁判官には、独立性の確実な保証を提示し、かつ欧州連合運営条約第二五三条および第二五四条の前提条件を満たす人物が、選出される。これらの裁判官および法務官は、加盟国政府によって、相互の合意に基づき、六年の任期で任命される。任期の切れる裁判官および法務官の再任は、許される。

（三）欧州連合司法裁判所は、二条約に則して以下のことについて決定する。

（a）加盟国、機関または自然人もしくは法人の提訴について。

（b）加盟国裁判所の付託に基づく先行判決手続きの方法により、連合法の解釈または機関の行為の効力について。

（c）二条約に定めるその他一切の場合について。

第Ⅳ編　強化協力に関する規定

第二〇条

（一）連合の非排他的管轄権の枠内で互いに強化協力を設立することを望む加盟国は、本条および欧州連合運営条約第三二六条ないし第三三四条に則し、かつその制限内で、連合の機関を使用し、この管轄権を二条約の関係規定を適用しつつ行使することができる。

強化協力は、連合の目標の実現を促進し、連合の利益を擁護し、連合の統合過程を強化するためになされる。強化協力は、欧州連合運営条約第三二八条に従って、すべての加盟国にいつでも開かれている。

（二）強化協力への授権に関する決定は、この協力によって追求される目標がその全体においては、是認しうる期間内に連合によっては実現できないことを理事会が確認し、かつこの協力に少なくとも九加盟国が参加している限りにおいて、理事会によって、最終手段として制定される。理事会は、欧州連合運営条約第三二九条に定める手続きに従って決定する。

(三) 理事会の全構成員は、理事会の審議に参加することができるが、強化協力に参加中の加盟国を代表する理事会構成員のみが、表決に参加する。表決方法は、欧州連合運営条約第三三〇条に定められている。

(四) 強化協力の枠内で制定された二次法には、この協力に参加中の加盟国のみが拘束される。これらの二次法は、加盟希望国が受け容れなければならない［欧州連合の］蓄積された法体系とはされない。

第V編　連合の対外的行動に関する一般規定および共通外交・安全保障政策に関する特別規定

第一章　連合の対外的行動に関する一般規定

第二一条

(一) 連合は、国際舞台における行動の際には、連合自身の創設、発展および拡大にとって決定的であり、広く世界にも強力に普及させたいと望む諸原則に、導かれる。すなわち、民主主義、法の支配、人権および基本的自由の普遍的有効性および不可分性、人間の尊厳の尊重、平等原則、連帯の原則、ならびに国連憲章および国際法の諸原則の尊重である。

連合は、前段に挙げる諸原則を共有する第三国ならびに地域的または世界的な国際組織との関係を拡大し、これらとの友好協力関係を構築するように努める。連合は、特に国連の枠内において、共通の諸問題の多国間解決に尽力する。

（二）連合は、以下の目的ために、共通の政策および措置を定め、これを実施し、国際関係のすべての分野における高度な協力のために尽力する。

（a）連合の［依拠する］価値、連合の基本的利益、連合の安全、連合の独立および不可侵を確保する。

（b）民主主義、法の支配、人権および国際法の諸原則を強化し、促進する。

（c）域外国境に関わる目標および原則を含め、国連憲章の目標および原則、ヘルシンキ最終文書の原則ならびにパリ憲章の目標に則して、平和を維持し、紛争を予防し、国際の安全を強化する。

（d）貧困の除去を優先的目標として、発展途上国における経済、社会および環境に関して持続可能な発展を促進する。

（e）とりわけ国際的貿易障壁の漸進的除去によっても、世界経済へのすべての国の統合を促進する。

（f）持続可能な発展を確保するために、環境の質および世界の天然資源の持続可能な管理の維持および向上のための国際的措置の発展に貢献する。

（g）自然災害または人為的災害に襲われた民族、国および地域を援助する。

（h）強固な多国間協力および良好なグローバル統治に基づく国際体制を推進する。

（三）連合は、本編および欧州連合運営条約第五部の対象となる様々な分野における連合の対外的行動、ならびにその他の政策分野の対外的側面の、策定および実施に際し、第一項および第二項に挙げる原則および目標を遵守する。

連合は、その対外的行動の個別の分野間およびこの個別分野と他の政策分野と間の一貫性に留意する。外交・安全保障政策担当連合上級代表の補佐を受けて理事会および委員会は、この一貫性を確保し、この目的のために協力する。

第二二条

（一）第二一条に列挙されている原則および目標に基づいて、欧州理事会は、連合の戦略的利益および目標を定める。

連合の戦略的利益および目標に関する欧州理事会の決定は、共通外交・安全保障政策および連合の対外的行動の他の分野に及ぶ。この決定は、特定の国または特定の地域との連合の関係に関わることも可能であり、また特定のテーマを対象にすることも可能である。この決定は、その有効期間ならびに連合および加盟国が提供する手段についての規定を含む。

欧州理事会は、理事会がそれぞれの分野ごとに定められている規則に従って出す勧告に基づいて、全会一致をもって決定する。欧州理事会の決定は、二条約に定める手続きに則して実施される。

（二）外交・安全保障政策担当連合上級代表および委員会は、理事会に、共同の提案を提出することができる。その際には、上級代表は共通外交・安全保障政策の分野を、委員会は対外的行動の他の分野を、管轄する。

第二章　共通外交・安全保障政策に関する特別規定

第一節　共通規定

第二三条

本章の枠内における国際舞台での連合の行動は、第一章の原則を基礎とし、同章に挙げる目標を追求し、同章の一般規定に一致する。

第二四条

（一）共通外交・安全保障政策における連合の管轄権は、外交政策の全分野に及び、共同防衛に至ることのできる共通防衛政策の漸進的な決定を含む連合の安全保障と関連するあらゆる問題にも及ぶ。

共通外交・安全保障政策には、特別の規定および手続きが適用される。同政策は、一条約に特段の定めがない限り、欧州理事会および理事会が全会一致をもって定め、実施する。法律の制定は、排除される。共通外交・安全保障政策は、二条約に従って外交・安全保障政策担当連合上級代表および加盟国によって実行に移される。この分野における欧州議会および委員会の特有の役割は、二条約に定められている。欧州連合司法裁判所は、［共通外交・安定保障政策についての］これらの［特別の］規定に関しては管轄しない。ただし、本条約第四〇条の遵守の監督、および欧州連合運営条約第二七五条後段に従った特定の決定の合法性の監視は、この限りではない。

（二）連合は、その対外的行動の原則および目標の枠内において、加盟国相互の政治的連帯の発展、一般的意義を有する問題の調査、および加盟国の行動のますます強まる収斂の達成を基礎とする共通外交・安全保障政策を、追求し、決定し、実現する。

（三）加盟国は、誠実および相互連帯の精神で、連合の外交・安全保障政策を積極的かつ留保なく支持し、この分野における連合の行動を尊重する。

加盟国は、相互の政治的連帯を強化し、さらに発展させるために、協力する。加盟国は、連合の利益に反しまたは国際関係における結束した力としての連合の効果を損なう可能性のある、いかなる行動も差し控える。

理事会および上級代表は、これらの原則の遵守のために尽力する。

第二五条

連合は、以下によって、その共通外交・安全保障政策を遂行する。

（a）一般的指針の決定。

（b）以下の事項を定める決定の制定。

（i）連合が実施する行動。

（ii）連合が取るべき立場。

（iii）iおよびiiに挙げる決定の実施の細則。

（c）政策遂行に際しての加盟国間の組織的協力の拡大。

第二六条

（一）欧州理事会は、連合の戦略的利益を定め、共通外交・安全保障政策の目標および一般的指針を定める。これは、防衛政策関連の問題においても同様である。欧州理事会は、必要な決定を制定する。

国際情勢が必要とするときは、欧州理事会議長は、当該情勢に対する連合の政策の戦略的計画を定めるために、欧州理事会の臨時会議を招集する。

（二）理事会は、欧州理事会が定めた一般的指針および戦略的計画に基づいて、共通外交・安全保障政策を形成し、この政策を定め実施するのに必要な決定を行う。

理事会および外交・安全保障政策担当連合上級代表は、連合の統一的、結束した、効果的な行動のために尽力する。

（三）共通外交・安全保障政策は、上級代表および加盟国によって、加盟国および連合の資金をもって実施される。

第二七条

（一）「外務」理事会において議長を務める外交・安全保障政策担当連合上級代表は、自らの提案を通じて、共通外交・安全保障政策の決定に貢献し、欧州理事会および理事会が制定した決定の実施を保証する。

（二）上級代表は、共通外交・安全保障政策の分野において連合を代表する。上級代表は、連合の名において、第三者と政治対話を行い、国際組織および国際会議において連合の立場を代表する。

（三）上級代表は、その使命の遂行に際して、欧州外務局の補佐を受ける。同局は、加盟国の外交使節と協力し、理事会の事務総局および委員会の関係部局の官吏ならびに加盟国の外交機関が派遣する人員を含む。欧州外務局の組織および運営方法は、理事会の決定が定める。理事会は、上級代表の提案に基づき、欧州議会に諮問した後、かつ委員会の同意を得た後、決定する。

第二八条

(一) 国際情勢が連合の作戦行動を要求するときは、理事会は、必要な決定を制定する。この決定においては、目標、範囲、連合の使用に供される手段、ならびに行動の実施条件および必要に応じてその期間を定める。

そのような決定の対象である問題に重大な影響を与える状況変化が生じるときは、理事会は、当該決定の原則および目標を再検討し、必要な決定を制定する。

(二) 前項による決定は、意見表明および行動に際して加盟国を拘束する。

(三) 第一項による決定の枠内で計画された各国の意見表明または措置はいずれも、必要に応じて理事会において事前の調整が行えるように、適時、当該加盟国より通知される。事前通知の義務は、理事会の決定を国内で実施に移すにすぎない措置には、適用されない。

(四) 情勢の展開により絶対的に必要であるが、第一項による理事会決定の再検討が行われない場合には、加盟国は、当該決定の一般的目標を考慮しつつ、必要な緊急措置を講じることができる。当該加盟国は、直ちに理事会に、そのような措置について通知する。

(五) 本条による決定の実施に際して大きな困難が生じるときは、加盟国は、理事会に付託し、理事会はこれについて審議し、適切な解決策を追求する。当該解決策は、第一項による決定の目標に矛盾しても、その効果を損ねてもならない。

第二九条

理事会は、特定の地理的性質の問題またはテーマについての連合の立場を定める決定を、制定する。加盟国は、自国の政策が連合の立場と一致するように尽力する。

第三〇条

（一）各加盟国、外交・安全保障政策担当連合上級代表、または委員会の支持を受けた上級代表は、理事会に、共通外交・安全保障政策の問題を付託し、理事会に発議ないしは提案を行うことができる。

（二）迅速な決定が必要な場合には、上級代表は、自ら進んで、または加盟国の要請に基づき、四八時間以内に、緊急に必要であるときはより短時間の内に、理事会の臨時会議を招集する。

第三一条

（一）本章による決定は、本章に特段の定めがない限り、欧州理事会および理事会が全会一致をもって行う。法律の制定は排除される。

理事会の構成員はいずれも、投票を棄権する際には、棄権について、本段に従って公式の声明を出すことができる。この場合、当該構成員は、決定を実施する義務を負わないが、決定が連合を拘束することは承認する。相互連帯の精神で、当該加盟国は、当該決定に基づく連合の行動と対立する、あるいはこれを妨げる可能性のあるいかなる行為も行わず、また他の加盟国は、当該加盟国の立場を尊重する。棄権に際してそのような声明を出す理事会構成員が、加盟国の少なくとも三分の一を代表し、かつそのような加盟国の人口が、連合の人口の少なくとも三分の一をなすときは、当該決定は制定されない。

(二) 前項とは異なって、理事会は、以下の行動を取るときは、特定多数をもって決定する。

——第二二条第一項による連合の戦略的利益および目標に関する欧州理事会の決定に基づいて、連合の行動または立場を定める決定を制定するとき。

——欧州理事会が自らのイニシャティヴによって行った特別の要請に応じて、または欧州理事会が外交・安全保障政策担当連合上級代表のイニシャティヴによって行った特別の要請に応じて、上級代表が理事会に提出した提案に基づいて、連合の行動または立場を定める決定を制定するとき。

——連合の行動または立場を定める決定を実施するための決定を制定するとき。

——第三三条に従って特別代表を任命するとき。

理事会の構成員が、自国の政策の重大な理由から、特定多数をもって議決されるべき決定を拒否する意向であるときは、表決は行われない。ただし、当該の重大な理由は挙げなければならない。上級代表は、当該加盟国と緊密に協議し、当該加盟国にとって受け入れ可能な解決のために努力する。これが成功しないときは、理事会は特定多数をもって、全会一致の決定を制定するように、欧州理事会にこの問題を付託することができる。

(三) 欧州理事会は、前項に挙げる場合以外にも、理事会が特定多数をもって決定することを定める決定を、全会一致をもって制定することができる。

(四) 第二項および第三項は、軍事政策または防衛政策に関連する決定には適用されない。

（五）手続き問題において理事会は、構成員の過半数をもって決定する。

第三二条

加盟国は、共同対処を定めるために、一般的意義を有する外交・安全保障政策上のいずれの問題についても、欧州理事会および理事会において調整する。加盟国は、国際舞台において、連合の利益に触れる可能性のある方法で行動する前に、欧州理事会および理事会において他の加盟国と協議する。加盟国は、結束した行動によって、連合が国際舞台においてその利益と価値を貫徹できることを保障する。加盟国は、互いに連帯する。

欧州理事会または理事会が前段にいう連合の共同対処を定めたときは、外交・安全保障政策担当連合上級代表および加盟国の外相は、理事会においてその行動を協調させる。

第三国および国際組織における加盟国の外交使節および連合の代表団は、協力し、共同対処の決定および実施に貢献する。

第三三条

理事会は、外交・安全保障政策担当連合上級代表の提案に基づき、特別な政治的問題のための特別代表を任命することができる。特別代表は、上級代表の責任の下でその代表権を行使する。

第三四条

（一）加盟諸国は、国際組織および国際会議においてその行動を協調させる。加盟諸国は、そのような場では、連合の立場を代理する。外交・安全保障政策担当連合上級代表は、このような協調の組織化に尽力する。

加盟国のすべてが代表を送っているわけではない国際組織および国際会議においては、代表を送っている加盟国が、連合の立場を擁護する。
（二）国際組織または国際会議に代表を送っている加盟国は、代表を送っていない加盟国および上級代表に対して、第二四条第三項に従って、すべての共通の関心事について、最新の情報を提供する。
国連安全保障理事会の理事国でもある加盟国は、互いに調整し、他の加盟国および上級代表に対して、全面的に情報を提供する。安全保障理事会の理事国である加盟国は、その任務の遂行にあたり、国連憲章に基づく自らの責任を損なうことなく、連合の立場および利益を擁護する。

連合が国連安全保障理事会の議題に上っているテーマについて立場を定めたときは、安全保障理事会の理事国である加盟国は、連合の立場についての演説を上級代表に求めることを、提案する。

第三五条

第三国および国際会議における加盟国の外交的・領事的使節および連合の代表団、ならびに国際組織における加盟国および連合の代表は、本章に従って制定された、連合の立場および行動を定めた決定の遵守および実施を保証するために、互いに調整する。

これらの代表は、情報の交換および共同の評価を通じて、相互の協力を強化する。

これらの代表は、欧州連合運営条約第二〇条第二項c号に挙げる第三国領土における連合市民男女の保護に対する権利の実現、および同条約第二三条に従って制定された措置の実施に、貢献する。

第三六条

外交・安全保障政策担当連合上級代表は、共通外交・安全保障政策および共通安全保障・防衛政策の最も重要な側面および基本的な選択肢について、欧州議会に定期的に諮問し、これらの分野における政策の展開について報告する。上級代表は、欧州議会の意見が十分に考慮されるように留意する。欧州議会は、報告させるために特別代表を招致することができる。

欧州議会は、理事会および上級代表に質問または勧告を行うことができる。年に二回、欧州議会は、共通安全保障・防衛政策を含む共通外交・安全保障政策の実施の進展について、審議を行う。

第三七条

連合は、本章に入る分野において、一つもしくは複数の国または国際組織と協定を締結することができる。

第三八条

欧州連合運営条約第二四〇条を損なうことなく、政治・安全保障政策委員会は、共通外交・安全保障政策の分野における国際情勢を監視し、理事会もしくは外交・安全保障政策担当連合上級代表の要請に基づいて、または自ら進んで、理事会への意見表明を通じて、政策の決定に貢献する。さらに政治・安全保障政策委員会は、上級代表の管轄権を損なうことなく、合意された政策の実施を監視する。

本章の枠内で、政治・安全保障政策委員会は、理事会および上級代表の責任の下に、第四三条にいう危機管理行動の政治的統制および戦略的指揮を行う。

理事会は、理事会が定めた危機管理行動の目的および期間に限って、当該行動の政治的統制および戦略的指揮に関して適切な決定を制定することを、政治・安全保障政策委員会に授権することができる。

第三九条

欧州連合運営条約第一六条に則し、かつ同条第二項とは異なって、理事会は、本章の適用分野に入る行動の実施の枠内において加盟国が処理する個人情報の保護および同情報の自由な交換に関する、規程を定めるための決定を、制定する。この規程の遵守は、独立の官庁によって監視される。

第四〇条

共通外交・安全保障政策の実施は、欧州連合運営条約の第三条ないし第六条が列挙する連合の管轄権の行使のために二条約が定めている、手続きの適用および諸機関のそれぞれの権限範囲には、抵触しない。

同様に、前記の諸条に従った政策の実施は、本章に従った連合の管轄権の行使のために二条約が定めている、手続きの適用および諸機関のそれぞれの権限範囲には、抵触しない。

第四一条

（一）本章の実施から諸機関に生じる行政経費は、連合財政の負担となる。

（二）本章の実施と関連する作戦行動の経費も、同様に連合財政の負担となる。ただし、軍事または防衛政策に関連する措置に基づく経費、および理事会が全会一致をもって特段の決定を行った場合は、この限りではない。

経費は、連合財政の負担とならない場合、理事会が全会一致をもって特段の決定を行わない限り、国民総生産の解式に従って加盟国の負担となる。理事会において自国の代表が第三一条第一項後段による公式の声明を出した加盟国は、軍事または防衛政策に関連する措置のための経費を負担する義務を負わない。

（三）理事会は、共通外交・安全保障政策の枠内におけるイニシャティヴのための、特に第四二条第一項および第四三条によるミッションの準備活動のための、連合の緊急用財政資金の迅速な利用を確保するために、特別手続きを定める決定を制定する。理事会は、欧州議会に諮問した後、決定する。

連合財政の負担とはならない第四二条第一項および第四三条に挙げるミッションを準備する活動は、加盟国の拠出金より成る立ち上げ基金から資金を供給される。

理事会は、外交・安全保障政策担当連合上級代表の提案に基づいて、特定多数をもって以下に関する決定を制定する。

（a）立ち上げ基金の創設および資金供与のための細則、特に同基金のための割当額。

（b）立ち上げ基金の運営細則。

（c）財政監査の細則。

第四二条第一項および第四三条に従って計画されたミッションを連合財政が負担できないときは、理事会は、この基金の利用を上級代表に授権する。上級代表は、理事会に対し、この授権された任務の遂行について報告を行う。

第二節　共通安全保障・防衛政策に関する規定

第四二条

（一）共通安全保障・防衛政策は、共通外交・安全保障政策の不可分の構成要素である。それは、連合に対して、非軍事的および軍事的手段に依拠した作戦能力を確保する。連合は、この能力を、平和の確保、紛争の予防および国際の安全の強化のための連合外部におけるミッションの際に、国連憲章の原則に一致させつつ使用することができる。連合は、この任務を、加盟国によって提供される能力を使用して遂行する。

（二）共通安全保障・防衛政策は、連合の共通防衛政策の漸進的な決定を含む。この漸進的な決定は、欧州理事会が共同防衛を全会一致で決定次第、共同防衛に至る。欧州理事会は、この場合、加盟国に対し、各国の憲法的規定に従ってそのような決定を行うように勧告する。

本節による連合の政策は、特定の加盟国の安全保障・防衛政策の特別な性格を害さない。この連合の政策は、自己の共同防衛は北大西洋条約に基づく北大西洋条約機構（ＮＡＴＯ）において実現していると考える特定の加盟諸国の、北大西洋条約から生じる義務を尊重し、同条約の枠内で定められている共通の安全保障・防衛政策に適合する。

（三）加盟国は、連合に対して、共通安全保障・防衛政策の実施のために、理事会によって定められた目標を実現するための貢献として、非軍事的および軍事的能力を提供する。共に多国籍軍を編成する加盟国は、これを共通安全保障・防衛政策のために提供することもできる。

加盟国は、自己の軍事的能力を着実に向上させる義務を負う。防衛能力の向上、研究、調達および装備の分野のための庁（以下、「欧州防衛庁」）は、作戦のニーズを調査し、ニーズを充足するための措置を促進し、防衛部門の産業的および工業技術的基礎を強化するための措置の調査に貢献し、この措置を適宜実施し、能力および装備の分野における欧州政策の決定に参加し、軍事的能力の向上の評価にあたり理事会を補佐する。

（四）共通安全保障・防衛政策のための決定は、本条によるミッションの開始に関する決定を含め、理事会によって、外交・安全保障政策担当連合上級代表の提案または加盟国の発議に基づいて、全会一致をもって制定される。上級代表は、適宜、委員会と共同で、個別加盟国の手段および連合の手段の使用を提案することができる。

（五）理事会は、連合の価値を維持し、連合の利益に仕えるために、加盟国のグループに、連合の枠内におけるミッションの遂行を委任することができる。そのようなミッションの遂行は、第四四条に服する。

（六）軍事的能力に関して非常に高い基準を満たし、極めて高い要求を伴うミッションに関して互いにさらに義務を引き受けた加盟諸国は、連合の枠内において恒常的構造的協力を設立する。この協力は、第四六条に則して行われる。この協力は、第四三条の規定に抵触しない。

（七）加盟国の領土に対する武力攻撃の場合には、他の加盟国は、当該加盟国に対して、国連憲章第五一条に従って、出来得る一切の援助および支援を行わなければならない。このことは、特定の加盟国の安全保障・防衛政策の特別な性格には抵触しない。

この分野における義務および協力は、北大西洋条約機構に属す国にとっては引き続き集団的防衛の基礎でありかつその実現のための道具である同条約機構の枠内において引き受けた義務と、矛盾しない。

第四三条

（一）連合が軍事的および非軍事的手段を使用して実施することのできる第四二条第一項に定めるミッションは、共同武装解除措置、人道的任務、救難出動、軍事的助言および支援の任務、紛争予防および平和維持の任務、ならびに平和創造措置および紛争後の状況安定化活動を含む危機管理の枠内における戦闘出動に、及ぶ。これらすべてのミッションによって、テロリズムとの戦いに貢献することができる。とりわけこれは、領土内におけるテロリズムとの戦いに際して、第三国を支援することによっても行われる。

（二）理事会は、前項によるミッションに関する決定を制定する。この決定においては、ミッションの目標および範囲ならびにミッションに適用される一般的実施規定を定める。外交・安全保障政策担当連合上級代表は、理事会の監督の下、政治・安全保障政策委員会と緊密にかつ常時協議しつつ、このミッションの非軍事的および軍事的側面の協調のために尽力する。

第四四条

（一）第四三条に従って制定された決定の枠内において、理事会は、ミッションの遂行を、そのようなミッションのために必要な能力を有し、委託されることを望む加盟国のグループに、委託することができる。当該加盟諸国は、外交・安全保障政策担当連合上級代表と協議しつつ、ミッションの実施について互いに合意する。

（二）ミッションの遂行に参加中の加盟国は、理事会に、ミッションの現状について、自ら進んで、または他の加盟国の申請に基づいて、定期的に報告する。参加中の加盟国は、ミッションの遂行から重大な事態が生じ、または前項に挙げる決定に定められているミッションの目標、範囲または適用される規則が修正されなければならないときは、理事会に直ちにこれを付託する。理事会は、この場合には、必要な決定を制定する。

第四五条

（一）第四二条第三項が挙げる、理事会の下に置かれる欧州防衛庁の任務は、以下の通りである。

(a) 加盟国の軍事的能力の分野における目標の調査、および加盟国がこの能力に関して引き受けた義務を達成したかどうかの評価に際して、協力する。

(b) 作戦上のニーズの調和および効率的かつ適合的な調達方法の決定のために努力する。

(c) 軍事的能力の分野における目標を達成するための多国間プロジェクトを提案し、加盟諸国が実施する計画の協調および特別な協力計画の運営のために尽力する。

(d) 防衛技術分野における研究を支援し、共同研究活動および将来の作戦上のニーズの技術的解決策の研究を協調させ、計画する。

(e) 防衛部門の産業的および工業技術的基礎の強化ならびに防衛支出のより効果的投入のための有効な措置の調査に貢献し、この措置を、必要に応じて実施する。

(二) すべての加盟国は、希望により、欧州防衛庁の活動に参加することができる。理事会は、同庁の法的地位、所在地および活動方法を定める決定を、特定多数をもって制定する。この決定は、同庁の活動への効果的参加の範囲を考慮する。同庁内には、共同プロジェクトを実施する加盟諸国が集まる特別グループが形成される。同庁は、必要に応じて委員会と連携しつつ、その任務を遂行する。

第四六条

(一) 第四二条第六項にいう恒常的構造的協力に参加することを望み、軍事的能力に関して、恒常的構造的協力に関する議定書に含まれている基準を満たし、かつ義務を引き受ける加盟国は、その意図を、理事会および外交・安全保障政策担当連合上級代表に通知する。

(二) 理事会は、前項に挙げる通知後三ヶ月以内に、恒常的構造的協力の設立およびこれに参加する加盟国のリストに関する決定を制定する。理事会は、上級代表に諮問した後、特定多数をもって決定する。

(三) 後の時点に恒常的構造的協力に参加することを望む加盟国はいずれも、理事会および上級代表に、その意図を通知する。

理事会は、恒常的構造的協力に関する議定書の第一条および第二条による基準を満たし、かつ義務を引き受ける当該加盟国の参加を承認する決定を、制定する。理事会は、上級代表に諮問した後、特定多数をもって決定する。参加中の加盟国を代表する理事会構成員のみが、議決権を有する。

特定多数は、欧州連合運営条約第二三八条第三項a号の定めに従う。

(四) 参加中の加盟国が、恒常的構造的協力に関する議定書の第一条および第二条による基準をもはや満たさず、または同議定書に挙げる義務をもはや履行することができないときは、理事会は、当該国の参加を停止させる決定を、制定することができる。

理事会は、特定多数をもって決定する。当該加盟国を除いた参加中の加盟国を代表する理事会構成員のみが、議決権を有する。

特定多数は、欧州連合運営条約第二三八条第三項a号の定めに従う。

(五) 参加中の加盟国が恒常的構造的協力から離脱することを望むときは、当該加盟国は、その決断を理事会に通知し、理事会は、当該加盟国の参加が終了したことを確認する。

(六) 第二項ないし第五項による決定を除き、理事会は、恒常的構造的協力の枠内における決定および勧告を、全会一致をもって制定する。本項の目的に従い、全会一致とは、この協力に参加中の加盟国の代表の票のみに関係する。

第Ⅵ編　最終規定

第四七条

連合は、法人格を有する。

第四八条

（一）一条約は、正式の改正手続きに従って変更することができる。一条約は、同様に、略式の改正手続きに従って変更することができる。

正式の改正手続き

（二）各加盟国政府、欧州議会または委員会は、理事会に、一条約の改正案を提出することができる。この改正案は、とりわけ、一条約において連合に移譲された管轄権の拡大または縮小を目的とすることができる。この改正案は、理事会より欧州理事会に送付され、加盟国議会に通知される。

（三）欧州理事会が、欧州議会および委員会に諮問した後、提案された改正の検討を、単純多数をもって決定するときは、欧州理事会議長は、加盟国議会、加盟国の国家・政府首脳、欧州議会および委員会の代表者からなる諮問会議を招集する。通貨分野における機構の変更に際しては、欧州中央銀行も、諮問を受ける。諮問会議は、改正案を検討し、コンセンサスの手続きに従って、第四項による加盟国政府代表者会議に宛てた勧告を、採択する。

欧州理事会は、計画された改正の範囲では諮問会議の招集が是認できないときは、同会議を招集しないことを、欧州議会の同意を得た後、単純多数をもって決定することができる。この場合、欧州理事会は、加盟国政府代表者会議のための委任命令書を定める。

（四）加盟国政府代表者会議は、二条約に施される改正に合意するために、理事会議長によって招集される。改正は、すべての加盟国がその憲法的規定に則して批准した後、発効する。

（五）二条約を改正する条約の調印から二年の経過後、加盟国の五分の四が同改正条約を批准したが、一つまたは複数の加盟国で批准に困難が生じたときは、欧州理事会がこの問題を討議する。

略式の改正手続き

（六）各加盟国政府、欧州議会または委員会は、連合の内政分野に関する欧州連合運営条約第三部の規定の全部または一部の改正案を、欧州理事会に提出することができる。

欧州理事会は、欧州連合運営条約第三部の規定の全部または一部を改正する決定を、制定することができる。欧州理事会は、欧州議会および委員会に諮問した後、ならびに通貨分野における機構の変更に際しては欧州中央銀行に諮問した後、全会一致をもって決定する。この決定は、加盟国のそれぞれの憲法的規定に従った同意を得た後に初めて発効する。

前段による決定は、二条約の枠内において連合に移譲された管轄権の拡大をもたらしてはならない。

（七）理事会が欧州連合運営条約または本条約第Ｖ編に則して、ある分野または特定のケースにおいて全会一致をもって決定する場合であっても、欧州理事会は決定を制定し、これによって理事会が当該分野または当該ケースにおいて特定多数をもって決定できるように、することができる。本段は、軍事政策または防衛政策に関連する決定には適用されない。

欧州連合運営条約に則して法律が、理事会によって、特別の法律制定手続きに従って制定されなければならない場合であっても、欧州理事会は決定を制定し、これによって法律が通常の法律制定手続きに従って制定できるように、することができる。

第一段または第二段に基づいて欧州理事会が行った発議はいずれも、加盟国議会に通知される。この提案が通知後六ヶ月以内にいずれかの加盟国議会に拒否されるときは、第一段または第二段による決定は、制定されない。発議が拒否されないときは、欧州理事会は、当該決定を制定することができる。

欧州理事会は、第一段または第二段による決定を、総議員の過半数をもって決定する欧州議会の同意を得た後、全会一致をもって制定する。

第四九条

第二条に挙げる価値を尊重し、その促進のために努める欧州の国はいずれも、連合への加盟を申請することができる。欧州議会および加盟国議会は、この申請について通知される。加盟申請国は、その申請を理事会に対して行う。理事会は、委員会に諮問した後、かつ総議員の過半数をもって決定する欧州議会の同意を得た後、全会一致をもって決定する。欧州理事会によって合意された［加盟］基準は、考慮される。

加盟条件、および加盟によって必要となる連合が土台とする二条約への適応は、加盟諸国および加盟申請国との間の協定によって定められる。この協定は、全締約国のそれぞれの憲法的規定に従った批准を必要とする。

第五〇条

(一) いずれの加盟国も、その憲法的規定に従って、連合からの脱退を決定することができる。

(二) 脱退を決定する加盟国は、欧州理事会にその意図を通知する。欧州理事会の指針に基づいて、連合は、この国と脱退の細則に関する協定について協議し、これを締結する。その際には、この国の連合に対する将来の関係のための枠組みが、考慮される。協定は、欧州連合運営条約第二一八条第三項に従って協議される。協定は、理事会によって、連合の名において締結される。理事会は、欧州議会の同意を得た後、特定多数をもって決定する。

(三) 二条約は、当該国に対しては、脱退協定の発効の日から、またはその他の場合には、前項に挙げる通知の二年後から、適用されない。ただし、欧州理事会が、当該加盟国と合意の上、この期間の延長を、全会一致をもって決定するときは、この限りではない。

(四) 第二項および第三項の目的のために、脱退する加盟国を代表する欧州理事会および理事会の構成員は、欧州理事会または理事会の当該加盟国に関わる審議にも、これに関わる議決にも、参加しない。

特定多数は、欧州連合運営条約第二三八条第三項b号の定めに従う。

(五) 連合から脱退した後に再び加盟を望む国は、これを第四九条の手続きに従って申請しなければならない。

第五一条

二条約の議定書および補遺は、二条約の構成部分である。

第五二条

（一）二条約は、ベルギー王国、ブルガリア共和国、チェコ共和国、デンマーク王国、ドイツ連邦共和国、エストニア共和国、アイルランド、ギリシャ共和国、スペイン王国、フランス共和国、イタリア共和国、キプロス共和国、ラトヴィア共和国、リトアニア共和国、ルクセンブルク大公国、ハンガリー共和国、マルタ共和国、オランダ王国、オーストリア共和国、ポーランド共和国、ポルトガル共和国、ルーマニア、スロヴェニア共和国、スロヴァキア共和国、フィンランド共和国、スウェーデン王国、グレートブリテンおよび北アイルランド連合王国に適用される。

（二）二条約の適用領域の詳細は、欧州連合運営条約第三五五条に挙げる。

第五三条

本条約は、無期限に有効である。

第五四条

（一）本条約は、条約締結国による、その憲法的規定に従った批准を必要とする。批准文書はイタリア共和国政府に寄託される。

（二）本条約は、すべての批准文書が寄託されたときは一九九三年一月一日に、その他の場合には最後の批准文書が寄託された月の翌月一日に、発効する。

第五五条

（一）本条約は、ブルガリア語、デンマーク語、ドイツ語、英語、エストニア語、フィンランド語、フランス語、ギリシャ語、アイルランド語、イタリア語、ラトヴィア語、リトアニア語、マルタ語、オランダ語、ポーランド語、ポルトガル語、ルーマニア語、スウェーデン語、スロヴァキア語、スロヴェニア語、スペイン語、チェコ語、ハンガリー語によって原本が起草され、その際いずれの原文も同様に正文である。本条約は、イタリア共和国政府公文書館に寄託される。同政府は、他の各調印国政府に認証謄本を交付する。

（二）本条約はさらに、加盟国が決める他のいずれの言語にも、当該言語がそれぞれの加盟国の憲法秩序に従ってその領土の全体または一部において公用語である限り、翻訳することができる。当該加盟国は、理事会の公文書館に寄託されるこの翻訳の認証謄本を、利用に供する。

右証拠として、全権署名者は本条約に署名した。

マーストリヒトにて、一九九二年二月七日。

［署名者の氏名等については省略――訳者］

注

（1）この条約の最初の締結以来、ブルガリア共和国、チェコ共和国、エストニア共和国、キプロス共和国、ラトヴィア共和国、リトアニア共和国、ハンガリー共和国、マルタ共和国、オーストリア共和国、ポーランド共和国、ルーマニア、スロヴェニア共和国、スロヴァキア共和国、フィンランド共和国およびスウェーデン王国が、新たに欧州連合の加盟国となった。

欧州連合の運営方法に関する条約［欧州連合運営条約］

〔前　文〕

ベルギー王陛下、ドイツ連邦共和国大統領、フランス共和国大統領、イタリア共和国大統領、ルクセンブルク大公国陛下、オランダ女王陛下は(1)、

人間の不可侵かつ譲渡不可能な諸権利、ならびに自由、民主主義、平等および法の支配が普遍的価値としてその中から発展した、欧州の文化的、宗教的および人間中心主義《ヒューマニズム》的遺産から**汲み取りつつ、**

痛ましい経験の後に今や統一した欧州が、文明、進歩および繁栄の道を通じて、そのすべての住民の幸福に向かって、最も弱き者および最も貧しき者の幸福にも向かって、さらに前進せんとしていること、その公的生活の基礎として民主主義および透明性を強化し、世界における平和、正義および連帯を目指さんとしていることを**確信して、**

欧州の諸民族が、自己の国民的アイデンティティーおよび歴史に誇りを持って、旧来の対立を克服し、ますます緊密に結束して自己の運命を共同で形成することを決意していることを**確信しつつ、**

「多様性の中で統一した」欧州が、欧州の諸民族に、個人の権利を擁護しかつ将来の世代および地球に対するその責任を意識しつつ、人間の希望が展開できる一つの領域を拓くこの偉大な企てを継続する最善の可能性を、提供していることを**確信しつつ、**

欧州共同体設立諸条約および欧州連合条約の枠内で創造された事業を、共同体の蓄積された法体系の維持および

連続性を保持しつつ継続することを決意して、
欧州の市民および諸国家の名において、二条約の草案を策定した欧州諮問会議の構成員の業績を称賛しつつ、
全権委任者に以下の者を指名した。
［全権委任者の氏名等については省略――訳者］

第一部　原則

第一条

（一）本条約は、連合の運営方法を定め、連合の管轄権の区分および行使の細則を定める。

（二）本条約および欧州連合条約は、連合が土台とする条約である。両条約は、法的に同列にあり、「二条約」と呼ぶ。

第Ⅰ編　連合の管轄権の種類および分野

第二条

（一）二条約が、連合に、特定の分野について排他的管轄権を移譲しているときは、連合のみが、立法的行動をすることができ、拘束力を有する二次法を制定することができる。加盟国は、そのような場合には、連合からこれについて授権されているときか、または連合の二次法を施行するためにのみ、行動することが許される。

（二）二条約が、連合に、特定の分野について加盟国と共有する管轄権を移譲しているときは、連合および加盟国は、この分野において立法的行動をし、連合は拘束力を有する二次法を、加盟国は拘束力を有する法規を制定することができる。加盟国は、連合がその管轄権を行使しなかった場合に、かつその限りにおいて、自己の管轄権を行使する。加盟国は、連合が自己の管轄権をもはや行使しないと決定した場合に、かつその限りにおいて、自己の管轄権を新たに行使する。

（三）加盟諸国は、本条約に則して連合が定める規定の枠内において、互いの経済・雇用政策を協調させる。

（四）連合は、欧州連合条約に則して、共通防衛政策の漸進的な決定を含む共通外交・安全保障政策の策定および実施を管轄する。

（五）特定の分野においては、連合は、二条約に則して、加盟諸国の措置の支援、協調または補完のための措置の実施を管轄する。ただし、これらの分野における連合の管轄権は、これによって加盟諸国の管轄権に代わるものではない。

これらの分野に関わる二条約の規定に基づいて制定される、連合の拘束力を有する二次法は、加盟諸国の法規の調和を含んではならない。

（六）連合の管轄権の範囲およびその行使の細則は、個々の分野についての二条約の規定から生じる。

第三条

（一）連合は、以下の分野において排他的管轄権を有する。

（a）関税同盟。

（b）域内市場が機能するために必要な競争規則の決定。

（c）ユーロを通貨とする加盟諸国のための通貨政策。
（d）共通漁業政策の枠内での海洋生物資源の保全。
（e）共通通商政策。
（二）連合はさらに、国際協定の締結が連合の法律において定められているとき、連合が自己の内部管轄権を行使できるようにするには国際協定の締結が必要であるとき、または国際協定の締結が共通規則を害しもしくはその効力の及ぶ範囲を変更する可能性があるときは、国際協定締結の排他的管轄権を有する。

第四条

（一）連合は、自己に二条約が、第三条および第六条に挙げる分野以外で管轄権を移譲しているときは、その管轄権を加盟国と共有する。
（二）連合が加盟国と共有する管轄権は、以下の主要分野に及ぶ。
（a）域内市場。
（b）本条約に挙げる側面に関する社会政策。
（c）経済的、社会的および領土的結束。
（d）農業および漁業。ただし海洋生物資源の保全は除く。
（e）環境。
（f）消費者保護。
（g）運輸。

（h）欧州横断ネットワーク。
（i）エネルギー。
（j）自由、安全および正義の領域。
（k）本条約に挙げる側面に関する公衆衛生の分野における共通の安全関心事項。
㈢研究、工業技術開発および宇宙飛行の分野においては、連合の管轄権は、措置を講じ、特にプログラムを策定し、実行することに及ぶ。ただし、この管轄権の行使は、加盟国が自己の管轄権を行使することを妨げない。

㈣開発協力および人道支援の分野においては、連合の管轄権は、措置を講じ、共通政策を実施することに及ぶ。ただし、この管轄権の行使は、加盟国が自己の管轄権を行使することを妨げない。

第五条

㈠加盟諸国は、連合内においてその経済政策を協調させる。この目的のために理事会は、措置を講じる。特に理事会は、この政策の大綱を決定する。

ユーロを通貨とする加盟国には、特別の規則が適用される。

㈡連合は、加盟諸国の雇用政策を協調させるための措置を、特にこの政策のための指針の決定によって講じる。

㈢連合は、加盟諸国の社会政策を協調させるために、イニシャティヴを発揮することができる。

第六条

連合は、加盟諸国の措置を支援し、協調させまたは補完するための措置の実施を管轄する。欧州次元での目標を設定するこれらの措置は、以下の分野において講じることができる。

（a）人の健康の保護および増進。
（b）産業。
（c）文化。
（d）旅行。
（e）一般教育、職業教育、青年およびスポーツ。
（f）防災。
（g）行政の協力。

第Ⅱ編　通則

第七条

連合は、様々な分野における自己の政策と措置との間の一貫性に留意し、その際には限定的個別授権の原則を遵守しつつ、連合の目標をその全体において考慮する。

第八条

自己のすべての活動に際して、連合は、男女間の不平等を除去し、平等を促進することを目指す。

第九条

自己の政策および措置の決定および実施に際して、連合は、高い雇用水準の促進、適切な社会的保護の保障、社会的排除の克服ならびに高い水準の一般的・職業的教育および保健と関わる要請を、考慮する。

第一〇条

自己の政策および措置の決定および実施に際して、連合は、性、人種、民族的出身、宗教または世界観、障害、年齢または性的指向を理由とする差別を、克服することを目指す。

第一一条

環境保護の要請は、連合の政策および措置の決定および実施に際して、特に持続可能な発展を促進するために、組み込まれなければならない。

第一二条

消費者保護の要請は、連合の他の政策および措置の決定および実施に際して、考慮される。

第一三条

農業、漁業、運輸、域内市場、研究、工業技術開発、宇宙飛行の分野における連合の政策の決定および実施に際して、連合および加盟国は、感情を有する存在としての動物の安寧の要請を十分に考慮する。連合および加盟国は、その際、特に宗教的儀式、文化的伝統および地域の遺産に関わる加盟国の法令および慣例を考慮する。

第一四条

欧州連合条約第四条ならびに本条約第九三条、第一〇六条および第一〇七条を損なうことなく、かつ一般的経済的利益を提供するサービスが連合の共通価値の中で占める地位ならびに社会的および領土的結束の促進に際しての同サービスの意義を考慮して、連合および加盟国は、同サービスが機能してその任務を果たすことができるようにするための原則および条件が、特に経済的および財政的性質の原則および条件が、形成されるように、二条約の適用範囲におけるそれぞれの権限の枠内において、尽力する。この原則および条件は、このサービスを二条約と調和させつつ提供し、委託しおよび財政的に支援する加盟国の管轄権を損なうことなく、欧州議会および理事会が、通常の法律制定手続きに従って、[二次法の] 規則によって定める。

第一五条

（一）責任ある行政を推進しかつ市民社会の参加を保障するために、連合の機関、組織およびその他の部署は、公開の原則を最大限尊重して行動する。

（二）欧州議会は、公開で会議を開く。これは、理事会が法律案について審議または表決するときは、理事会にも適用される。

（三）連合市民、ならびに加盟国に居所または定款上の所在地を有する自然人または法人はいずれも、本項に従って定められる原則および条件を留保して、連合の機関、組織およびその他の部署の記録を、この記録に使用された媒体の形態に関わりなく開示させる権利を有する。

記録の開示に対するこの権利の行使のための一般原則および公的または私的利益に基づいて適用される制限は、欧州議会および理事会が、通常の法律制定手続きに従って、［二次法の］規則によって定める。

機関、組織またはその他の部署は、自己の活動の透明性を保障し、前段に挙げる規則に従って、自己の記録の開示に関する特別規定を、それぞれの議事規則に定める。

本項は、欧州連合司法裁判所、欧州中央銀行および欧州投資銀行にも、行政的任務を遂行するときに限って適用される。

欧州議会および理事会は、法律制定手続きに関わる文書が、第二段に挙げる規則に則して開示されるように、尽力する。

第一六条

（一）何人も、自己に関係する個人情報の保護に対する権利を有する。

（二）欧州議会および理事会は、連合法の適用範囲に含まれる行動の実施の枠内で、連合の機関、組織およびその他の部署ならびに加盟国によって処理される個人情報の、保護および自由な受け渡しに関する法規を、通常の法律制定手続きに従って制定する。この法規の遵守は、独立の官庁によって監視される。

本条に基づいて制定される法規は、欧州連合条約第三九条の特別規定には抵触しない。

第一七条

(一) 連合は、加盟国における教会および宗教的結社または団体が、加盟国の法規に従って享受する地位を尊重し、これを害さない。

(二) 連合は、同様に、思想的団体が各国の法規に従って享受する地位を尊重する。

(三) 連合は、これらの教会および団体のアイデンティティーおよび特別の貢献を承認しつつ、これらとの率直、透明かつ定期的な対話を育む。

第二部　非差別および連合市民権

第一八条

二条約の特別規定を損なうことなく、二条約の適用領域においては、国籍を理由としたいかなる差別も禁止される。

欧州議会および理事会は、通常の法律制定手続きに従って、そのような差別の禁止のための規定を決定することができる。

第一九条

(一) 二条約の他の規定を損なうことなく、理事会は、性、人種、民族的出身、宗教または世界観、障害、年齢または性的指向を理由とする差別を克服するために、適切な防止策を、二条約によって連合に移譲された管轄権の枠内で、特別の法律制定手続きに従って、欧州議会の同意を得た後、全会一致をもって講じる。

(二) 前項とは異なって、欧州議会および理事会は、前項に挙げる目的の実現に資するべく加盟諸国が講じる措置を支援するための連合の奨励措置の基本原則を、加盟諸国の法令のいかなる調和も排除して、通常の法律制定手続きに従って定めることができる。

第二〇条

（一）連合市民権が、導入される。連合市民とは、加盟国の国籍を有する者である。連合市民権は、加盟国の国籍に代わるものではなく、これに付加するものである。

（二）連合市民男女は、二条約に定める権利および義務を有する。連合市民はとりわけ以下の権利を有する。

（a）加盟国の領土において自由に移動し、滞在する権利。

（b）住所を有する加盟国における、欧州議会選挙および地方選挙に際しての選挙権および被選挙権。その際、連合市民には当該加盟国の国民と同一の条件が適用される。

（c）自分が国籍を有する加盟国が代表を置いていない第三国の領土において、他のいずれの加盟国であれその外交的および領事的代表部による保護を、当該加盟国の国籍を有する者と同一の条件で受ける権利。

（d）欧州議会に請願を行い、欧州市民オンブズマンに申し立てる権利、ならびに二条約の言語の一つによって連合の機関および審議組織に申し立て、同一の言語による回答を受ける権利。

これらの権利は、二条約が定める条件および制限の下で、および二条約を適用して制定された措置が定める条件および制限の下で、行使される。

第二一条

（一）連合市民はいずれも、二条約および実施規則に定める制限および条件を留保して、加盟国の領土内を自由に移動し、滞在する権利を有す。

（二）この目標に達するためには連合の行動が必要と思われるが、二条約がこのための権限を定めていないときは、欧州議会および理事会は、前項による権利の行使を容易にする規定を、通常の法律制定手続きに従って制定することができる。

(三) 第一項に挙げる目的と同じ目的のために、理事会は、社会保障または社会的保護に関わる措置を、二条約がそのための権限を定めていない限りにおいて、特別の法律制定手続きに従って制定することができる。理事会は、欧州議会に諮問した後、全会一致をもって決定する。

第二二条

(一) 国籍国ではない加盟国に住所を有する連合市民はいずれも、その住所を有する加盟国において、地方選挙の選挙権および被選挙権を有し、同人にはその際、当該加盟国の国民と同一の条件が適用される。この権利は、理事会が特別の法律制定手続きに従って欧州議会に諮問した後に全会一致をもって定める細則を留保して、行使される。同細則においては、加盟国の特別な問題のために正当であると認められるときは、例外規則を定めることができる。

(二) 第二二三条第一項およびその実施規定を損なうことなく、国籍国ではない加盟国に住所を有する連合市民はいずれも、その住所を有する加盟国において、欧州議会選挙の選挙権および被選挙権を有し、同人にはその際、当該加盟国の国民と同一の条件が適用される。この権利は、理事会が特別の法律制定手続きに従って欧州議会に諮問した後に全会一致をもって定める細則を留保して、行使される。同細則においては、加盟国の特別な問題のために正当であると認められるときは、例外規則を定めることができる。

第二三条

連合市民はいずれも、自分が国籍を有する加盟国が代表を置いていない第三国の領土において、他のいずれの加盟国であれその外交的および領事的代表部による保護を、当該加盟国の国民と同一の条件で享受する。加盟諸国は、必要な手段を講じ、この保護のために必要な国際交渉を開始する。

理事会は、この保護を容易にするために必要な協調・協力措置を定める指令を、特別の法律制定手続きに従って、欧州議会に諮問した後、制定することができる。

第二四条

欧州連合条約第一一条にいう市民発議に適用される手続きおよび条件に関する規定は、この発議を行う市民男女の出身加盟国の最小限の数を含めて、欧州議会および理事会が、通常の法律制定手続きに従って、［二次法の］規則によって定める。

連合市民はいずれも、第二二七条に従って、欧州議会に対する請願権を有する。

連合市民はいずれも、第二二八条に従って設置される市民オンブズマンに申し立てることができる。

連合市民はいずれも、本条または欧州連合条約第一三条に挙げるいずれの機関または組織に対しても、欧州連合条約第五五条第一項に挙げる言語の一つによって、書面で申し立て、かつ同一の言語による回答を受け取ることができる。

第二五条

委員会は、欧州議会、理事会および経済社会委員会に対して、三年ごとに、［本条約］第二部の適用について報告する。この報告においては、連合の一層の発展が考慮される。

これに基づいて理事会は、二条約の他の規定を損なうことなく、第二〇条第二項に列挙された権利を補完するために、特別の法律制定手続きに従って、欧州議会の同意を得た後、全会一致をもって規定を制定する。この規定は、加盟国のそれぞれの憲法的規定に従った同意を得た後、初めて効力を生じる。

第三部　連合の対内的政策および措置

第Ⅰ編　域内市場

第二六条

(一)　連合は、二条約の関係規定に則して域内市場を実現するために、ないしはそれが機能することを保障するために、必要な措置を制定する。

(二)　域内市場は、二条約の規定に従って商品、人、サービスおよび資本の自由な移動が保障される域内境界のない領域を含む。

(三)　理事会は、すべての関係部門において均衡のとれた進歩を保障するために必要な、指針および条件を、委員会の提案に基づいて定める。

第二七条

第二六条の目標を実現するための提案の作成に際し、委員会は、異なる発展状況にある若干の国の国民経済が域内市場の実現のために要求される努力の範囲を考慮し、適切な規定を提案することができる。

この規定が例外規則の形を取るときは、それは、一時的性質のものでなくてはならず、域内市場の働きを妨げることは最小でなくてはならない。

第II編　自由な商品移動

第二八条

（一）連合は、全商品交換に及ぶ関税同盟を含む。この関税同盟は、加盟国間において輸出入関税およびそれと同等の効果を持つ租税を徴収することの禁止、ならびに第三国に対する共通関税の導入を含む。
（二）第三〇条および本編第三章は、加盟国を原産地とする商品、および加盟国において自由な取引きにある第三国からの商品に、適用される。

第二九条

（一）加盟国の自由な取引きにあるとみなされるのは、当該加盟国において正式の輸入手続きを済ませ、所定の関税およびそれと同等の効果を持つ租税を支払い、その全部または一部の還付がなされなかった第三国からの商品である。

第一章　関税同盟

第三〇条
輸出入関税およびそれと同等の効果を持つ租税は、加盟国間では禁止される。この禁止は、財政関税にも適用される。

第三一条
理事会は、委員会の提案に基づいて、共通関税率を定める。

第三二条
委員会は、本章に基づいて移譲された任務の遂行に際して、以下の観点から出発する。
（a）加盟国と第三国との間の貿易を促進する必要性。
（b）企業の競争力の向上をもたらす限りでの連合内部の競争条件の発展。
（c）原料および半製品に対する連合の需要。その際に委員会は、加盟国間で完成品のための競争条件を歪めないように留意する。
（d）加盟国の経済活動における深刻な混乱を避け、連合内における生産の合理的な発展および消費拡大を保障する必要性。

第二章　税関の協力

第三三条
欧州議会および理事会は、二条約の適用分野の枠内で、通常の法律制定手続きに従って、加盟国間の、および加盟国と委員会との間の、税関の協力を拡大するための措置を、制定する。

第三章　加盟国間における量的制限の禁止

第三四条
輸入の量的制限およびそれと同等の効果を持つ一切の措置は、加盟国間では禁止される。

第三五条
輸出の量的制限およびそれと同等の効果を持つ一切の措置は、加盟国間では禁止される。

第三六条
第三四条および第三五条の規定は、公の道徳、秩序および安全上の理由から、人間および動植物の健康および生命の保護のために、芸術的、歴史的または考古学的価値を有する民族的文化遺産の保護のために、または産業的および商業的財産の保護のために正当化される、輸出入および通過の禁止または制限に、対立するものではない。ただしこの禁止または制限は、加盟国間における貿易の恣意的な差別の手段となっても、隠蔽された制限となってもならない。

第三七条

(一) 加盟諸国は、加盟諸国の国民の間では、供給・販売条件におけるいかなる差別も排除されるように、自国の国家専売の形態を変更する。

本条は、加盟国が、直接または間接に、加盟国間の輸入または輸出を、法的または実際に監督し、操作しまたは著しく影響を与える手段である一切の組織に、適用される。本条は、国家により他の法的主体に移譲された独占体にも適用される。

(二) 加盟国は、前項に挙げる原則に矛盾し、または加盟国間における関税および量的制限の禁止に関する諸条の及ぶ範囲を狭めるような、いかなる新規措置も講じない。

(三) 国家専売に、農産物の販売または換金を容易にするための規則が結びついている場合には、本条の適用にあたり、当該生産者の雇用および生活水準の以前と同等の安定が保障されなければならない。

第Ⅲ編　農業および漁業

第三八条

（一）連合は、共通農業・漁業政策を定め、これを実施する。

域内市場は、農業、漁業および農産物の取引きを含む。農産物とは、土地、畜産および漁業の生産物ならびにこれと直接に関連する第一次加工生産物をいうものとする。共通農業政策または農業を引き合いに出す場合ならびに「農業の」という言葉を使用する場合、漁業部門の特徴を考慮しつつ、漁業も指すものとする。

（二）域内市場の設立または機能のための法規は、第三九条ないし第四四条に特段の定めがない限り、農産物に適用される。

（三）第三九条ないし第四四条が適用される生産物は、補遺Ⅰに列挙されている。

（四）共通農業政策の形成は、農産物のための域内市場の機能および発展と手を携えて進まなければならない。

第三九条

（一）共通農業政策の目標は、以下の通りである。

（ａ）農業の生産性を、技術開発の促進、農業生産の合理化、および生産要素、特に労働力の最適の活用を通じて、向上させること。

（b）この方法により、特に農業従事者一人当たりの所得の引き上げを通じて、農業人口に相応の生活水準を保障すること。
（c）市場を安定させること。
（d）供給を確保すること。
（e）適切な価格での消費者への供給に尽力すること。
（二）共通農業政策およびそのために適用されるべき特別な方法の策定に際しては、以下のことが考慮される。
（a）農業の社会的構造ならびに様々な農業地域間の構造的および自然的条件の差から生じる、農業活動の特殊性。
（b）適切な調整を段階的に実施する必要性。
（c）農業が加盟国においては国民経済全体と密接に結びついた経済部門であるという事実。

第四〇条

（一）第三九条の目標を達成するために、農業市場間の共通制度がつくられる。
これは、生産物ごとに、次のいずれかの組織形態をとる。
（a）共通の競争規則。
（b）異なる各国市場秩序の強制的協調。
（c）欧州市場制度。
（二）前項に従って設置される共通制度は、第三九条の実施に必要なすべての措置、特に価格規則、各種生産物の生産および配分のための補助金、貯蔵・調整措置、輸出入の安定化のための共同組織を、含むことができる。

共通制度は、第三九条の目標の追求に自らを限定し、連合内での生産者間または消費者間のいかなる差別も排除しなければならない。

万一、共通価格政策が行われるときは、共通の原則および統一的な計算方法に基づかなければならない。

（三）第一項に挙げる共通制度がその目標を達成できるようにするため、一つもしくは複数の農業調整基金または農業補償基金を設立することができる。

第四一条

第三九条の目標を達成するために、共通農業政策の枠内で、以下の措置を定めることができる。

（a）職業教育、研究および農業専門知識普及の分野における努力の効果的な協調。その際には、企画または組織に共同で資金を提供することができる。

（b）特定の生産物の消費促進のための共同の措置。

第四二条

競争規則に関する章は、欧州議会および理事会が、第四三条第二項の枠内において、同条同項に定める手続きに従って第三九条の目標を考慮しつつ定める範囲においてのみ、農産物の生産およびその取引きに適用される。

理事会は、委員会の提案に基づいて、以下の補助金を与えることを承認することができる。

（a）構造的または自然的条件によって不利益を被っている企業を保護するための補助金、または、

（ｂ）経済開発計画の枠内にある補助金。

第四三条

（一）委員会は、共通農業政策の策定および実施のために、とりわけ第四〇条第一項に定める共通制度の形態の一つによる各国の市場制度の交代および本編に述べる措置の実施を定める提案を、提出する。

この提案は、本編に列挙される農業問題の内的関連を、考慮しなければならない。

（二）欧州議会および理事会は、第四〇条第一項による農業市場間の共通制度、および共通農業・漁業政策の目標実現のために必要な他の規定を、通常の法律制定手続きに従って、かつ経済社会委員会に諮問した後、定める。

（三）理事会は、委員会の提案に基づいて、価格、課徴金、補助金および数量制限の決定ならびに漁獲量の決定および割当のための措置を、制定する。

（四）各国の市場制度は、以下の場合、第一項に則して、第四〇条第一項が定める共通制度によって置き換えることができる。

（ａ）この措置にすでに反対を表明しており、問題となっている生産に独自の市場制度を有している加盟国に対して、この共通制度が、当該生産者の雇用および生活水準を以前と同等にする保証を提示するときであり――ただしこの際には、時の経過とともに起こりうる調整および必要な特化が考慮されなければならない――、かつ、

（ｂ）この共通制度が、連合内の取引きに対して、国内市場の条件に相当する条件を保証するときである。

（五）特定の原料のための共通制度がその加工生産物のための共通制度よりも早くつくられるときは、当該原料は、

第三国輸出向けの加工生産物のために使用されるならば、連合外部の国から輸入することができる。

第四四条

いずれかの加盟国において、ある生産物を対象とする国内市場制度または同等の効果を持つ規則が存在し、これによって他の加盟国における同種の生産が競争において不利益を被るときは、加盟諸国は、上記市場制度または規則が存する加盟国からの当該生産物の輸入に際し、平衡税を徴収する。ただし、当該加盟国が輸出平衡税を徴収しているときは、この限りではない。

委員会は、この税を、均衡の回復のために必要な高さに定める。委員会は、その他の措置を許可することもできる。ただし、その条件および細則については委員会が定める。

第Ⅳ編　自由移動、自由なサービスおよび資本の移動

第一章　労働力

第四五条

（一）連合内での労働者の自由移動は、保障される。

（二）労働者の自由移動は、雇用、報酬およびその他の労働条件に関する加盟国労働者の国籍に基づく一切の異

なった待遇の撤廃を、含む。

(三) 労働者の自由移動は、公の秩序、安全および保健上の理由によって正当化される制限を留保して、労働者に以下の権利を与える。

(a) 実際に提供されている職に応募する権利。

(b) この目的のために、加盟国領土内を自由に移動する権利。

(c) その国の労働者に適用される法令に従って雇用に従事するために、加盟国に滞在する権利。

(d) 雇用終了後、加盟国領土内に、委員会が[二次法の]規則によって定める条件の下に、留まる権利。

(四) 本条は、公的行政機関における雇用には適用されない。

第四六条

欧州議会および理事会は、第四五条にいう労働者の自由移動の確立のために必要な一切の措置を、通常の法律制定手続きに従って、かつ経済社会委員会に諮問した後、指令または規則によって講じる。労働者の自由移動は、特に以下の措置によって実現される。

(a) 加盟国の労働行政機関の間の緊密な協力の確保。

(b) 国内法規から生じるものであれ、以前に加盟国間で締結された協定から生じるものであれ、そのまま維持すれば労働者の自由移動の確立の妨げとなるような、行政手続きおよび実務ならびに就職応募期間の制限の除去。

(c) 国内法規または以前に加盟国間で締結された協定において定められ、他の加盟国の労働者に、職場の自由な選択について自国の労働者とは異なる条件を課す、一切の期間およびその他の制限の除去。
（d）個々の地域および産業における生活水準および雇用状況の深刻な危機を排除するような、労働市場における需給の一致および均衡を図るための適切な手続きの創出。

第四七条
加盟国は、共同計画の枠内で、青年労働者の交流を促進する。

第四八条
欧州議会および理事会は、労働者の自由移動の確立のために必要な、社会保障の領域における措置を、通常の法律制定手続きに従って決定する。この目的のために、欧州議会および理事会は特に、移住労働者および自営業者ならびに請求権を有するそれらの家族に、以下のことを保障する制度を導入する。
（a）受給請求権の取得および保持ならびに給付額算出のために、様々な国内法規に従って算定されたすべての期間を合算すること。
（b）加盟国領土に居住する人に、給付金を支払うこと。
理事会の構成員が、前項に従った法律案が、自国の社会保障制度の重要な側面、特にその適用範囲、費用もしくは財政構造を損ない、またはその財政的均衡を害するのではと宣言するときは、当該構成員は、欧州理事会へ付託することを申請することができる。この場合には、通常の法律制定手続きは停止される。協議の後、欧州理事会は、手続きの停止後四ヶ月以内に、以下の通り行動する。

（a）欧州理事会は、法案を理事会に戻す。これによって通常の法律制定手続きの停止は終了する。または、

（b）欧州理事会は、行動をせず、もしくは委員会に新しい提案の提出を求める。この場合、最初に提案された二次法は制定されなかったものとみなされる。

第二章　事業所設立の権利

第四九条

加盟国の国籍を有する者の他の加盟国領土における事業所設立の自由の制限は、以下の規定に則して禁止される。同じくこれは、いずれかの加盟国領土に定住している加盟国国民による代理店、支店または子会社の設立の制限にも、適用される。

資本移動に関する章を留保して、事業所設立の自由は、受け入れ国の自国民向け規定に従って、自営業を開業し、営み、および企業とりわけ第五四条後段にいう会社を設立し、経営することを、含む。

第五〇条

（一）欧州議会および理事会は、特定の活動のための事業所設立の自由を実現するための指令を、通常の法律制定手続きに従って、かつ経済社会委員会に諮問した後、制定する。

（二）欧州議会、理事会および委員会は、上記の規定に基づいて自己に移譲された任務を、特に以下のことにより達成する。

（a）一般的に、事業所設立の自由が生産および商業の発展を特別な方法で促進するような活動を、優先的に取り扱う。

（b）連合内部の様々な活動領域における特別な状況を把握するために、加盟国の管轄行政機関の間の緊密な協力を確保する。

（c）国内法規または以前に加盟国間で締結された協定から生じた行政手続きおよび実務であって、その維持が事業所設立の自由に対立するものは廃止する。

（d）他の加盟国の領土において雇用されている加盟国労働者が、そこに留まり、かつ以下の条件と同一の条件の下で自営業を行うことができるように尽力する。すなわち、加盟国労働者がこの自営業を開業する意図をもって初めて当該の他の加盟国に入国する時点に満たすべき条件と、同一の条件である。

（e）第三九条第二項の原則が損なわれない限り、他の加盟国国民による加盟国領土における土地の取得および利用を可能ならしめる。

（f）考慮すべき各経済部門において、加盟国領土内で代理店、支店および子会社を設立するための条件に関して、ならびに主事業所の人員が代理店、支店および子会社の指導または監査部署へ転属するための条件に関して、事業所設立の自由の制限が、漸次撤廃されるように誘導する。

（g）加盟諸国において、社員および第三者の利益のために、第五四条後段にいう会社に命じている保護規定を、同等のものとするために、必要な限りにおいてこれらの規定を協調させる。

（h）事業所設立のための条件が加盟国の補助金によって歪められることがないように、保障する。

第五一条

加盟国において公権力の行使と常時または一時的に結びついている活動には、本章は、当該加盟国においては適用されない。

欧州議会および理事会は、特定の活動を本章の適用から除外することを、通常の法律制定手続きに従って決定することができる。

第五二条

(一) 本章およびこれに基づいて講じられる措置は、外国人に対する特例規則を定める〔加盟諸国の〕法令であって、公の秩序、安全および保健上の理由から正当化される法令の適用を、損なわない。

(二) 欧州議会および理事会は、前項に挙げる法令の協調のための指令を、通常の法律制定手続きに従って制定する。

第五三条

(一) 自営業の開業および営業を容易にするために、欧州議会および理事会は、学士号、試験証明書およびその他の資格証明書の相互承認のための、ならびに自営業の開業および営業に関する加盟諸国の法令の協調のための指令を、通常の法律制定手続きに従って制定する。

(二) 医師、医師類似および薬剤師の職種に対する制限の漸進的撤廃は、これらの職種に従事するための個々の加盟国における条件の協調を、前提とする。

第五四条

本章の適用にあたり、加盟国の法規に従って設立され、その定款上の所在地、本社または主事業所を連合内に有する会社は、加盟国国民である自然人と同等である。

会社とみなされるのは、協同組合を含む民法上および商法上の会社、ならびに公法上および私法上のその他の法人であるが、営利を追求しないものは除く。

第五五条

二条約の他の規定を損なうことなく、加盟国は、他の加盟国の国民を、第五四条にいう会社の資本への参加に関しては、自国の国民と同等に扱う。

第三章　サービス

第五六条

サービス受給者の属する加盟国とは別の加盟国に定住している加盟国国民に対して、連合内でサービスの自由移動を制限することは、以下の規定に則して禁止される。

欧州議会および理事会は、本章を、第三国の国籍を有しかつ連合内に定住しているサービス提供者にも適用することを、通常の法律制定手続きに従って決定することができる。

第五七条

二条約にいうサービスとは、通常、有償によって提供される［労働］給付のことである。ただし、自由な商品・資本移動および人の自由移動に関する規定に服するものは除く。

サービスとみなされるのは、特に以下のものである。

（a）工業的活動。

（b）商業的活動。

（c）手工業的活動。

（d）自由業的活動。

事業所設立の自由に関する章を損なうことなく、サービス提供者は、［労働］給付を行う目的で、提供先の加盟国が自国の国民のために定めている条件の下で、その国において一時的に自己の活動を行うことができる。

第五八条

（一）輸送の分野におけるサービスの自由移動には、運輸に関する編の規定が適用される。

（二）資本移動と結びついた銀行および保険のサービスの自由化は、資本移動の自由化と調和を図りつつ実施される。

第五九条

（一）欧州議会および理事会は、特定のサービスを自由化するための指令を、通常の法律制定手続きに従って、かつ経済社会委員会に諮問した後、制定する。

（二）前項に挙げる指令にあっては、一般的に、生産コストに直接影響を与えるサービスまたはその自由化が商品移動の促進に寄与するサービスが、優先的に考慮される。

第六〇条

加盟国は、自国の経済全体の状況および当該経済部門の状況が許す場合には、第五九条第一項による指令に基づいて義務づけられるサービスの自由化の範囲を、超えるように努力する。

委員会は、当該国に相応の勧告を行う。

第六一条

自由なサービス移動の制限が撤廃されていない限り、各加盟国はこの制限を、第五六条前段にいうすべてのサービス提供者に、国籍または滞在地によって区別することなく適用する。

第六二条

第五一条ないし第五四条の規定は、本章が規定する分野に適用される。

第四章　資本移動および支払い

第六三条

（一）本章の規定の枠内で、加盟国間のおよび加盟国と第三国との間の資本移動の制限は、すべて禁止される。

（二）本章の規定の枠内で、加盟国間のおよび加盟国と第三国との間の支払いの制限は、すべて禁止される。

第六四条

（一）第六三条は、不動産投資を含む直接投資、事業所設立、金融サービスの提供または資本市場への有価証券の上場に関わる第三国との間の資本移動についての加盟国の法規または連合の法規に基づいて、一九九三年一二月三一日の時点に存していた制限を、第三国に対して適用することには、抵触しない。ブルガリア、エストニアおよびハンガリーに存している国内法による制限については、基準となる時点は一九九九年一二月三一日である。

（二）二条約の他の諸章ならびに加盟国と第三国との間の自由な資本移動という目標を可能な限り高い水準で実現することを目指す努力を損なうことなく、欧州議会および理事会は、不動産投資を含む直接投資、事業所設立、金融サービスの提供または資本市場への有価証券の上場に関わる第三国との資本移動のための措置を、通常の法律制定手続きに従って決定する。

（三）前項とは異なって、連合法の枠内で第三国との資本移動の自由化にとって後退を意味する措置は、理事会のみが、特別の法律制定手続きに従って、欧州議会に諮問した後、全会一致をもって決定することができる。

第六五条
(一) 第六三条は、加盟国の以下の権利には抵触しない。
(a) 自国の税法の関係規定を適用し、住所または投資場所を異にする納税義務者に異なった取り扱いをすること。
(b) 国内法規、特に税法および金融機関の監督の分野における法令違反を防止し、行政的または統計的情報の収集を目的とする資本移動の報告手続きを定め、または公の秩序もしくは安全上の理由から正当化される措置を講じるために、不可欠な措置を講じること。
(二) 本章は、二条約に適合する事業所設立の権利の制限の、適用可能性には抵触しない。
(三) 第一項および第二項に挙げる措置および手続きは、第六三条にいう自由な資本移動および支払いの恣意的な差別の手段であっても、隠蔽された制限であってもならない。
(四) 第六四条第三項に従った措置が制定されなかったときには委員会が、または委員会が当該加盟国による相応の提議の提出後三ヶ月以内に決定を制定しなかったときには理事会が、加盟国が一つまたは複数の第三国を相手に講じた制限的な税制上の措置は、それが連合の目標の一つによって正当化されかつ域内市場が整然と機能することに適合する限りおいて、二条約に適合するとみなされることを確認する決定を、制定することができる。理事会は、加盟国の提議に基づいて全会一致をもって決定する。

第六六条
第三国との間の資本移動が、例外的な状況下で、経済・通貨同盟が機能することに重大な支障を与える場合またはその恐れがある場合には、理事会は、第三国に対する保護措置が無条件に必要であれば、最長六ヶ月の有効期間を有するこの保護措置を、委員会の提案に基づき、かつ欧州中央銀行に諮問した後、講じることができる。

第Ⅴ編　自由、安全および正義の領域

第一章　一般規定

第六七条

（一）連合は、基本権および加盟国の様々の法的秩序・伝統が尊重される自由、安全および正義の領域を形成する。

（二）連合は、域内国境において人に対する検査が行われないことを保障し、また庇護、［連合内への］移住および域外国境での検査の分野においては、加盟諸国の連帯に基づきかつ第三国国民に対して適切な共通政策を発展させる。本編の目的のために、無国籍者は、第三国国民と同列に扱われる。

（三）連合は、犯罪、人種差別主義および外国人敵視の予防および対抗のための措置により、警察および刑事司法機関ならびにその他の管轄当局間の協調および協力のための措置により、また刑法上の決定の相互承認により、さらに必要な場合には刑法規定の接近により、高度の安全を保障することに努める。

（四）連合は、司法の利用を、特に民事事件における裁判上および裁判外の決定の相互承認の原則によって容易にする。

第六八条

欧州理事会は、自由、安全および正義の領域における立法計画案および行動計画案のための戦略的指針を、定める。

第六九条

加盟国議会は、第四章および第五章の枠内で提出される提案および法律制定の発議に際し、補完性の原則が、補完性および比例性の原則適用に関する議定書に則して尊重されるように、尽力する。

第七〇条

第二五八条、第二五九条および第二六〇条を損なうことなく、理事会は、本編に含まれる連合の政策の加盟国当局による実施の客観的かつ公正な評価を、加盟国が委員会と協力して実施するための、細則を定める措置を、特に相互承認の原則の包括的な適用を促進するために、委員会の提案に基づいて制定することができる。欧州議会および加盟国議会には、この評価の内容および結果が通知される。

第七一条

連合内部での国内治安の分野における実務的協力の促進および強化を保障するために、理事会の中に、常設委員会が設置される。この常設委員会は、第二四〇条を損なうことなく、加盟諸国の管轄当局の措置の協調を促進する。連合の当該組織およびその他の部署の代表は、常設委員会の作業に参加することができる。欧州議会および加盟国議会には、同委員会の作業の進行状況が遅滞なく通知される。

第七二条

本編は、公の秩序の維持および国内治安の確保のための加盟国の管轄権の行使には、抵触しない。

第七三条

加盟諸国の国内治安の確保に責任を有する行政機関の管轄部署の間で、適切であると考える協力および協調の形態を、互いにかつ自身の責任において設立することは、加盟諸国の自由である。

第七四条

理事会は、本編の分野における加盟諸国の管轄部署間の行政協力およびこの部署と委員会との間の協力を保障するために、措置を制定する。その際、理事会は、第七六条を留保して、委員会の提案に基づき、かつ欧州議会に諮問した後、決定する。

第七五条

テロリズムおよびそれと結びついた活動の予防および対抗に関する第六七条の目標を実現するために必要である

限り、欧州議会および理事会は、自然人もしくは法人またはグループもしくは非国家的団体が保有または所有する資金、金融資産または経済的収益の凍結を含めることのできる、資本移動および支払いに関する行政措置のための枠組みを、通常の法律制定手続きに従って、［二次法の］規則によってつくる。

理事会は、前段に挙げる枠組みを実施するための措置を、委員会の提案に基づいて制定する。

本条に従った二次法においては、法的保護に関する必要な規定が定められていなければならない。

第七六条

第四章および第五章の分野における行政協力を保障するための、両章に挙げる二次法ならびに第七四条に挙げる措置は、以下のように制定される。

（a）委員会の提案に基づくか、または、

（b）加盟国の四分の一の発議に基づいて。

第二章　国境検査、庇護および［連合内への］移住の分野における政策

第七七条

（一）連合は、以下のための政策を発展させる。

（a）国籍のいかんを問わず人に対する検査が域内国境の通行の際には行われないように保障する。

（b）域外国境における人の検査および通行の効果的監視を保障する。

（c）域外国境における統合的国境警備制度を漸進的に導入する。
（二）前項の目的のために、欧州議会および理事会は、以下の分野に関わる措置を、通常の法律制定手続きに従って制定する。
（a）査証および他の短期滞在資格に関する共通政策。
（b）域外国境の通行の際に人に対して行われる検査。
（c）第三国国民が短期間、連合内を自由に移動することができるための条件。
（d）域外国境における統合的国境警備制度の漸進的導入に必要な一切の措置。
（e）域内国境の通行の際の人に対する検査を国籍のいかんを問わずに廃止すること。
（三）第二〇条第二項a号に挙げる権利の行使を容易にするために連合の行動が必要であると思われるときは、理事会は、査証、身分証、滞在資格またはこれらに類する証明書に関する規定を、二条約がこのために特段の権限を別に定めていない限り、特別の法律制定手続きに従って制定することができる。理事会は、欧州議会に諮問した後、全会一致をもって決定する。
（四）本条は、自国の国境を国際法に基づいて定める加盟国の管轄権には抵触しない。

第七八条

（一）連合は、難民、補完的保護および一時的保護の分野における共通政策を展開し、これによって国際的な保護を必要とするいずれの第三国国民にも適切な地位を提供し、入国拒否禁止の原則の遵守を保障するものとする。この政策は、難民の法的地位に関する一九五一年七月二八日のジュネーヴ協定および一九六七年一月三一日の議定書ならびにその他の関係諸条約に一致していなければならない。

（二）前項の目的のために、欧州議会および理事会は、以下のことを包括する共通の欧州庇護制度に関する措置を、通常の法律制定手続きに従って制定する。

（a）第三国国民のための、連合全域において有効な統一的な庇護の地位。

（b）欧州の難民の地位を得てはいないが、国際的な保護を必要とする第三国国民のための、統一的な補完的な保護の地位。

（c）追放者の大量流入の場合における一時的保護のための共通規則。

（d）統一的な難民の地位または補完的な保護の地位の付与および剥奪のための共通手続き。

（e）庇護または補完的保護の申請の審査を管轄する加盟国を決定するための基準および手続き。

（f）庇護または補完的保護を申請する者の受入れ条件に関する規準。

（g）庇護または補完的ないしは一時的保護の申請を行う者の流入を制御するための、第三国との友好関係および協力。

（三）一つまたは複数の加盟国が、第三国国民の突然の流入によって困難な状況にあるときは、理事会は、当該加盟国に有利な暫定的措置を、委員会の提案に基づいて制定することができる。理事会は、欧州議会に諮問した後、決定する。

第七九条

（一）連合は、移住の流れの効果的抑制、加盟国に合法的に滞在している第三国国民の適切な処遇、不法移住および人身売買の予防および強力な対策を、あらゆる局面で保障すべき共通移民政策を発展させる。
（二）前項の目的のために、欧州議会および理事会は、以下の分野における措置を、通常の法律制定手続きに従って制定する。
（a）入国および滞在の前提条件、家族の呼び寄せを含めた長期滞在のための査証および滞在資格の加盟国による付与の規準。
（b）加盟国に合法的に滞在している第三国国民の権利の確定。これには、彼らが他の加盟国において自由に移動し滞在することが許されるための条件が含まれる。
（c）不法移住および不法滞在。これには、加盟国に不法に滞在している者の追放および送還が含まれる。
（d）人身売買、特に女性および児童の売買に対する対策。
（三）連合は、加盟国の領土への入国または当該領土における居住もしくは滞在の条件を満たしていない、または満たさなくなった第三国国民の、出生地または出身地による引き取りに関する協定を、第三国と締結することができる。
（四）欧州議会および理事会は、合法的に加盟国の領土に滞在している第三国国民を統合するための加盟国の努力を、奨励しかつ支援する措置を、加盟諸国の法規のいかなる調和も排除しつつ、通常の法律制定手続きに従って定めることができる。
（五）本条は、労働者または自営業者として仕事を探すために第三国から入国する第三国国民の許可人数を定める加盟国の権利には、抵触しない。

第八〇条
本章に入る連合の政策およびその実施には、加盟国間の連帯および責任の公平配分の原則が、財政的な点を含めて適用される。本章に基づいて制定される連合の二次法は、必要であるときは常に、この原則の適用のための適切な措置を含む。

第三章　民事事件における司法協力

第八一条
（一）連合は、国境を跨ぐ民事事件においては、裁判上および裁判外の決定の相互承認の原則に基づく司法協力を、発展させる。この協力は、加盟諸国の法規を接近させるための措置の制定を含むことができる。
（二）前項の目的のために、欧州議会および理事会は、特に域内市場が摩擦なく機能するために必要であるときは、以下のことを保障すべき措置を、通常の法律制定手続きに従って制定する。
（a）裁判上および裁判外の決定の加盟諸国間での相互承認および執行。
（b）裁判上および裁判外の文書の国外送達。
（c）加盟諸国で施行されている抵触規定および管轄の衝突回避規定の一致。
（d）証拠収集に際しての協力。
（e）司法の効果的な利用。
（f）民事手続きの円滑な処理のための障害の除去。必要に応じて加盟諸国で施行されている民事訴訟法の一致を促進することによって行う。
（g）代替的紛争処理方法の開発。
（h）判事および司法職員の研修の促進。
（三）前項とは異なって、国際親族法に関わる措置は、理事会が、特別の法律制定手続きに従って定める。理事会は、欧州議会に諮問した後、全会一致をもって決定する。

理事会は、通常の法律制定手続きに従って制定される二次法の対象とすることのできる国際親族法の側面を、定める決定を、委員会の提案に基づいて制定することができる。理事会は、欧州議会に諮問した後、全会一致をもって決定する。

前段に挙げる提案は、加盟国議会に送付される。この提案が送付後六ヶ月以内にいずれかの加盟国議会によって拒否されるときは、決定は制定されない。提案が拒否されないときは、理事会は、決定を制定することができる。

第四章　刑事事件における司法協力

第八二条

（一）連合内での刑事事件における司法協力は、裁判上の判決および決定の相互承認の原則に基づき、第二項および第八三条に挙げる分野における加盟諸国の法規の接近を含む。

欧州議会および理事会は、以下の目的のために措置を、通常の法律制定手続きに従って制定する。
（a）あらゆる種類の判決および裁判上の決定の承認が連合全域で保障されるための規則および手続きを定める

ため。
（b）加盟国間での管轄の衝突を防止し、処理するため。
（c）判事、検事および司法職員の研修を促進するため。
（d）刑事訴追ならびに決定の実行および執行の枠内における加盟国の司法当局間またはそれに相当する当局間の協力を容易にするため。
(二) 判決および裁判上の決定の相互承認ならびに国際刑事事件における警察・司法協力を容易にするために必要である限り、欧州議会および理事会は、最小限の規定を、通常の法律制定手続きに従って、指令によって定めることができる。この最小限の規定においては、加盟諸国の法秩序および法的伝統の違いが考慮される。
この最小限の規定は、以下の事項に関わる。
（a）加盟国間での証拠の相互認定。
（b）刑事手続きにおける個人の権利。
（c）犯罪被害者の権利。
（d）理事会がすでに決定によって定めた刑事手続きのその他の特殊な側面。この決定は、理事会により、欧州議会に諮問した後、全会一致をもって決定される。
本項による最小限の規定の制定は、加盟国が個人のためにより高い保護水準を維持または導入することを、妨げない。
(三) 理事会の構成員が、前項による指令案は自国の刑法秩序の基本的側面に抵触するのではと考えるときは、当該構成員は、欧州理事会に付託することを提案することができる。この場合、通常の法律制定手続きは停止される。

欧州理事会は、協議の後、合意に達した場合には、当該手続きの停止後四ヶ月以内に指令案を、理事会に戻す。これによって、通常の法律制定手続きの停止は終了する。

合意が達成されず、しかし少なくとも九加盟国が当該指令案に基づいて強化協力を設立することを望むときは、これらの加盟国は、その旨をさらに四ヶ月以内に、欧州議会、理事会および委員会に通知する。この場合、欧州連合条約第二〇条第二項および本条約第三二九条第一項による強化協力の授権は、なされたものみなされ、強化協力に関する規定が適用される。

第八三条

（一）欧州議会および理事会は、犯罪行為の性質もしくは影響ゆえに、または共通の基盤に立って闘う特別の必要性ゆえに、国境を越える広がりを有する特別に重大な犯罪分野において、犯罪行為および刑罰を定めるための最小限の規定を、通常の法律制定手続きに従って、指令によって定めることができる。

この種の犯罪分野とは、テロリズム、人身売買、女性および児童の性的搾取、違法な薬物取引、違法な武器取引、資金洗浄、贈収賄、通貨小切手の偽造、コンピューター犯罪および組織犯罪である。

犯罪の動向によっては、理事会は、本項の基準を満たす他の犯罪分野を定める決定を、制定することができる。理事会は、欧州議会の同意を得た後、全会一致をもって決定する。

（二）加盟諸国の刑法の接近が、調和措置が講じられている分野における連合の政策の効果的実施のためには不可欠であることが明らかになるときは、当該分野における犯罪行為および刑罰を定めるための最小限の規定を、指令によって定めることができる。この指令は、第七六条を損なうことなく、当該調和措置と同じく、通常のまたは特別の法律制定手続きに従って制定される。

（三）理事会の構成員が、第一項および第二項による指令案は自国の刑法秩序の基本的側面に抵触するのではと考えるとき、当該構成員は、欧州理事会に付託することを提案することができる。この場合、通常の法律制定手続きは停止される。欧州理事会は、協議の後、合意に達した場合には、当該手続きの停止後四ヶ月以内に指令案を、理事会に戻す。これによって、通常の法律制定手続きの停止は終了する。

合意が達成されず、しかし少なくとも九加盟国が当該指令案に基づいて強化協力を設立することを望むときは、これらの加盟国は、その旨をさらに四ヶ月以内に、欧州議会、理事会および委員会に通知する。この場合、欧州連合条約第二〇条第二項および本条約第三二九条第一項による強化協力の授権は、なされたものみなされ、強化協力に関する規定が適用される。

第八四条

欧州議会および理事会は、犯罪予防の分野における加盟国の対策を促進し支援するための措置を、加盟諸国の法規のいかなる調和も排除しつつ、通常の法律制定手続きに従って制定することができる。

第八五条

（一）ユーロジャストは、複数の加盟国に関係するか、または共同の追及が必要とされるときに、重大犯罪の捜査および追及を管轄する各国当局間の協調および協力を支援し、強化する使命を有する。ユーロジャストはその際、加盟国当局およびユーロポールによって実施された捜査および提供された情報に依拠する。

この目的のために、欧州議会および理事会は、ユーロジャストの構造、運営方法、行動分野および任務を、通常の法律制定手続きに従って、［二次法の］規則によって定める。この任務には、以下のものを含めることができる。

（a）各国の管轄当局によって実施される犯罪捜査の着手および訴追の着手の提案。特に連合の財政的利益を害する犯罪の際のそれ。

（b）a号に挙げる捜査・訴追の協調。

（c）司法協力の強化。とりわけ管轄衝突の処理および欧州司法ネットワークとの緊密な協力によるそれ。

この規則によってさらに、ユーロジャストの行動の評価に対する欧州議会および加盟国議会の参加のための細則を、定める。

（二）前項による犯罪訴追の枠内において、第八六条を損なうことなく、管轄する各国官吏によって、正式の訴訟手続きが行われる。

第八六条

（一）連合の財政的利益を害する犯罪と闘うために、理事会は、ユーロジャストを基礎にして欧州検察局を、特別の法律制定手続きに従って、［二次法の］規則によって設置することができる。理事会は、欧州議会の同意を得た後、全会一致をもって決定する。

全会一致が存在しないときは、少なくとも九加盟国からなるグループは、欧州理事会に規則案を付託することを提案することができる。この場合、理事会における手続きは停止する。欧州理事会は、協議の後、合意に達した場合には、当該手続きの停止後四ヶ月以内に規則案を、採択のために理事会に戻す。

合意は達成されないが、しかし少なくとも九加盟国が当該規則案に基づいて強化協力を設立することを望むときは、これらの加盟国は、その旨をさらに四ヶ月以内に、欧州議会、理事会および委員会に通知する。この場合、欧州連合条約第二〇条第二項および本条約第三二九条第一項による強化協力の授権は、なされたものみなされ、強化協力に関する規定が適用される。

(二) 欧州検察局は、前項による規則に定められる連合の財政的利益を害する犯罪を、正犯または共犯として犯した者に関して、適宜ユーロポールと連携しつつ、刑法上の捜査および追及ならびに起訴を管轄する。欧州検察局は、これらの犯罪に際して、加盟国の管轄裁判所において検察の任務を遂行する。

(三) 第一項に挙げる規則は、欧州検察局の準則、その任務遂行のための細則、その活動に適用される手続規定、ならびに証拠認定のためのおよび欧州検察局がその職務遂行に際して行う訴訟行為に対する司法審査のための規準を、定める。

(四) 欧州理事会は、この規則の採択と同時にまたはそれに続いて、欧州検察局の権限を国際的重大犯罪との対抗に拡大する目的で第一項を修正するために、また複数の加盟国に関係する重大犯罪を正犯または共犯として犯した者に関して第二項を相応に修正するために、決定を制定することができる。欧州理事会は、欧州議会の同意を得た後、かつ委員会に諮問した後、全会一致をもって決定する。

第五章　警察協力

第八七条

（一）連合は、警察、税関、ならびに犯罪の予防または摘発およびそのための捜査を専門とする犯罪追及機関を含む加盟国のすべての管轄当局間の警察協力を、発展させる。

（二）前項の目的のために、欧州議会および理事会は、以下に関わる措置を、通常の法律制定手続きに従って制定することができる。

（a）有用な情報の収集、保存、加工、分析および交換。

（b）職員の教育・訓練の支援、ならびに人事交流、装備および犯罪技術研究に関する協力。

（c）重大な形態の組織犯罪の摘発のための共通捜査技術。

（三）理事会は、本条に挙げる当局間の捜査協力に関わる措置を、特別の法律制定手続きに従って制定することができる。理事会は、欧州議会に諮問した後、全会一致をもって決定する。

全会一致が存在しないときは、少なくとも九加盟国からなるグループは、欧州理事会に当該措置案を付託することを提案することができる。この場合、理事会における手続きは停止する。欧州理事会は、協議の後、合意に達した場合には、当該手続きの停止後四ヶ月以内に当該措置案を、採択のために理事会に戻す。

合意は達成されないが、しかし少なくとも九加盟国が当該措置案に基づいて強化協力を設立することを望むときは、これらの加盟国は、その旨をさらに四ヶ月以内に、欧州議会、理事会および委員会に通知する。この場合、欧州連合条約第二〇条第二項および本条約第三二九条第一項による強化協力の授権は、なされたものみなされ、強化協力に関する規定が適用される。

第二段および第三段による特別の手続きは、シェンゲン協定に関わる蓄積された法の更なる発展をなす二次法には適用されない。

第八八条

（一）ユーロポールは、加盟国の警察機関およびその他の犯罪捜査機関の活動、ならびに複数の加盟国に関わる重大犯罪、テロリズムおよび連合の政策の対象である共通利益を害する犯罪形態の予防・対抗におけるこれらの機関の相互協力を、支援し強化する使命を有する。
（二）欧州議会および理事会は、ユーロポールの組織構造、運営方法、活動分野および任務を、通常の法律制定手続きに従って、［二次法の］規則によって定める。ユーロポールの任務には、以下の事項を含めることができる。
（a）特に加盟国当局または第三国ないし連合外の所から提供される情報の収集、保管、加工、分析および交換。
（b）必要に応じてユーロジャストと連携しつつ、加盟国の管轄当局と一緒にまたは合同捜査グループの枠内で実施される、捜査および作戦行動の協調、組織および実施。
この規則によってさらに、ユーロポールの活動を欧州議会が監督するための細則を、定める。この監督には、加盟国議会が参加する。
（三）ユーロポールは、作戦行動を、自国の領土に関係する加盟国の当局との連携および協議の下でのみ行うことが許される。強制措置の適用は、専ら管轄する加盟国当局に留保される。

第八九条
理事会は、どのような条件および制限の下で、第八二条および第八七条に挙げる加盟国の管轄当局が、他の加盟国の領土において、その国の当局と連携および協議しつつ活動することが許されるかを、特別の法律制定手続きに従って定める。理事会は、欧州議会に諮問した後、全会一致をもって決定する。

第Ⅵ編　運輸

第九〇条
本編が規律する専門分野においては、二条約の目標は、共通運輸政策の枠内で追求される。

第九一条
（一）第九〇条の実施のために、欧州議会および理事会は、運輸の特殊性を考慮しつつ、通常の法律制定手続きに従って、かつ経済社会委員会および地域委員会に諮問した後、以下のことを行う。
（a）加盟国領土を起点もしくは終点とする国際運輸または一つもしくは複数の加盟国領土を通過する運輸のための共通規準を、定める。
（b）運輸事業者にその住所地ではない加盟国の国内運輸業への参入を認可するための条件を、定める。

（c）交通安全の向上のための措置を、制定する。

（d）その他のすべての合目的な法規を、制定する。

（二）前項による措置の制定に際しては、その適用が特定地域の生活水準および雇用状況ならびに運輸施設の経営を著しく害する可能性がある場合が、考慮される。

第九二条

第九一条第一項に挙げる法規の制定に至るまでは、いずれの加盟国も、一九五八年一月一日に、またはその後に加盟した国の場合にはその加盟の時点に、この分野に適用されていた様々な法規を、他の加盟国の運輸事業者へのその直接または間接の影響において、国内の運輸事業者に比して不利なものにしてはならない。ただし、理事会が例外規則を認めるめ措置を全会一致で承認するときは、この限りではない。

第九三条

運輸の協調の必要性にそった、または公共サービスの概念と関連する特定の行為を支弁する必要性にそった補助金は、二条約に適合する。

第九四条

運賃および運送条件の分野において、二条約の枠内で講じられるいかなる措置も、運輸事業者の経済状況を考慮しなければならない。

第九五条

（一）連合内部の運輸においては、運輸事業者が、同一の経路を通りながらも、同一の貨物に、その原産地国または目的地国によって異なった運賃および運送条件を適用するような差別は、禁止される。

（二）前項は、欧州議会および理事会が、第九一条第一項に従ってその他の措置を講じることができることを、排除しない。

（三）理事会は、委員会の提案に基づき、かつ欧州議会および経済社会委員会に諮問した後、第一項を実施するための規定を定める。

理事会は、特に、連合の諸機関が第一項の遵守のために尽力することを可能にし、また運輸利用者がこの規定の利点を十分に得られるようにするために、必要な法規を制定することができる。

（四）委員会は、自ら進んで、または加盟国の提議に基づいて、第一項の差別事例を検討し、また問題となる各加盟国と協議した後、前項に従って定められる規定の枠内において、必要な決定を制定する。

第九六条

（一）連合内部の運輸においては、加盟国が設定する運賃および運送条件であって、なんらかの方法で一つもしくは複数の特定事業者または産業の支援または保護に役立つものは、禁止される。ただし、委員会がこれを許可するときは、この限りではない。

（二）委員会は、自ら進んで、または加盟国の提議に基づいて、前項に述べる運賃および運送条件を検討する。その際、委員会は、特に、適切な立地政策の必要性、後進地域の要求、および政治的事情によって重大な影響を受けている地域の問題、ならびにこの運賃および運送条件が運輸手段間の競争に与える影響についても、考慮する。

委員会は、問題となる各加盟国と協議した後、必要な決定を制定する。

(三) 第一項に挙げる禁止は、競争運賃には適用されない。

第九七条

運輸事業者が運賃に加えて請求する国境通過に関わる料金または手数料は、これによって実際に生じる費用を考慮して適切な高さを超えてはならない。

加盟国は、この費用を着実に下げるように努力する。

委員会は、本条の実施のために、加盟国に勧告を与えることができる。

第九八条

本編の規定は、ドイツ連邦共和国における措置が、ドイツ分裂に見舞われたドイツ連邦共和国の特定地域の経済がこの分裂から受けた経済的不利益を是正するために必要である限り、この措置に対立するものではない。理事会は、リスボン条約の発効から五年経過後に、本条を廃止する決定を、委員会の提案に基づいて制定することができる。

第九九条

委員会には、加盟国政府から任命される専門家によって構成される諮問委員会が、設置される。委員会は、必要に応じて、運輸問題について、この委員会に諮問する。

第一〇〇条

（一）本編は、鉄道、道路および内陸水路における輸送に適用される。

（二）欧州議会および理事会は、海運および航空のための適切な法規を、通常の法律制定手続きに従って制定することができる。欧州議会および理事会は、経済社会委員会および地域委員会に諮問した後、決定する。

第Ⅶ編　競争、税問題および法規の接近に関する共通規則

第一章　競争規則

第一節　企業に適用される規定

第一〇一条

（一）加盟国間の貿易を害するのに適し、域内市場内部の競争の妨害、制限もしくは歪曲を目的としまたはこれらを引き起こす、企業間の協定、企業連合体の決定および協調行為の一切は、域内市場に適合せず、禁止される。特に以下の事項は、禁止される。

（a）購入価格もしくは販売価格またはその他の取引条件の直接的または間接的な決定。
（b）製造、販売、技術開発または投資の制限または統制。
（c）市場または供給源の分割。
（d）等価値の履行に際して取引相手に異なる条件を適用し、これにより取引相手を競争上不利にすること。
（e）契約相手が実際にも商慣習からも契約対象とは関連のない追加的履行を引き受けることを、契約締結の条件にすること。

（二）本条によって禁止される協定または決定は、無効である。
（三）第一項の規定は、以下のものには適用できないと宣言することができる。
——企業間の協定または一連の協定、
——企業連合体の決定または一連の決定、
——協調行為または一連の協調行為であって、
消費者にも、生じる利益の恩恵に相応に与らせつつ、商品の生産もしくは配分の改善または技術進歩または経済的進歩の促進に資するものであり、参加企業に、
（a）これらの目標の実現に不可欠とはいえない制限を課さず、または、
（b）当該商品の相当な部分において競争を排除する可能性を残していないものである。

第一〇二条

域内市場またはその重要な部分における単独または複数の企業による優越的な地位の濫用は、これが加盟国間の

貿易を害することになりうる限りにおいて、域内市場に適合せず、禁止される。
この濫用は、特に以下の事項に現れることがある。
（a）不当な購入価格もしくは販売価格またはその他の取引条件の直接または間接の押し付け。
（b）消費者の損害となるような、製造、販売または技術開発の制限。
（c）等価値の履行に際して取引相手に異なる条件を適用し、これにより取引相手を競争上不利にさせること。
（d）契約相手が実際にも商慣習からも契約対象とは関連のない追加的履行を引き受けることを、契約締結の条件にすること。

第一〇三条

（一）第一〇一条および第一〇二条に据えられている原則を実現するための、目的にかなった規則または指令は、理事会によって、委員会の提案に基づき、かつ欧州議会に諮問した後、決定される。
（二）前項に定める法規は、特に以下のことを目的とする。
（a）罰金および過料の導入によって、第一〇一条第一項および第一〇二条に挙げる禁止の遵守を保障すること。
（b）第一〇一条第三項の適用の細則を定めること。その際には、可能な限り簡素な行政監視であるが効果的な監視であるという要請を考慮すること。
（c）必要に応じて、個々の経済部門について第一〇一条および第一〇二条の適用分野を、より詳細に定めること。
（d）本項に定める法規の適用に際しての委員会および欧州連合司法裁判所の任務を、相互に区分すること。

（e）加盟国の国内法規と本節に含まれる規定または本条に基づいて制定される規定との間の関係を、定めること。

第一〇四条

第一〇三条に従って制定される法規が発効するまでは、加盟国当局が、自国の国内法規ならびに第一〇一条、特にその第三項および第一〇二条の諸規定に従って、協定、決定および協調行為の許可、ならびに域内市場における優越的な地位の濫用について、決定する。

第一〇五条

（一）第一〇四条を損なうことなく、委員会は、第一〇一条および第一〇二条に据えられている原則の実現に留意する。委員会は、加盟国の申請に基づいて、または職権により、委員会に職務上の支援を行う義務を有する加盟国の管轄官庁と連携しつつ、これらの原則に対する違反が行われたと思われる事件を調査する。委員会は、違反を確認したときは、これを是正するために適切な手段を提案する。

（二）違反が是正されないときは、委員会は、理由を付した決定によって、そのような違反の存在を確認する。委員会は、この決定を公表し、必要な是正措置を講じることを加盟諸国に授権することができる。ただし、当該措置の条件および細則は委員会が定める。

（三）委員会は、理事会が第一〇三条第二項b号に従って制定した規則または指令の対象である一連の協定について、［二次法の］規則を制定することができる。

第一〇六条

（一）加盟国は、公的企業および特別のまたは排他的な権利を与えている企業に関しては、二条約ならびに特に［本条約］第一八条および第一〇一条ないし第一〇九条に矛盾する措置を、講じることも保持することもしない。
（二）一般的経済的利益を提供するサービスを委託されている企業または金融独占体の性格を有する企業には、二条約の規定、特に競争規則が、その適用がこれらの企業に委託された特別の任務の達成を法的または実際に妨害しない限りにおいて、適用される。商取引の発展が、連合の利益に反するほどの規模で害されてはならない。
（三）委員会は、本条の適用に留意し、必要な場合には、適切な指令または決定を加盟国に向けて出す。

第二節　国家の補助金

第一〇七条

（一）二条約に特段の定めがない限り、国家の補助金または国家的資金から交付される補助金であって、特定の企業もしくは生産部門の優遇によって競争を歪めるもの、またはその恐れのあるものは、種類のいかんを問わず、加盟国間の貿易を害する限りにおいて、域内市場に適合しない。
（二）域内市場に適合する補助金とは、以下のものである。
（a）商品の原産地による差別なしに個別の消費者に交付される社会的性質の補助金。
（b）自然災害またはその他の異常な事件によって生じた損害を除去するための補助金。

（c）ドイツ分裂に見舞われたドイツ連邦共和国の特定地域の経済に対する補助金であって、分裂が原因で生じた経済的不利益の是正に必要である限りのもの。理事会は、リスボン条約の発効から五年経過後に、本号を廃止する決定を、委員会の提案に基づいて制定することができる。

（三）域内市場に適合するとみなすことのできる補助金とは、以下のものである。

（a）生活水準が異常に低い地域または著しい失業が支配する地域および第三四九条に挙げる地域の経済発展を、その構造的、経済的および社会的状況を考慮しつつ促進するための補助金。

（b）欧州の共通利益の重要な計画を促進するための、または加盟国の経済活動における著しい障害を除去するための補助金。

（c）特定の経済部門または経済地域の発展を促進するための補助金であって、共通利益に反する方法では通商条件を変更しないもの。

（d）文化を奨励し文化遺産を保護するための補助金であって、共通の利益に反する程には連合内の通商・競争条件を害さないもの。

（e）その他の種類の補助金であって、理事会が委員会の提案に基づく［二次法の］決定によって定めるもの。

第一〇八条

（一）委員会は、加盟国と協力しつつ、加盟国に存する補助金規程を不断に審査する。委員会は、加盟国に対して、域内市場の漸進的発展および機能が必要とする合目的々な措置を提案する。

（二）委員会は、関係者に意見表明の期限を設定した後、国家または国家的資金から交付された補助金が第一〇七条に照らして域内市場に適合しないこと、または補助金が濫用されていることを確認するときは、当該国がこの補助金を委員会の定めた期限内に廃止または変更しなければならないことを、決定する。

当該国が定められた期限内にこの決定に従わないときは、委員会または各関係国は、第二五八条および第二五九条とは異なって、欧州連合司法裁判所に直接に提訴することができる。

理事会は、加盟国によって交付または計画された補助金が、第一〇七条とは異なって、または第一〇九条に従って制定された規則とは異なって、域内市場に適合するとの決定を、異常な事態がそのような決定を正当化するときには、当該加盟国の申請に基づいて、全会一致をもって決定することができる。委員会が、この補助金に関して、本項第一段に定める手続きをすでに開始しているときは、理事会に対する当該加盟国の右申請により、この手続きは、理事会が意見を表明するまで停止される。

委員会は、理事会が申請から三ヶ月以内に意見を表明しないときは、決定する。

(三) 委員会は、意見を表明できるように適時、補助金の導入または変更の計画について、逐一報告を受ける。委員会は、このような計画が第一〇七条に照らして域内市場に適合しないと考えるときは、遅滞なく前項に定める手続きを開始する。当該加盟国は、委員会が最終的な決定を制定するまでは、計画中の措置を実施してはならない。

(四) 委員会は、理事会が第一〇九条に従って前項による手続きから除外できると定めた国家的補助金の種類について、［二次法の］規則を制定することができる。

第一〇九条

理事会は、委員会の提案に基づき、かつ欧州議会に諮問した後、第一〇七条および第一〇八条についての一切の合目的々な［二次法の］施行規則を制定し、特に第一〇八条第三項の適用条件、ならびにこの手続きから除外される補助金の種類を、定めることができる。

第二章　租税規定

第一一〇条
加盟国は、他の加盟国からの商品に対しては、同種の国内商品が直接または間接に負担しなければならない額を上回る国内租税を、その種類のいかんを問わず、直接または間接に徴収しない。
加盟国は、他の加盟国からの商品に対しては、他の生産を間接的に保護するのに適した国内租税を徴収しない。

第一一一条
商品が加盟国の領土に輸出されるときは、国内租税の還付は、輸出された商品から直接または間接に徴収された国内租税を上回ってならない。

第一一二条
売上税、消費税およびその他の間接税を除く租税について、他の加盟国への輸出に際して負担軽減および還付をすること、ならびに他の加盟国からの輸入に際して相殺的租税を徴収することは、理事会が、これらの措置を前もって、委員会の提案に基づいて、期間を限って承認していたときに限り、許される。

第一一三条

理事会は、売上税、消費税およびその他の間接税に関する法規を調和させるための規定を、この調和が域内市場を実現し機能させるためにならびに競争が歪められることを防止するために必要な限りにおいて、特別の法律制定手続きに従って、かつ欧州議会および経済社会委員会に諮問した後、全会一致をもって制定する。

第三章　法規の接近

第一一四条

(一) 二条約に特段の定めがない限り、第二六条の目標実現のために、以下の規定が適用される。欧州議会および理事会は、域内市場の実現および機能を対象とする加盟諸国の法令を接近させる措置を、通常の法律制定手続きに従って、かつ経済社会委員会に諮問した後、制定する。

(二) 前項は、税に関する規定、自由移動に関する規定ならびに労働者の権利および利益に関する規定には、適用されない。

(三) 委員会は、第一項に従って保健、安全、環境保護および消費者保護の分野で提出した提案においては、高水準の保護を基礎とし、その際特に、科学的成果に依拠した一切の新しい動向を考慮する。それぞれの権限の枠内で、欧州議会および理事会は、この目標のために等しく努力する。

(四) 加盟国は、欧州議会および理事会による、または理事会もしくは委員会による調和措置の制定後に、第三六条にいう重要な要請によってまたは労働環境の保護もしくは環境保護に関連して正当化される国内規定を、維持することが必要であると考えるときは、委員会に、この規定およびその維持の理由を通知する。

（五）欧州議会および理事会による、または理事会もしくは委員会による調和措置の制定後に、自国にこの調和措置の制定後に生じた特殊な問題が原因で、環境または労働環境の保護のために新しい科学的知見に依拠した国内規定が必要であると考える加盟国は、前項を損なうことなくさらに、委員会に、検討中の規定およびその導入の理由を通知する。

（六）委員会は、第四項および第五項に従った通知後六ヶ月以内に、当該の国内規定が加盟国間貿易の恣意的な差別の手段であり隠蔽された制限であるか否か、また域内市場が機能することを妨げるか否かを検討した後、この規定を承認または拒否することを決定する。

委員会がこの期間内に決定を制定しないときは、第四項および第五項に挙げる国内規定は、承認されたものとみなされる。

委員会は、困難な事情によって正当化されかつ人の健康に危険が存しない限りにおいて、当該加盟国に、場合によっては、本項に挙げる期間をさらに六ヶ月まで延長することを、通知することができる。

（七）前項により、調和措置とは異なる国内規定を維持または導入することが加盟国に許されるときは、委員会は、この調和措置の修正を提案するか否かを遅滞なく検討する。

（八）加盟国は、すでに以前に調和措置の対象であった分野において、特殊な保健問題を提示するときは、委員会にこれを通知し、委員会は、理事会に相応の措置を提案するか否かを、即刻検討する。

（九）第二五八条および第二五九条の手続きとは異なって、委員会または加盟国は、他の加盟国が本条に定める権限を濫用していると考えるときは、欧州連合司法裁判所に直接提訴することができる。

（一〇）本条に挙げる調和措置には、セーフガード条項が適宜含まれ、同条項によって加盟国には、第三六条に挙げる一つまたは複数の経済的理由以外の理由から暫定的措置を講じることが、授権される。ただし、この措置は連合の監督手続きに服する。

第一一五条

第一一四条を損なうことなく、理事会は、域内市場の実現または機能に直接作用する加盟諸国の法令を接近させるための指令を、特別の法律制定手続きに従って、かつ欧州議会および経済社会委員会に諮問した後、全会一致をもって制定する。

第一一六条

委員会は、加盟諸国の法令に存する違いが域内市場における競争条件を歪曲し、そのため排除すべき歪みを生じさせていることを確認するときは、当該加盟国との協議に入る。

この協議によってもこの歪みを除去できないときは、欧州議会および理事会は、必要な指令を、通常の法律制定手続きに従って制定する。二条約に定めるその他一切の合目的々な措置を、制定することができる。

第一一七条

（一）法令の制定または改正が第一一六条にいう歪みを起こすと危惧されるときは、この措置を計画する加盟国は、委員会との協議に入る。委員会は、加盟諸国と協議した後、この歪みの防止に適する措置を、関係諸国に勧告する。

(二) 国内法令を制定または改正しようとする加盟国が、自己に宛てられた委員会の勧告に従わないときは、他の加盟国に対して、歪みを除去するべくその国内法令を変更するように、第一一六条に従って要求することはできない。委員会の勧告を顧慮しない加盟国が自国にのみ不利益となる歪みを引き起こすときは、第一一六条は、適用されない。

第一一八条

域内市場の実現または機能の枠内において、欧州議会および理事会は、連合における知的財産権の統一的保護に関する欧州知的財産法を創造するための、ならびに連合次元における中央集権的な許可・協調・監督規準を導入するための措置を、通常の法律制定手続きに従って制定する。

理事会は、この欧州知的財産法のための言語規則を、特別の法律制定手続きに従って、[二次法の] 規則によって定める。理事会は、欧州議会に諮問した後、全会一致をもって決定する。

第Ⅷ編　経済・通貨政策

第一一九条

欧州連合条約第三条にいう加盟国および連合の活動は、二条約に則して、以下の経済政策の導入を含む。すなわち、加盟諸国の経済政策の緊密な協調、域内市場および共通目標の決定に立脚し、かつ自由競争を伴う開かれた市場経済の原則を義務付けられている経済政策である。

これと並んでこの活動は、二条約および二条約に定める手続きに則して、統一通貨ユーロ、ならびに以下の統一的な貨幣政策および為替相場政策の決定および実施を含む。すなわち、ともに、物価安定の目標を優先的に追求し、この目標を損なうことなく連合内の一般的経済政策を、自由競争を伴う開かれた市場経済の原則を顧慮しつつ、支えなければならない政策である。

加盟国および連合のこの活動は、以下の指導原則の遵守を前提とする。すなわち、安定した物価、健全な公的財政および金融的枠組み条件ならびに常に安定的な国際収支である。

第一章　経済政策

第一二〇条

加盟国は、第一二一条第二項に挙げる大綱の枠内で、欧州連合条約第三条にいう連合の目標の実現に寄与するように、自国の経済政策を実施する。加盟国および連合は、資源の効率的利用が促進される自由競争を伴う開かれた市場経済の原則に従って行動し、その際には第一一九条に挙げる原則を遵守する。

第一二一条

（一）加盟国は、自国の経済政策を共通の利益事項とみなし、これを理事会において第一二〇条に則して協調させる。

（二）理事会は、委員会の勧告に基づいて、加盟国および連合の経済政策の大綱案を策定し、これについて欧州理事会に報告する。

欧州理事会は、理事会の報告に基づいて、加盟国および連合の経済政策大綱に関する結論を討議する。

この結論に基づいて、理事会は、この大綱が説明されている勧告を決定する。理事会は、欧州議会に、この勧告について通知する。

（三）加盟諸国の経済政策のより緊密な協調および経済活動の持続的収斂を保障するために、理事会は、委員会の報告に基づいて、各加盟国および連合における経済発展、ならびに加盟国経済政策と前項に挙げる大綱との適合性を監視し、定期的に総合的評価を行う。

この多主体間の相互監視の目的のために、加盟国は、委員会に、自国の経済政策の分野における重要な国内的措置に関する資料および必要と考えるその他の資料を送付する。

（四）前項による手続きの枠内において、加盟国の経済政策が、第二項に挙げる大綱に適合しないこと、または経済・通貨同盟の正常な機能を害する恐れがあることが確認されるときは、委員会は、当該加盟国に対して、警告を発することができる。理事会は、委員会の勧告に基づいて、当該加盟国に必要な勧告を行うことができる。理事会は、委員会の提案に基づいて、この勧告の公表を決定することができる。

理事会は、本項の枠内においては、当該加盟国を代表する理事会構成員の票を考慮することなく決定する。

残りの理事会構成員の特定多数は、第二三八条第三項a号の定めに従う。

（五）理事会議長および委員会は、欧州議会に対して、多主体間の相互監視の成果について報告を行う。理事会が自己の勧告を公表したときは、理事会議長に対して、欧州議会の管轄委員会への出席を求めることができる。
（六）欧州議会および理事会は、第三項および第四項にいう多主体間の相互監視の手続きの細則を、通常の法律制定手続きに従って、［二次法の］規則によって定めることができる。

第一二二条

（一）理事会は、特に特定の商品の供給に、とりわけエネルギー分野において、重大な困難が生じる場合には、経済状況に適した措置を、二条約に定めるその他の手続きを損なうことなく、委員会の提案に基づいて、加盟国間の連帯の精神において、決定することができる。
（二）加盟国が、自然災害または自己の力の及ばぬ異常な事件によって、困難に見舞われ、または重大な困難に甚だしく脅かされているときは、理事会は、当該加盟国に連合が一定の条件の下に財政的援助を与えることを、委員会の提案に基づいて決定することができる。理事会議長は、欧州議会に、この決定について通知する。

第一二三条

（一）連合の機関、組織またはその他の部署、加盟国の中央政府、地方もしくは地域の領域団体またはその他の公法上の団体、その他の公法上の組織または公的企業に対する、欧州中央銀行または加盟国の中央銀行（以下、「加盟国中央銀行」）による当座貸し越しまたはその他の信用供与は、欧州中央銀行または加盟国中央銀行によるこれらの機関および団体等の債務名義の直接的な取得と同様に、禁止される。
（二）前項の規定は、公的所有の金融機関には適用されない。これらの金融機関は、中央銀行資金の供給に関しては、それぞれの加盟国中央銀行および欧州中央銀行によって、民間信用機関として扱われる。

第一二四条

連合の機関、組織またはその他の部署、加盟国の中央政府、地方もしくは地域の領域団体またはその他の公法上の団体、その他の公法上の組織または公的企業に、金融機関の特権的利用を認める措置は、監査法上の理由から講じられるものを除き、禁止される。

第一二五条

（一）連合は、加盟国の中央政府、地方もしくは地域の領域団体または他の公法上の団体、その他の公法上の組織または公的企業の債務を保証せず、かつその種の債務を引き受けない。ただしこれは、特定の企画の共同実施のための相互の金融的保証を妨げない。加盟国は、他の加盟国の中央政府、地方もしくは地域の領域団体または公法上の団体、その他の公法上の組織または公的企業の債務を保証せず、かつその種の債務を引き受けない。ただしこれは、特定の企画の共同実施のための相互の金融的保証を妨げない。

（二）理事会は、必要であれば、第一二三条および第一二四条ならびに本条に定める禁止の適用のための定義を、委員会の提案に基づき、かつ欧州議会に諮問した後、詳細に定めることができる。

第一二六条

（一）加盟国は、過大な公的赤字を避ける。

(二) 委員会は、重大な誤りを確認するために、加盟国における財政状況の動向および公的債務残高を監視する。特に委員会は、財政規律の遵守を、以下の二つの基準に基づいて審査する。
(a) 計画されたまたは実際の公的赤字の国内総生産に対する割合が、一定の参照値を超えているかどうか。ただし、以下のときは除く。
——この割合が著しくかつ継続的に低下し、参照値付近に達したとき、

——またはこの割合が、参照値を例外的かつ一時的に超えるだけで、参照値付近に留まっているとき。
(b) 公的債務残高の国内総生産に対する割合が、一定の参照値を超えているかどうか。ただし、この割合が、十分に後退しつつあり、かつ十分急速に参照値に近づいているときは除く。
これらの参照値については、一条約に添付される過大な赤字の際の手続きに関する議定書の中で、その細則を定める。
(三) 加盟国がこれらの基準を全く満たさずまたは一つしか満たさないときは、委員会は、報告を作成する。この報告においては、この公的赤字が公的投資支出を超えているかどうかが考慮される。さらに、加盟国の中期的な経済・財政状況を含むその他のすべての関係要因が考慮される。
委員会はさらに、これらの基準の達成にかかわりなく、加盟国に過大な赤字の危険が存在していると考えるときは、報告を作成することができる。
(四) 経済財政委員会は、委員会の報告に対して意見を表明する。
(五) 委員会は、加盟国に過大な赤字が現に存在していると考えるとき、または生じる可能性があると考えるときは、当該加盟国に対して意見を表明し、理事会に通知する。

（六）理事会は、当該加盟国が場合によっては提出を望む意見を考慮しつつ、かつ全体状況を検討した後に、委員会の提案に基づいて、過大な赤字が存在しているかどうかを決定する。

（七）理事会は、前項に従って過大な赤字を確認するときは、この状況を一定の期限内に是正することを目的とする勧告を、当該加盟国に対して、委員会の勧告に基づいて遅滞なく行う。第八項を留保して、この勧告は公表されない。

（八）理事会は、自己の勧告にもかかわらず、定められた期限内に有効な措置が講じられなかったことを確認するときは、この勧告を公表することができる。

（九）加盟国が引き続き理事会の勧告に従わない場合には、理事会は、理事会が健全化のために必要であると考える赤字削減のための措置を、当該加盟国が一定の期限内に遅滞なく講じるべきことを決定する。

理事会は、この場合、加盟国の是正努力を審査することができるように、具体的な時期を定めた計画に従って報告を提出することを、当該加盟国に求めることができる。

（一〇）第二五八条および第二五九条による提訴の権利は、本条第一項ないし第九項の枠内では行使することができない。

（一一）加盟国が第九項による決定に従わない限り、理事会は、以下の一つもしくは複数の措置の適用を、または必要に応じてその強化を、決定することができる。すなわち、

――当該加盟国に対して、理事会が詳細を定める追加的資料を、債券およびその他の有価証券の発行の前に公表するように要求する。

――欧州投資銀行に対して、当該加盟国に対する貸付政策の再検討を求める。

――当該加盟国に対して、理事会が過大な赤字は是正されたとの見解を持つに至るまで、適切な額の無利子の預託金を連合に提出することを要求する。

――適切な額の罰金を科す。

理事会議長は、決定について、欧州議会に通知する。

(一二) 理事会は、当該加盟国における過大な赤字が是正されたと考えるときは、第六項ないし第九項および第一一項による幾つかのまたはすべての決定または勧告を、撤廃する。理事会は、すでに勧告を公表しているときは、第八項による決定が撤廃され次第、当該加盟国にはもはや過大な赤字が存在していないことを、公的声明の中で確認する。

(一三) 第八項、第九項、第一一項および第一二項による理事会の決定および勧告は、委員会の勧告に基づいて行われる。

理事会は、第六項ないし第九項ならびに第一一項および第一二項に従って措置を制定するときは、当該加盟国を代表する理事会構成員の票を考慮することなく決定する。

残りの理事会構成員の特定多数は、第二三八条第三項a号の定めに従う。

(一四) 本条に述べる手続きの実施に関する更なる細則は、二条約に添付される過大な赤字の際の手続きに関する議定書の中に含まれている。

理事会は、上記議定書に代わる適切な規定を、特別の法律制定手続きに従って、かつ欧州議会および欧州中央銀行に諮問した後、全会一致をもって議決する。

理事会は、本項の他の規定を留保して、上記議定書の実施のための細則および概念規定を、委員会の提案に基づき、かつ欧州議会に諮問した後、決定する。

第二章　通貨政策

第一二七条

（一）欧州中央銀行制度の優先的目標は、物価の安定を確保することにある。物価の安定の目標を害さずに行うことが可能である限り、欧州中央銀行制度は、欧州連合条約第三条に定める連合の目標の実現に貢献するために、連合における一般的経済政策を支援する。欧州中央銀行制度は、資源の効率的利用が促進される自由競争を伴う開かれた市場経済の原則に従って行動し、その際には第一一九条に挙げる原則を遵守する。

（二）欧州中央銀行制度の基本的任務は、以下に存する。

——連合の金融政策を定め、実施する。

——外国為替取引を第二一九条に従って実施する。

——加盟国の公的通貨準備を維持し、管理する。

——決済制度の円滑な機能を促進する。

（三）前項第三款は、加盟国政府による外国為替運転資金の保持および管理には抵触しない。

（四）欧州中央銀行は、以下の通り諮問を受ける。

——欧州中央銀行の管轄分野における連合の二次法のための一切の提案について、諮問を受ける。

——欧州中央銀行の管轄分野における一切の法案について、理事会が第一二九条第四項の手続きに従って定める制限および条件の下に、各国の当局から諮問を受ける。

欧州中央銀行は、連合の管轄機関、組織またはその他の部署ならびに各国の当局に対して、自己の管轄分野に入る問題について、意見を表明することができる。

(五) 欧州中央銀行制度は、信用機関の監督および金融制度の安定性の分野で管轄当局によって講じられた措置の円滑な実施に、貢献する。

(六) 理事会は、特別の法律制定手続きに従って、かつ欧州議会および欧州中央銀行に諮問した後、全会一致をもって[二次法の]規則を制定し、これをもって欧州中央銀行に、保険会社を除く信用機関およびその他の金融機関に対する監督と関連する特別の任務を、移譲することができる。

第一二八条

(一) 欧州中央銀行は、連合内におけるユーロ銀行券の発行を許可する独占的権利を有する。欧州中央銀行および加盟国中央銀行は、ユーロ銀行券を発行する権限を有する。欧州中央銀行および加盟国中央銀行によって発行された銀行券は、連合において法的支払手段として通用する唯一の銀行券である。

(二) 加盟国は、ユーロ硬貨の発行の権利を有するが、この発行規模は、欧州中央銀行の許可を必要とする。理事会は、すべての流通向け硬貨の種類および技術的特徴を連合内での円滑な流通に必要な程度にまで調和させるための措置を、委員会の提案に基づき、かつ欧州議会および欧州中央銀行に諮問した後、制定する。

第一二九条

(一) 欧州中央銀行制度は、欧州中央銀行の議決機関、すなわち欧州中央銀行理事会および役員会によって指導される。

(二) 欧州中央銀行制度および欧州中央銀行の定款は、二条約に添付される議定書に定める。

(三) 欧州議会および理事会は、欧州中央銀行制度および欧州中央銀行の定款第五条第一項、第五条第二項、第五条第三項、第一七条、第一八条、第一九条第一項、第二二条、第二三条、第二四条、第二六条、第三二条第二項、第三二条第三項、第三二条第四項、第三二条第六項、第三三条第一項a号および第三六条を、通常の法律制定手続きに従って修正することができる。欧州議会および理事会は、欧州中央銀行の勧告に基づきかつ委員会に諮問した後に、または委員会の提案に基づきかつ欧州中央銀行に諮問した後に、決定することができる。

(四) 理事会は、欧州中央銀行制度および欧州中央銀行の定款第四条、第五条第四項、第一九条第二項、第二〇条、第二八条第一項、第二九条第二項、第三〇条第四項および第三四条第三項に挙げる規定を、委員会の提案に基づきかつ欧州議会および欧州中央銀行に諮問した後に、または欧州中央銀行の勧告に基づきかつ欧州議会および委員会に諮問した後に、制定する。

第一三〇条

二条約ならびに欧州中央銀行制度および欧州中央銀行の定款によって移譲される権限、任務および義務の履行にあたり、欧州中央銀行、加盟国中央銀行およびそれらの議決機関の構成員はいずれも、連合の機関、組織またはその他の部署ならびに加盟国政府または他のいかなる部署からも、指示を仰いでも、受けてもならない。連合の機関、組織またはその他の部署ならびに加盟国政府は、この原則を尊重し、欧州中央銀行または加盟国中央銀行の議決機関の構成員がその任務を遂行する際に、同構成員に影響を与える試みをしない義務を有する。

第一三一条

加盟国はいずれも、その中央銀行の定款を含めた国内法規が、二条約ならびに欧州中央銀行制度および欧州中央銀行の定款と調和することを、保障する。

第一三二条

（一）欧州中央銀行は、欧州中央銀行制度に移譲された任務の達成のために、二条約に従い、かつ欧州中央銀行制度および欧州中央銀行の定款に定める条件の下に、

――欧州中央銀行制度および欧州中央銀行の定款第三条第一項第一款、第一九条第一項、第二二条または第二五条第二項に定める任務の達成に必要な限りにおいて、［二次法の］規則を制定する。欧州中央銀行はさらに、第一二九条第四項による理事会の二次法が定めている場合には、［二次法の］規則を制定する。

――二条約ならびに欧州中央銀行制度および欧州中央銀行の定款に従って欧州中央銀行制度に移譲される任務の達成に必要な決定を、制定する。

――勧告および意見表明を行う。

（二）欧州中央銀行は、その決定、勧告および意見の公表を決定することができる。

（三）第一二九条第四項の手続きに従って理事会が定める制限および条件の下で、欧州中央銀行は、企業が欧州中

央銀行の規則および決定から生じる義務を履行しないときは、これに罰金または定期的に支払うべき過料を科す権限を有する。

第一三三条　欧州中央銀行の権限を損なうことなく、欧州議会および理事会は、統一通貨としてのユーロの使用のために必要な措置を、通常の法律制定手続きに従って制定する。この措置は、欧州中央銀行に諮問した後、制定される。

第三章　制度的規定

第一三四条

（一）域内市場の機能に必要な範囲において加盟諸国の政策の協調を促進するために、経済財政委員会が設置される。

（二）経済財政委員会は、以下の任務を有する。

——理事会もしくは委員会の求めに従って、または自ら進んで、これらの機関に意見を提出する。

——加盟国および連合の経済財政状況を観察し、理事会および委員会に、定期的にこれについて、特に第三国および国際組織に対する財政的関係について、報告を行う。

——第二四〇条を損なうことなく、第六六条、第七五条、第一二一条第二項・第三項・第四項・第六項、第一二二条、第一二四条、第一二五条、第一二六条、第一二七条第六項、第一二八条第二項、第一二九条第三項・

第四項、第一三八条、第一四〇条第二項・第三項、第一四三条、第一四四条第二項・第三項、第二一九条に挙げる理事会の活動の準備に協力し、ならびに理事会から委託されたその他の諮問の任務および準備作業を遂行する。

——少なくとも毎年一度、二条約および理事会の措置の適用から生じる資本移動および支払いの自由に関する状況を、検査する。この検査は、資本移動および支払いに関わるすべての措置に及び、経済財政委員会は、委員会および理事会に、この検査の結果について報告する。

各加盟国ならびに委員会および欧州中央銀行はそれぞれ、経済財政委員会に最大二名の委員を任命する。

(三) 理事会は、経済財政委員会の構成の細則を、委員会の提案に基づき、かつ欧州中央銀行および経済財政委員会に諮問した後、決定する。理事会議長は、欧州議会に、この決定について通知する。

(四) 第一三九条による例外規則が適用される加盟国が存在する場合およびそれが存在する間は、経済財政委員会は、第二項に述べる任務に加えて、当該加盟国の通貨・財政状況および全般的な支払いを観察し、理事会および委員会に、これについて定期的に報告しなければならない。

第一三五条

第一二一条第四項、第一四項を除く第一二六条、第一三八条、第一四〇条第一項、第一四〇条第二項第一段、第一四〇条第三項および第二一九条の適用分野に入る問題にあっては、理事会または加盟国は、委員会に、目的に応じて勧告または提案を提出するように求めることができる。委員会は、この要請を検討し、理事会にその結論を遅滞なく提出する。

第四章　ユーロを通貨とする加盟国のための特別規定

第一三六条

（一）経済通貨同盟の円滑な機能に関して、理事会は、二条約の関係規定に従って、ならびに第一二一条および第一四項を除く第一二六条の手続きの中の相応の手続きに従って、ユーロを通貨とする加盟国を対象に、以下のことを目的とする措置を制定する。

（a）ユーロを通貨とする加盟国の財政規律の協調および監視を強化する。

（b）ユーロを通貨とする加盟国のために経済政策の大綱を作成し、その遵守を監視する。大綱作成の際には、これが連合全体のために採択された経済政策大綱に一致することに留意されるべきである。

（二）前項に挙げる措置に際しては、ユーロを通貨とする加盟国を代表する理事会構成員のみが、議決権を有する。

この理事会構成員の特定多数は、第二三八条第三項a号の定めに従う。

第一三七条

ユーロを通貨とする加盟国の閣僚の会議のための細則は、ユーロ・グループに関する議定書に定める。

第一三八条

（一）国際通貨制度におけるユーロの地位を保障するために、理事会は、経済通貨同盟にとって特別に重要な問題について、管轄の国際金融組織および国際金融会議内において取るべき共通の立場を定めるための決定を、委員会の提案に基づいて制定する。

（二）理事会は、国際金融組織および国際金融会議の際に統一的代表［の編成］を保障するための適切な措置を、委員会の提案に基づいて制定する。理事会は、欧州中央銀行に諮問した後、決定する。

（三）第一項および第二項に挙げる措置に際しては、ユーロを通貨とする加盟国を代表する理事会構成員のみが、議決権を有する。

この理事会構成員の特定多数は、第二三八条第三項a号の定めに従う。

第五章　経過規定

第一三九条

（一）ユーロの導入に必要な前提条件を満たしていると理事会によって決議されなかった加盟国は、以下では、「例外規則適用加盟国」と呼ぶ。

（二）例外規則適用加盟国には、以下に列挙される二条約の規定は適用されない。

（a）経済政策大綱中のユーロ通貨圏に一般的に関わる部分の採用（第一二一条第二項）。

（b）過大な赤字の削減のための強制手段（第一二六条第九項および第一一項）。

（c）欧州中央銀行制度の目標および任務（第一二七条第一項、第二項、第三項および第五項）。
（d）ユーロの発行（第一二八条）。
（e）欧州中央銀行の二次法（第一三二条）。
（f）ユーロの使用に関する措置（第一三三条）。
（g）外国為替政策に関する通貨協定およびその他の措置（第二一九条）。
（h）欧州中央銀行役員会の構成員の任命（第二八三条第二項）。
（i）経済通貨同盟にとって特別に重要な問題について、管轄の国際金融組織および国際金融会議内において取るべき共通の立場を定めるための決定（第一三八条第一項）。
（j）国際金融組織および国際金融会議において統一的代表［の編成］を保障するための措置（第一三八条第二項）。

したがって、a号ないしj号に挙げる諸条にいう「加盟国」とは、ユーロを通貨とする加盟国である。

（三）例外規則適用加盟国およびその中央銀行は、欧州中央銀行制度および欧州中央銀行の定款第Ⅸ章に従って、欧州中央銀行制度の枠内における権利および義務から免除される。

（四）例外規則適用加盟国を代表する理事会構成員の議決権は、第二項に挙げる諸条に従った理事会による措置の制定の際、および以下の場合には、停止する。

（a）安定化計画および警告への勧告を含む多主体間の相互監視の枠内における、ユーロを通貨とする加盟国への勧告（第一二一条第四項）。
（b）ユーロを通貨とする加盟国の過大な赤字の際の措置（第一二六条第六項、第七項、第八項、第一二項および第一三項)。

残りの理事会構成員の特定多数は、第二三八条第三項a号の定めに従う。

第一四〇条

(一) 少なくとも二年に一度、または例外規則適用加盟国の申請に基づいて、委員会および欧州中央銀行は、理事会に、例外規則適用加盟国が経済通貨同盟の実現に際してすでにどの程度その義務を果たしているかを、報告する。この報告においては、これらの加盟国のそれぞれの中央銀行の定款を含む国内法規が、第一三〇条および第一三一条ならびに欧州中央銀行制度および欧州中央銀行の定款に、どの程度適合しているかという問題も、検討される。さらに同報告においては、高度な持続的収斂が達成されているか否かが検討される。そのための判断基準は、個々の加盟国が以下の基準を満たしているか否かにある。

——高度な物価安定性の達成。これは物価上昇率が、物価安定性において最善の成果を達成した加盟国——最大で三カ国——の物価上昇率に近接していることで明らかとなる。

——長期に耐え得る公的財政状況。これは第一二六条第六項にいう過大な赤字のない公的財政状況から明らかとなる。

——少なくとも過去二年間、ユーロに対して切り下げを行わずに、欧州通貨制度の為替相場メカニズムの通常変動幅を維持していること。

——長期金利の水準に表れる、例外規則適用加盟国が達成した収斂および為替相場メカニズムへのその参加の持続性。

本項における四つの基準およびそれぞれの必要とされる順守期間は、二条約に添付される議定書にその詳細を定める。委員会および欧州中央銀行の報告はまた、市場統合の成果、経常収支の現状および動向、生産物一単位当たりの賃金コストの動向ならびにその他の物価指数を考慮する。

(二) 理事会は、どの例外規則適用加盟国が前項の基準に基づく前提条件を満たしているかを、欧州議会への諮問および欧州理事会における協議の後、委員会の提案に基づいて決定し、当該加盟国に対しては例外規則を撤廃する。

理事会は、ユーロを通貨とする加盟国を代表する理事会構成員の特定多数の勧告に基づいて、決定する。これらの理事会構成員は、委員会提案の理事会による受領後六ヶ月以内に、決定する。

前段に挙げるこれらの構成員の特定多数は、第二三八条第三項a号の定めに従う。

(三) 前項の手続きに従って例外規則の撤廃が決定されるときは、理事会は、ユーロを通貨とする加盟諸国および当該加盟国の全会一致の決定に基づいて、委員会の提案に従って、かつ欧州中央銀行に諮問した後、当該加盟国の通貨をユーロで置き換える交換比率を最終的に確定し、また当該加盟国に統一通貨ユーロを導入するために必要なその他の措置を講じる。

第一四一条

(一) 例外規則適用加盟国が存在する場合およびそれが存在する間は、第一二九条第一項を損なうことなく、欧州中央銀行制度および欧州中央銀行の定款第四四条に述べられている欧州中央銀行拡大理事会が、欧州中央銀行の第三の議決機関として設置される。

(二) 例外規則適用加盟国が存する限り、これらの加盟国に関する欧州中央銀行の任務は、以下の通りである。

——加盟国中央銀行間の協力の強化。

——物価の安定性を維持するための加盟諸国の金融政策の協調の強化。

——為替相場メカニズムの機能の監視。

——加盟国中央銀行の管轄に入り、金融機関および金融市場の安定性に触れる問題についての協議の実施。

——欧州通貨機関が欧州通貨協力基金より継承した任務の遂行。

第一四二条

例外規則適用加盟国はいずれも、自国の為替相場政策を共通の利益事項として扱う。例外規則適用加盟国はいずれも、その際に、為替相場メカニズムの枠内における協力の際に集めた経験を、考慮する。

第一四三条

（一）例外規則適用加盟国が、自国の国際収支に関して、自国の国際収支全体の不均衡もしくは保有する外国為替の種類から生じる困難に見舞われているか、または見舞われる重大な恐れがあるときであって、この困難が特に域内市場の機能または共通通商政策の実施を危うくする性質のものであるときは、委員会は、当該国の状況、および同国がすでに講じた措置、または同国が保有する全手段を投じて二条約に従って講じることのできる措置を、遅滞なく検討する。委員会は、当該加盟国に勧める措置を明らかにする。

例外規則適用加盟国が講じた措置および委員会が提起した措置が、すでに生じている困難または生じる恐れのある困難を除去するには不十分であることが明らかとなるときは、委員会は、経済財政委員会に諮問した後、相互援助およびそのための適切な方法を、理事会に勧告する。
委員会は、理事会に、現状および動向について定期的に通知する。
（二）理事会は、相互援助を与え、そのための条件および細則を定める指令または決定を、制定する。相互援助は、特に以下のことによって行われる。
（a）例外規則適用加盟国が依頼することのできる他の国際組織における協調行動によって。
（b）困難な状況にある例外規則適用加盟国が第三国に対する量的制限を維持または再導入する場合に、貿易の流れの変化を避けるために必要となる措置によって。
（c）他の加盟諸国による一定限度額の信用供与によって。ただし、これらの加盟国の同意が必要である。
（三）理事会が委員会より勧告された相互援助に同意せず、または与えられた援助および講じられた措置が不十分であるときは、委員会は、困難な状況にある例外規則適用加盟国に対して、保護措置を講じることを授権する。ただし、その条件および細則については委員会が定める。
理事会は、この授権を取り消すことができ、また条件と細則を変更することができる。

第一四四条

（一）例外規則適用加盟国が突然の国際収支の危機に陥り、第一四三条第二項にいう決定が遅滞なく制定されないときは、当該加盟国は、予防のために、必要な保護措置を講じることができる。この措置が域内市場の機能に与える障害は、最小限でなくてはならず、かつこの措置は、突然に生じた困難の除去に絶対に必要な程度を超えてはならない。

（二）委員会および他の加盟国は、保護措置について、遅くともそれが効力を生じるまでに通知を受ける。委員会は、理事会に、第一四三条による相互援助を勧告することができる。

（三）理事会は、当該加盟国がこの保護措置を変更、停止または撤廃すべきことを、委員会の勧告に基づき、かつ経済財政委員会に諮問した後、決定することができる。

第Ⅸ編　雇用

第一四五条

加盟国および連合は、欧州連合条約第三条の目標を達成するために、本編に従って、協調的雇用戦略の発展、特に労働者の資格取得、教育および適応能力の促進ならびに経済変動の要求に応じる労働市場の能力の促進を目指して、活動する。

第一四六条

（一）加盟国は、第一二一条第二項に従って採択された加盟国および連合の経済政策大綱と調和を図りつつ、自国の雇用政策によって、第一四五条に挙げる目標の達成に貢献する。

（二）加盟国は、雇用促進を共通の利益事項とみなし、これに関係する自国の活動を、第一四八条に則して、理事会において相互に調整する。その際には、社会的パートナーの責任に関する各加盟国の慣行が考慮される。

第一四七条

（一）連合は、加盟国間の協力を促し、この分野における加盟国の措置を支援し、必要に応じて補完することによって、高水準の雇用に貢献する。その際には、加盟国の管轄権が尊重される。

（二）高水準の雇用の目標は、連合の政策および措置の決定および実施に際して考慮される。

第一四八条

（一）理事会および委員会の共同年次報告に基づき、欧州理事会は、毎年、連合における雇用状況を検討し、これについて結論を採択する。

（二）欧州理事会の結論に従って、理事会は、毎年、委員会の提案に基づき、かつ欧州議会、経済社会委員会、地域委員会および第一五〇条に挙げる雇用委員会に諮問した後、加盟国が自国の雇用政策において考慮する指針を、定める。この指針は、第一二一条第二項に従って採択された大綱に一致していなければならない。

（三）各加盟国は、毎年、自国の雇用政策を実施するために前項による雇用政策的指針に照らして講じた最も重要な措置に関する報告を、理事会および委員会に、送付する。

（四）前項に挙げる報告に基づいて、雇用委員会の意見表明の後、理事会は毎年、加盟国の雇用政策の実施を、雇用政策的指針に照らして検討する。理事会は、その際に、この検討の結果に基づいて適切であると考えるときは、委員会の勧告に基づいて、加盟国に向けて勧告を出すことができる。

（五）上記の検討の結果に基づいて、理事会および委員会は、連合における雇用状況および雇用政策的指針の実施に関する共同年次報告を、欧州理事会のために作成する。

第一四九条

欧州議会および理事会は、情報および有効な方法の交流の促進、比較分析および専門的判定の提供、革新的技術の芽の奨励および経験の評価を目指すイニシャティヴによって、特に先導的計画によって、加盟国間の協力の促進および加盟国の雇用措置の支援を刺激する措置を、通常の法律制定手続きに従って、かつ経済社会委員会および地域委員会に諮問した後、決定することができる。

これらの措置は、加盟諸国の法令のいかなる調和も含まない。

第一五〇条

理事会は、加盟諸国の雇用・労働市場政策の協調を促進するための諮問機能を有する雇用委員会の設置を、欧州議会に諮問した後、単純多数をもって決定する。この委員会は、以下の任務を有する。

――加盟国および連合における雇用状況および雇用政策を監視する。

――第二四〇条を損なうことなく、理事会もしくは委員会の求めに従って、または自ら進んで、意見を表明し、第一四八条に挙げる理事会の審議の準備に貢献する。

雇用委員会は、自己の任務の遂行に際して、社会的パートナーに諮問する。

各加盟国および委員会は、それぞれ二名をこの委員会に送る。

第X編　社会政策

第一五一条

連合および加盟国は、一九六一年一〇月一八日にトリノで調印された欧州社会憲章および一九八九年の労働者の社会的基本権の共同体憲章に定める社会的基本権を念頭に置きつつ以下の目標を追求する。すなわち、雇用促進、上方での平準化を可能にするための生活労働条件の改善、適切な社会的保護、社会的対話、持続的な高水準の雇用を目指す労働者の能力開発および社会的排除の克服である。

この目的のために連合および加盟国は、特に契約関係における各国の慣行の多様性および連合の経済の競争力を維持する必要性を考慮した措置を、実施する。

連合および加盟国は、このような発展は、社会制度間の調整を促進する域内市場の作用からも、二条約に定める手続きからも、さらには連合および加盟国の法令の接近からも、生じると考える。

第一五二条

連合は、各国制度間の相違を考慮しつつ、連合の次元における社会的パートナーの役割を承認しかつ奨励する。連合は、社会的対話を奨励し、その際には社会的パートナーの自治を尊重する。

成長と雇用のための三者会談は、社会的対話に貢献する。

第一五三条

（一）第一五一条の目標を実現するために、連合は、以下の分野における加盟国の活動を支援し、補完する。

（a）特に労働者の健康および安全を守るための労働環境の改善。

（b）労働条件。

（c）労働者の社会保障および社会的保護。

（d）雇用契約終了時の労働者の保護。

（e）労働者への情報提供および意見聴取。

（f）共同決定を含めた労働者および使用者の利益の代表および集団的行使。ただし、第五項を留保する。

（g）合法的に連合の領域に滞在している第三国国民の雇用条件。

（h）労働市場から排除された者の職業的編入。ただし、第一六六条を損なわない。

（i）労働市場における男女の機会均等および職場における平等処遇。

（j）社会的排除の克服。

（k）社会的保護制度の近代化。ただし、c号を損なわない。

（二）この目的のために、欧州議会および理事会は、

（a）知識水準の向上、情報および有効な方法の交流の発展、革新的技術の芽の奨励、経験の評価を目的にしたイニシャティヴによって、加盟国間の協力を奨励するための措置を、採択することができる。ただし、加盟国間の法規のいかなる調和も排除する。

（b）前項a号ないしi号に挙げる分野においては、個々の加盟国に存する条件および技術的な規則を考慮しつ

つ、漸進的に適用されるべき最低限の規準を、指令によって制定することができる。この指令は、中小企業の設立および発展に対立する行政的、財政的または法的な負担を定めてはならない。

欧州議会および理事会は、通常の法律制定手続きに従って、かつ経済社会委員会および地域委員会に諮問をした後、決定する。

前項c号、d号、f号およびg号に挙げる分野においては、理事会は、特別の法律制定手続きに従って、かつ欧州議会ならびに経済社会委員会および地域委員会に諮問した後、全会一致をもって決定する。

理事会は、前項d号、f号およびg号に通常の法律制定手続きが適用されることを、委員会の提案に基づき、かつ欧州議会に諮問した後、全会一致をもって決定することができる。

(三) 加盟国は、前項に基づいて採択される指令または場合によっては第一五五条に従って制定される理事会決定の実施を、社会的パートナーの共同の申請に基づいて、社会的パートナーに委託することができる。

この場合、加盟国は、社会的パートナーが、遅くとも指令が実施されていなければならない時点、または決定が実行されていなければならない時点までに、協定の方法で必要な事前策をすでに講じたことを確認する。その際、加盟国は、この指令または決定が命じる成果が達成されることを常に保障できるように、あらゆる必要な措置を講じなければならない。

(四) 本条に基づいて制定される規定は、

——自国の社会保障制度の基本原則を定める加盟国の周知の権限に抵触せず、またこの制度の財政的均衡を著しく害してはならない。

——加盟国が二条約に適合するより厳格な保護措置を維持または講じることを、妨げない。

（五）本条は、労働報酬、団体権、ストライキ権およびロックアウト権には適用されない。

第一五四条

（一）委員会は、連合の次元における社会的パートナーへの諮問を奨励し、社会的パートナー間の対話を容易にするために、あらゆる合目的々な措置を講じる任務を有する。その際、委員会は、両当事者の支援における均衡に努める。

（二）前項の目的のために、委員会は、社会政策の分野における提案を提出する前に、社会的パートナーに、連合の行動が適宜どのようになされるべきかという問題について、諮問する。

（三）委員会は、前項の諮問の後、連合の措置が目的にかなうと考えるときは、社会的パートナーに、計画中の提案の内容について諮問する。社会的パートナーは、委員会に対して、意見表明を、または必要に応じて勧告を行う。

（四）第二項および第三項による諮問に際し、社会的パートナーは、委員会に対して、第一五五条によるプロセスを開始したいと考えていることを、伝えることができる。このプロセスの期間は、当該の社会的パートナーおよび委員会が共同で延長を決定しない限り、最長九ヶ月とする。

第一五五条

（一）連合の次元における社会的パートナー間の対話は、社会的パートナーが希望する場合には、協定の締結を含む協約関係の創出に至ることができる。

（二）連合の次元において締結された協定の実施は、社会的パートナーおよび加盟国のそれぞれの手続きおよび慣行に従ってなされるか、または第一五三条によって包括される分野においては、［協定に］署名した当事者が共同で申請するときは、委員会の提案に基づく理事会決定によってなされる。欧州議会は、通知を受ける。

当該の協定が、第一五三条第二項により全会一致を必要とする分野の一つに関係する一つまたは複数の規定を含んでいるときは、理事会は、全会一致をもって決定する。

第一五六条

二条約の他の規定を損なうことなく、委員会は、第一五一条の目標の達成のために加盟国間の協力を促進し、また本章に入る社会政策の全分野、特に以下の分野において、加盟国の行動の調整を容易にする。

——雇用。

——労働法および労働条件。

——職業教育および再教育。

——社会保障。

——労働災害および職業病の予防。

——労働衛生。

——団結権および労使間の団体交渉。

この目的のために、委員会は、加盟国と緊密に連携しつつ、国内的問題または国際組織において扱うべき問題について、調査、意見表明および協議の実施を通じて、また特に指針および指標の決定、有効な方法の交流の実施、ならびに定期的な監視および評価に必要な要綱の策定を目指すイニシャティヴを通じて、行動する。欧州議会には、すべてが通知される。

本条に定める意見表明を行う前に、委員会は、経済社会委員会に諮問する。

第一五七条

（一）各加盟国は、同一労働または同一価値労働における男女の同一報酬の原則の適用を保障する。

（二）本条にいう「報酬」とは、使用者が、雇用関係に基づいて、労働者に直接または間接に現金または現物で支払う通常の基本賃金・俸給、最低賃金・俸給およびその他一切の支給をいう。

性に基づく差別のない平等の労働報酬とは、次のことを意味する。

（a）出来高払いの同一労働に対する報酬は、同一の計算単位に基づいて定められること。

（b）時間払いの労働に対する報酬は、同一の職では等しいこと。

（三）欧州議会および理事会は、同一労働または同一価値労働における同一報酬の原則を含めて、労働・雇用問題における男女の機会均等および平等処遇の原則の適用を保障する措置を、通常の法律制定手続きに従って、かつ経済社会委員会に諮問した後、決定する。

（四）労働生活における男女の完全平等の効果的保障に関しては、平等処遇の原則は、加盟国が、不十分にしか代表されていない一方の性の職業活動を容易にするために、または職歴上の不利益を防止もしくは調整するために、特別の優遇措置を維持または決定することを、妨げない。

第一五八条

加盟諸国は、有給休暇に関する制度の間に存在する同等性を、維持するように努める。

第一五九条

委員会は、毎年、第一五一条に挙げる目標の実現状況および連合における人口の状況について、報告を作成する。委員会は、この報告を、欧州議会、理事会および経済社会委員会に送付する。

第一六〇条

理事会は、加盟国間および加盟国と委員会との間の社会的保護の分野における協力を促進するために、諮問の任務を有する社会的保護委員会の設置を、欧州議会に諮問した後、単純多数をもって決定する。社会的保護委員会は、以下の任務を有する。

――加盟国および連合の社会的保護の分野における社会的状況および政策動向を監視する。

――加盟国間および加盟国と委員会との間の情報、経験および有効な方法の交流を促進する。

――第二四〇条を損なうことなく、理事会もしくは委員会の求めに従って、または自ら進んで、自己の管轄分野において報告を作成し、意見を表明し、または他の方法で行動する。

自己の任務の遂行に際して、社会的保護委員会は、社会的パートナーとの適切な接触を図る。

各加盟国および委員会は、それぞれ社会的保護委員会の構成員二名を任命する。

第一六一条

欧州議会に対する委員会の年次報告は、常に連合における社会的状況の動向に関する特別の一章を含まなければならない。

欧州議会は、委員会に対して、社会的状況に関係する特別な問題に関する報告を作成するように、要請することができる。

第XI編　欧州社会基金

第一六二条

域内市場における労働者の雇用機会を改善し、これによって生活水準の向上に貢献するために、以下の規定に則して、欧州社会基金が設置される。同基金の目標は、連合内部において労働者の雇用を容易にし、地域的および職業的流動性を促進し、産業的変動プロセスおよび生産システムの変化に対する適応力を、特に職業教育および再訓練によって高めることにある。

第一六三条

欧州社会基金の管理は、委員会の責務である。委員会は、その際、委員会の一名の構成員が議長を務め、加盟国政府および労使の団体の代表によって構成される［特別の］委員会の補佐を受ける。

第一六四条
欧州議会および理事会は、欧州社会基金に関する施行規則を、通常の法律制定手続きに従って、かつ経済社会委員会および地域委員会に諮問した後、制定する。

第XII編　一般教育、職業教育、青年およびスポーツ

第一六五条
(一)　連合は、教育内容および教育制度の形成に対する加盟諸国の責任ならびに加盟諸国の文化および言語の多様性を、厳格に尊重しつつ、加盟国間の協力を促進し、加盟国の行動を必要に応じて支援し補完することによって、質的に高い教育の発展に貢献する。
連合は、スポーツの欧州的広がりの促進に貢献し、その際にはスポーツの特徴、自発性に基づくその構造ならびにその社会的および教育的機能を考慮する。
(二)　連合の活動は、以下の目標を有する。
——特に加盟諸国の言語の習得および普及による、教育制度における欧州的広がりの発展。

——学位および修学期間の承認の促進にもよる、就学者および教育者の移動の促進。

——教育組織間の協力の促進。

——加盟諸国の教育制度の枠内における共通の問題に関する情報および経験の交流拡大。

――青年の交流拡大および社会教育指導者の交流拡大の促進、ならびに欧州における民主的生活への青年の参加の強化。

――通信教育の発達の促進。

――スポーツ競技の公正公明の促進、スポーツに責任を有する団体間の協力の促進、ならびにスポーツ選手、特に若いスポーツ選手の心身の健全性の保護による、スポーツの欧州的広がりの発展。
(三) 連合および加盟国は、第三国との協力、ならびに教育分野およびスポーツを管轄する国際組織との、特に欧州評議会との協力を、促進する。
(四) 本条の目標を実現するための貢献として、
――欧州議会および理事会は、加盟諸国の法令のいかなる調和も排除しつつ、通常の法律制定手続きに従って、かつ経済社会委員会および地域委員会に諮問した後、促進措置を制定する。

――理事会は、委員会の提案に基づいて、勧告を行う。

第一六六条

(一) 連合は、職業教育政策を遂行する。同政策は、職業教育の内容および実施に対する加盟国の責任を厳格に尊重しつつ、加盟国の措置を支援し補完する。
(二) 連合の活動は、以下の目標を有する。
――特に職業教育および再訓練による、産業的変動プロセスに対する適応の容易化。

――労働市場への職業的編入および再編入を容易にするための職業初等教育および再教育の改善。

――職業教育への参加の容易化、職業教育者および職業教育受講者、特に青年の流動性の促進。

――講座主催者と企業との間の職業教育問題における協力の促進。

――加盟諸国の職業教育制度の枠内における共通の問題に関する情報および経験の交流拡大。
(三) 連合および加盟国は、第三国および職業教育を管轄する国際組織との協力を、促進する。
(四) 欧州議会および理事会は、通常の法律制定手続きに従って、かつ経済社会委員会および地域委員会に諮問した後、加盟諸国の法令のいかなる調和も排除しつつ、本条の目標の実現に貢献する措置を制定する。理事会は、委員会の提案に基づいて、勧告を行う。

第XIII編　文化

第一六七条

(一) 連合は、加盟諸国の民族的および地域的な多様性を保護しつつ、同時に共通の文化遺産を強調しつつ、加盟諸国の文化の発達に貢献する。
(二) 連合は、その行動によって、加盟国間の協力を促進し、必要に応じて次の分野における加盟国の行動を支援し、補完する。
――欧州諸民族の文化および歴史の普及および知識の向上。

――欧州的意義を有する文化遺産の保全および保護。

――非営利的な文化交流。
――視聴覚分野のものを含む芸術的および文学的創作。
(三) 連合と加盟国は、第三国および文化分野を管轄する国際組織との、特に欧州評議会との協力を促進する。
(四) 連合は、その行動に際して、二条約の他の規定に基づいて、文化的諸側面を、特に文化の多様性を、守り促進するために、考慮する。
(五) 本条の目標を実現するための貢献として、
――欧州議会および理事会は、通常の法律制定手続きに従って、かつ地域委員会に諮問した後、加盟諸国の法令のいかなる調和も排除しつつ、促進措置を制定する。

――理事会は、委員会の提案に基づいて、勧告を行う。

第XIV編　保健制度

第一六八条

(一) あらゆる連合の政策および措置の決定および実施に際しては、高度な保健水準が保障される。
連合の活動は、加盟国の政策を補完し、住民の健康増進、疾病予防および心身の健康を害する原因の除去に向けられる。連合の活動は、蔓延している重大な疾病との闘いを含む。その際に、これらの疾病の原因、感染および予防の研究、ならびに健康情報および健康教育が推進される。さらに連合の活動は、国境を越える重大な健康に対する危険の監視、早期報告および対策を含む。

連合は、薬物使用による健康被害を減少させるための加盟国の措置を、広報および予防の措置を含めて補完する。

(二) 連合は、本条に挙げる分野における加盟国間の協力を促進し、必要に応じてその活動を支援する。連合は特に、国境地域における保健機関の相互補充性の向上を目指す加盟国間の協力を、促進する。

加盟諸国は、委員会と協力しつつ、前項に挙げる分野における政策および計画を相互に協調させる。委員会は、加盟国と緊密に連携しつつ、この調整を推進するあらゆるイニシャティヴを、特に、指針および指標を定め、有効な方法の交流を行い、定期的な監視および評価に必要な要綱を策定することを目指すイニシャティヴを、発揮する。欧州議会には、すべてが通知される。

(三) 連合および加盟国は、第三国および保健制度を管轄する国際組織との協力を促進する。

(四) 第二条第五項および第六条a号とは異なって、欧州議会および理事会は、第四条第二項k号により、通常の法律制定手続きに従って、かつ経済社会委員会および地域委員会に諮問した後、安全に関する共通の関心事を考慮するために、以下の措置によって、本条の目標の実現に貢献する。

(a) ヒト起源の器官および組織ならびに血液および血液製剤のための高度の品質・安全基準を定める措置。この措置は、加盟国が、より厳しい保護措置を維持また導入することを妨げない。

(b) 住民の健康を守ることを直接の目標とする獣医学および植物保護の分野における措置。

(c) 医薬品および医療用製品のための高度の品質・安全基準を設定する措置。

(五) 欧州議会および理事会は、加盟諸国の法規のいかなる調和も排除しつつ、通常の法律制定手続きに従って、かつ経済社会委員会および地域委員会に諮問した後、人間の健康の保護および増進ならびに特に国境を越えて蔓延する重大な疾病の克服のための助成措置、国境を越える重大な健康への危険の監視、早期報告および対策のための措置、喫煙およびアルコールの乱用から住民の健康を守ることを直接の目的とする措置も、制定することができる。
（六）理事会はさらに、本条に挙げる目的のために、委員会の提案に基づいて勧告を行うことができる。
（七）連合の活動に際しては、保健政策の決定ならびに保健制度の組織および医療の提供に対する加盟国の責任は、保持される。加盟国の責任は、保健制度および医療制度の運営ならびにそのために用意される手段の配分を含む。第四項a号による措置は、器官および血液の提供または医学的使用に関する各国の規則を侵害しない。

第XV編　消費者保護

第一六九条

（一）消費者の利益を増進し、かつ高水準の消費者保護を保障するために、連合は、消費者の健康、安全および経済的利益の保護に、消費者の情報および教育に対する権利の増進に、ならびに自己の利益を守るための消費者の団体結成に対する権利の増進に、貢献する。
（二）連合は、前項に挙げる目標の達成に、以下の措置によって貢献する。
（a）域内市場の実現の枠内で第一一四条に従って制定する措置。
（b）加盟国の政策の支援、補完および監視のための措置。
（三）欧州議会および理事会は、前項b号による措置を、通常の法律制定手続きに従って、かつ経済社会委員会に諮問した後、制定する。
（四）前項に従って制定される措置は、個々の加盟国が、より厳格な保護措置を保持または講じることを妨げない。これらの措置は、二条約に適合していなければならない。これらの措置は、委員会に通知される。

第XVI編　欧州横断ネットワーク

第一七〇条

（一）第二六条および第一七四条の目標の実現に貢献するために、また連合市民、経済関係者、地域および地方の領域団体に対して、域内国境のない領域の創出から生じる利点を全面的に与えるために、連合は、運輸、通信、エネルギーの各インフラストラクチャーの分野における欧州横断ネットワークの建設および整備に貢献する。
（二）連合の活動は、開放的・競争指向的市場制度の枠内において、各国のネットワーク間の接続および互換性の促進ならびにこのネットワークへのアクセスの促進を目指す。連合の活動は、特に島嶼地域、孤立地域、および辺境地域を連合の中心地域と結びつける必要性を、考慮する。

第一七一条

（一）第一七〇条の目標を達成するために、連合は、以下のように行動する。
――連合は、欧州横断ネットワークの分野で考慮される行動の目標、優先順位および概要を含む一連の指針を策定する。この指針においては、共通の利益となる企画が明示される。

――連合は、ネットワーク間の互換性を、特に技術的基準の標準化の分野において保障するために、場合によっては必要と判明するいかなる行動も、実施する。

――連合は、本項第一款による指針の枠内において明示され、加盟国によって支援された共通の利益となる企画を、特に実施可能性の調査、貸付保証または利子補給の形態で、支援することができる。連合はまた、第一七七条に従って設立される結束基金を通じて、加盟国における特殊な輸送インフラストラクチャー計画に、財政的に貢献することができる。

連合は、その措置に際して、計画の潜在的経済的将来性を考慮する。

（二）加盟諸国は、委員会と連携しつつ、第一七〇条の目標の実現に著しい影響を与えることができる各国の政策を、互いに協調させる。委員会は、加盟諸国と密接に協力しつつ、この協調に有効な一切のイニシャティヴを発揮することができる。

（三）連合は、共通の利益となる企画を促進し、またネットワークの互換性を確保するために、第三国と協力することを、決定することができる。

第一七二条

前条第一項に従った指針およびその他の措置は、欧州議会および理事会によって、通常の法律制定手続きに従って、かつ経済社会委員会および地域委員会に諮問した後、定められる。

加盟国の領土に関係する指針および共通の利益となる企画は、当該加盟国の同意を必要とする。

第XVII編　産業

第一七三条

（一）連合および加盟国は、連合の産業的競争力のために必要な前提条件が保障されるように尽力する。この目的のために、連合および加盟国の活動は、開放的・競争指向的市場制度に従って以下のこと目指す。
――構造変化に対する産業の適応の容易化。

――連合全域における企業の、特に中小企業のイニシャティヴおよび一層の発展にとって好ましい環境の育成。

――企業間協力にとって好ましい環境の育成。

――技術革新、研究および工業技術開発の分野における政策の産業的潜在力の有効利用の促進。

（二）加盟諸国は、委員会と連携しつつ、互いに協議し、必要な限りにおいて、その措置を協調させる。委員会は、この協調に有効なあらゆるイニシャティヴを、特に、指針および指標を定め、有効な方法の交流を実施し、定期的な監視および評価に必要な要綱を策定することを目指すイニシャティヴを、発揮することができる。欧州議会には、すべてが通知される。

（三）連合は、一二条約の他の規定に基づいて実施する政策および措置によって、第一項の目標の達成のために貢献する。欧州議会および理事会は、加盟諸国の法規のいかなる調和も排除しつつ、通常の法律制定手続きに従って、かつ経済社会委員会に諮問した後、第一項の目標の実現に向けて加盟国において実施される措置を支援するための特別の措置を、決定することができる。

本編は、連合が、競争の歪みをもたらす可能性のある何らかの措置、または税法もしくは労働者の権利および利益に関する規定を含む何らかの措置を、導入するための根拠を提供するものではない。

第XVIII編　経済的、社会的および領土的結束

第一七四条

連合は、連合の全体としての調和のとれた発展を促進するために、引き続きその経済的、社会的および領土的結束を強化するための政策を、発展させ、追求する。

連合は、様々な地域間の発展水準の格差および最も不利益を被っている地域の後進性を低減させることを、特に自己の目標とする。

当該地域の中でも、農村地域や産業的変動に見舞われている地域に、また人口密度の非常に低い最北の地域や島嶼・辺境・山岳地域のような、深刻かつ恒常的な自然的不利益および過疎による不利益を受けている地域に、特別の注意が払われる。

第一七五条

加盟諸国は、第一七四条に挙げる目標も達成されるように自己の経済政策を遂行し、これを協調させる。連合の

政策および行動の決定および実施ならびに域内市場の設立は、第一七四条の目標を考慮し、その実現に貢献する。連合は、構造基金（欧州農業調整補償基金調整部門、欧州社会基金、欧州地域開発基金）、欧州投資銀行およびその他の既存の金融手段を使用して実施する政策を通じて、この努力も支援する。

委員会は、欧州議会、理事会、経済社会委員会および地域委員会に対して、三年毎に、経済的、社会的および領土的結束の実現における成果について、また本条に定める手段が果たした貢献の方法について、報告を行う。この報告には、必要に応じて、適切な提案が添付される。

連合の他の政策分野の枠内において決定された措置を損なうことなく、構造基金の外部での特別な措置が必要であることが明らかになるときは、欧州議会および理事会は、この措置を、通常の法律制定手続きに従って、かつ経済社会委員会および地域委員会に諮問した後、決定することができる。

第一七六条

欧州地域開発基金の任務は、後進地域の開発および構造調整への参加ならびに衰退する工業地域の転換への参加によって、連合において最も重要な地域間不均衡の是正に貢献することにある。

第一七七条

第一七八条を損なうことなく、欧州議会および理事会は、通常の法律制定手続きに則し、かつ経済社会委員会および地域委員会に諮問した後に制定する［二次法の］規則によって、構造基金の任務、優先目標および組織を定め、またこれを一新させることもできる。同一の手続きに従ってさらに、同基金に適用される一般的規準、ならびに効果的な運営方法の確保、基金同士の協調および基金と他の既存の金融手段との協調に必要な規定が、定められる。同一の手続きに従って設立される結束基金は、交通インフラストラクチャー領域における環境および欧州横断ネットワークの分野での企画に財政的に貢献する。

第一七八条

欧州地域開発基金に関する［二次法の］施行規則は、欧州議会および理事会が、通常の法律制定手続きに従って、かつ経済社会委員会および地域委員会に諮問した後、決定する。

欧州農業調整補償基金調整部門および欧州社会基金には、第四三条または第一六四条が引き続き適用される。

第XIX編　研究、工業技術開発および宇宙飛行

第一七九条

（一）連合は、研究者の自由移動が支配し、科学的知識および工業技術が自由に交換されることによって連合の科学的および工業技術的基礎を強化すること、産業的競争力を含む連合の競争力の発展を促進すること、ならびに二条約の他の諸章に基づいて必要と考えられるあらゆる研究措置を支援することを、目標とする。
（二）前項の目的のために連合は、その全域において、高度な質の研究および工業技術開発の分野で努力している企業——中小企業を含めて——、研究センターならびに大学を支援する。連合は、とりわけ研究者が国境による障

害を越えて自由に協力し、企業が域内市場の潜在力を完全に利用できるようにするために、企業、研究センターおよび大学の間での協力の努力を、特に各国の公的発注制度の開放、共通基準の設定、ならびにこの協力に対する法的および税制上の障害の除去を通じて、促進する。

（三）研究および工業技術開発の分野における二条約に基づく連合のすべての措置は、デモンストレーション企画を含めて、本編に則して決定され、実施される。

第一八〇条

前条の目標を達成するために、連合は、加盟国で実施される行動を補完する以下の措置を、講じる。

（a）企業、研究センターおよび大学との協力ならびにこれら相互の間での協力を促進しつつ、研究、工業技術開発およびデモンストレーションのための計画を実施すること。

（b）研究、工業技術開発およびデモンストレーションの分野での連合と第三国および国際組織との協力の促進。

（c）連合の研究、工業技術開発およびデモンストレーションの分野における活動の成果の普及および利用。

（d）連合出身研究者の養成および移動の促進。

第一八一条

（一）連合および加盟国は、各国の政策および連合の政策の一貫性を保障するために、研究および工業技術開発の分野での活動を協調させる。

（二）委員会は、加盟国と緊密に協力しつつ、前項による協調に有効なあらゆるイニシャティヴを、特に、指針および指標を定め、有効な方法の交流を実施し、定期的な監視および評価に必要な要綱を策定することを目指すイニシャティヴを、発揮することができる。欧州議会には、すべてが通知される。

第一八二条

（一）欧州議会および理事会は、連合の全行動をまとめた多年度枠組み計画を、通常の法律制定手続きに従って、かつ経済社会委員会に諮問した後、策定する。

この枠組み計画においては、

（a）第一八〇条による措置によって達成されるべき科学技術的諸目標およびそのそれぞれの優先順位を定め、

（b）この措置の概要を述べ、

（c）枠組み計画に対する連合の財政的参加の上限総額および細則、ならびに予定する措置のそれぞれの額を定める。

（二）枠組み計画は、状況の展開に応じて修正または補足される。

（三）枠組み計画の実施は、各行動内で展開される特別計画によってなされる。各特別計画には、その実施の細則、期間および必要と考えられる資金が定められる。特別計画において必要と考えられる額の総計は、枠組み計画および各行動のために設定された上限総額を超えてはならない。

（四）特別計画は、理事会によって、特別の法律制定手続きに従って、かつ欧州議会および経済社会委員会に諮問した後、決定される。

（五）多年度枠組み計画において定める行動を補完すべく、欧州議会および理事会は、欧州研究領域の実現に必要な措置を、通常の法律制定手続きに従って、かつ経済社会委員会に諮問した後、制定する。

第一八三条

多年度枠組み計画の実施のために、連合は、以下のことを定める。

――企業、研究センターおよび大学の参加のための規準。

――研究成果の普及のための規準。

第一八四条

多年度枠組み計画の実施に際しては、連合の参加を留保して、特定の加盟諸国のみが資金も出して参加する追加計画を定めることができる。

連合は、追加計画のための規準、特に知識の普及および他の加盟国の利用に関する規準を、定める。

第一八五条

連合は、多年度枠組み計画の実施に際しては、複数加盟国の研究開発計画への参加を、その実施のために設立される機構への参加も含めて、当該加盟諸国と合意の上、定めることができる。

第一八六条

連合は、多年度枠組み計画の実施に際し、研究、工業技術開発およびデモンストレーションの分野での連合と第三国または国際組織との協力を、定めることができる。
この協力の細則は、連合と当該の第三国または国際組織との間の協定の対象とすることができる。

第一八七条

連合は、連合の研究、工業技術開発およびデモンストレーションのための計画の効率的な実施に必要な共同企業または他の機構を、設立することができる。

第一八八条

理事会は、第一八七条に定める規定を、委員会の提案に基づき、かつ欧州議会および経済社会委員会に諮問した後、定める。
欧州議会および理事会は、第一八三条、第一八四条、第一八五条に定める規定を、通常の法律制定手続きに従って、かつ経済社会委員会に諮問した後、定める。追加計画の決定には、これに参加する加盟国の同意を必要とする。

第一八九条

(一) 科学技術の進歩、産業の競争力および政策の実施の促進のために、連合は、欧州宇宙飛行政策を立案する。連合は、この目的のために、共同のイニシャティヴを促進し、研究および工業技術開発を支援し、宇宙空間の研究および利用の努力を協調させることができる。
(二) 前項の目標を達成するための貢献として、欧州議会および理事会は、加盟諸国の法規のいかなる調和も排除しつつ、通常の法律制定手続きに従って、欧州宇宙飛行計画の形態を取ることのできる必要な措置を、制定することができる。

(三) 連合は、欧州宇宙機構との目的にかなった連携を図る。

(四) 本条は、本編の他の規定を損なうことなく適用される。

第一九〇条

毎年初めに委員会は、欧州議会および理事会に、報告を提出する。同報告は、特に前年中の研究、工業技術開発およびそれらの活動成果の普及の分野における活動ならびにその年の作業計画に、及ぶ。

第XX編　環境

第一九一条

(一) 連合の環境政策は、以下の目標を追求することに貢献する。

――環境の維持および保護ならびにその質の向上。

――人の健康の保護。

――天然資源の慎重かつ合理的な利用。

――地域的または地球的な環境問題の克服のための、特に気候変動の克服のための国際的次元における措置の促進。

(二) 連合の環境政策は、連合の個々の地域における様々な与件を考慮しつつ、高水準の保護を目指す。連合の環境政策は、事前対策および予防の原則、環境破壊をその発生源で優先的に克服する原則ならびに汚染者負担原則に基づく。

これとの関係で、環境保護の要請に沿う調和措置は適宜、経済的理由からではなく環境政策的な理由から、連合の監督手続きに服する暫定的措置を講じることを、加盟国に授権するセーフガード条項を、含む。

(三) 環境政策の策定に際し、連合は、以下のことを考慮する。

——利用しうる科学技術的データ。

——連合の個々の地域における環境条件。

——行動を起こす場合と起こさない場合の利益と負担。

——連合全域の経済的および社会的発展ならびに連合の諸地域の均衡のとれた発展。

(四) 連合および加盟国は、それぞれの権限の枠内で、第三国および管轄国際組織と協力する。連合の協力の細則は、連合と当該の第三国および管轄国際組織との間の協定の対象とすることができる。

前段は、国際機関で交渉し国際協定を締結する加盟国の管轄権には抵触しない。

第一九二条

(一) 欧州議会および理事会は、第一九一条に挙げる目標を達成するために連合が行動することを、通常の法律制定手続きに従って、かつ経済社会委員会および地域委員会に諮問した後、決定する。

（二）前項による決定手続きとは異なって、かつ第一一四条を損なうことなく、理事会は、特別の法律制定手続きに従って、かつ欧州議会ならびに経済社会委員会および地域委員会に諮問した後、全会一致をもって以下のものを制定する。

（a）主として税の性質を有する法規。

（b）以下の措置。

——都市計画に関わる措置。

——水資源の量的管理に関わるか、または同資源の利用に直接もしくは間接に関係する措置。

——廃棄物処理を除く土地利用に関わる措置。

（c）種々のエネルギー源の間の加盟国の選択および加盟国のエネルギー供給の全般的構造に著しく関わる措置。

理事会は、前段に挙げる分野に通常の法律制定手続きを適用することを、委員会の提案に基づき、かつ欧州議会、経済社会委員会および地域委員会に諮問した後、全会一致をもって定めることができる。

（三）欧州議会および理事会は、優先的目標を定めた一般行動計画を、通常の法律制定手続きに従って、かつ経済社会委員会および地域委員会に諮問した後、決定する。

この計画の実施に必要な措置は、場合に応じて、第一項ないし第二項に定める手続きに従って制定される。

（四）連合の特定の措置を損なうことなく、加盟国は、環境政策の資金供給および実施のために尽力する。

（五）第一項による措置が加盟国当局にとって過大なコストを生じさせるときは、この措置においては、汚染者負担原則を損なうことなく、以下の形態の適切な規定が定められる。

——一時的な例外規則および／または、

――第一七七条に従って設立される結束基金からの財政的支援。

第一九三条
前条に基づいて講じられる保護措置は、個々の加盟国が、より強力な保護措置を保持または講じることを妨げない。当該措置は、二条約に適合していなければならない。当該措置は、委員会に通知される。

第XXI編　エネルギー

第一九四条
（一）連合のエネルギー政策は、加盟国間の連帯の精神において、域内市場の実現または機能の枠内で、かつ環境の維持および改善の必要性を考慮しつつ、以下の目標を追求する。
（a）エネルギー市場の機能の保障。
（b）連合におけるエネルギーの安定供給の確保。
（c）エネルギーの効率および節約の推進ならびに新しい再生可能なエネルギー源の開発。
（d）エネルギー網の国際的連結の促進。
（二）二条約の他の規定の適用を損なうことなく、欧州議会および理事会は、通常の法律制定手続きに従って、前項の目標を実現するために必要な措置を制定する。この措置の制定は、経済社会委員会および地域委員会に諮問した後、行われる。

この措置は、第一九二条第二項c号を損なうことなく、加盟国が自国のエネルギー源を利用するための条件、種々のエネルギー源の間での選択、エネルギー供給の全般的構造を決定する権利には、抵触しない。

(三) 前項とは異なって、理事会は、前項に挙げる措置を、それが専ら税の性格を有するときは、特別の法律制定手続きに従って、欧州議会に諮問した後、全会一致をもって制定する。

第XXII編 旅行

第一九五条

(一) 連合は、旅行部門における加盟国の措置を、特にこの部門における連合の企業競争力の促進を通じて補完する。

連合は、この目的のために、その活動によって以下の目標を追求する。

(a) この部門における企業の成長にとって好ましい環境の創出を刺激する。

(b) 特に有効な実務の交流によって加盟国間の協力を支援する。

(二) 欧州議会および理事会は、加盟諸国の法規のいかなる調和も排除しつつ、通常の法律制定手続きに従って、本条に挙げる目標を実現するために加盟国が実施する措置を、補完するための特別措置を制定する。

第XXIII編　防災

第一九六条

(一) 連合は、自然災害または人為的災害の未然防止および防護の制度をより効果的に形成するために、加盟国間の協力を促進する。

連合の行動は、以下の目標を有する。

(a) 危険の未然防止、加盟国における防災参加者の教育、ならびに連合内における自然災害または人為的災害の場合の出動に関する、国家的、地方的および地域的次元での加盟国の活動の支援および補完。

(b) 各国の防災対策機関の間の連合内での迅速かつ効率的な協力の推進。

(c) 国際的次元での防災措置の一貫性の向上。

(二) 欧州議会および理事会は、加盟諸国の法規のいかなる調和も排除しつつ、通常の法律制定手続きに従って、前項に挙げる目標を追求するために必要な措置を、制定する。

第XXIV編　行政協力

第一九七条

（一）連合が整然と機能することにとって決定的な、加盟国による連合法の効果的施行は、共通の利益事項とみなされなければならない。

（二）連合は、加盟国が連合法の施行のための行政能力を向上するために行う努力を、支援することができる。これは、特に情報および官吏の交流の容易化ならびに教育・再教育計画の支援を内容とすることができる。加盟国は、この支援を請求するよう強制されてはならない。欧州議会および理事会は、必要な措置を、加盟諸国の法規のいかなる調和も排除しつつ、通常の法律制定手続きに従って、［二次法の］規則によって講じる。

（三）本条は、加盟国の連合法施行義務にも、委員会の権限および義務にも抵触しない。本条はまた、加盟国間の行政協力および加盟国と連合との間の行政協力を定める二条約の他の規定にも、抵触しない。

第四部　海外諸地域・領土との連携

第一九八条

（一）加盟諸国は、デンマーク、フランス、オランダおよび連合王国と特別の関係を有する欧州域外の諸地域および領土が、連合と連携協定を締結することに合意する。これらの諸地域および領土（以下、「(諸) 地域・領土」）は、補遺Ⅱに列挙される。

連携協定の目的は、諸地域・領土の経済的および社会的発展の促進ならびに諸地域・領土と連合全体との間の緊密な経済関係の創出である。

本条約の前文において立てた原則にそって、連携協定は、先ずもって、これら諸地域・領土の住民が望む経済的、社会的および文化的発展に彼らを導くために、彼らの利益に仕え、彼らの繁栄を促進するものとする。

第一九九条

連携協定によって、以下の目的が追求される。

1. 加盟諸国は、二条約に基づいて相互の間に適用する制度を、諸地域・領土との貿易に適用する。
2. いずれの地域・領土も、特別の関係を有する欧州の国家に適用している制度を、加盟諸国および他の諸地域・

領土との貿易に適用する。
3. 加盟国は、これら諸地域・領土の漸進的開発が必要とする投資に参加する。
4. 連合が融資する投資のための入札および納入に際しては、平等の条件による参加が、加盟国または諸地域・領土の国籍を有するすべての自然人および法人に開放される。
5. 第二〇三条に基づいて特別規則が決定されない限り、加盟国と諸地域・領土との間では、その国民および会社の事業所設立の権利については、事業所設立の自由の章の規定および手続き規則が、いかなる差別も排除して適用される。

第二〇〇条

(一) 諸地域・領土からの商品に対する加盟国による輸入関税は、禁止される。これは、二条約に定める加盟国間の関税禁止に則して行われる。
(二) いずれの地域・領土においても、加盟国および他の諸地域・領土からの商品に対する輸入関税は、第三〇条に則して禁止される。
(三) ただし、諸地域・領土は、その開発および工業化の要請に応える関税、または財政関税として財政資金の調達に役立つ関税を、徴収することができる。
前段に述べる関税は、当該の地域・領土が特別の関係を有する加盟国からの商品輸入に適用される関税を、上回ってはならない。
(四) 第二項は、特別な国際的義務に基づいて既に非差別的関税率を適用している諸地域・領土には、適用されない。
（五）諸地域・領土に輸入される商品の関税率の決定または改定は、法的にも実際にも、個々の加盟国からの輸入の間で間接的または直接的差別を生み出してはならない。

第二〇一条

第三国からの商品がいずれかの地域または領土に輸入される際に適用される関税率の高さが、第二〇〇条第一項の適用に際して、いずれかの加盟国の不利益となる輸送路の変更をもたらすときは、当該加盟国は、必要な是正措置を他の加盟国に提案するように、委員会に要請することができる。

第二〇二条

国民の健康ならびに公の安全および秩序に関する規定を留保して、諸地域・領土出身労働者の加盟国における自由移動および加盟国出身労働者の諸地域・領土における自由移動には、第二〇三条による二次法が制定される。

第二〇三条

理事会は、諸地域・領土と連合との連携協定の枠内で達成された成果および二条約の原則に基づいて、諸地域・領土と連合との連携協定の細則および手続きに関する規定を、委員会の提案に基づいて、全会一致をもって制定する。この規定が、理事会によって、特別の法律制定手続きに従って採択されるときは、理事会は、委員会の提案に基づき、かつ欧州議会に諮問した後、全会一致をもって決定する。

第二〇四条

第一九八条ないし第二〇三条は、二条約に添付されたグリーンランドに対する特別規則に関する議定書の中のグリーンランド特別規定を留保して、グリーンランドに適用可能である。

第五部　連合の対外的行動

第Ⅰ編　連合の対外的行動に関する一般規定

第二〇五条

この部の枠内での国際舞台における連合の行動は、欧州連合条約第Ⅴ編第一章に定める原則に規定され、目標に導かれ、一般規定に従ってなされる。

第Ⅱ編　共通通商政策

第二〇六条

第二八条ないし第三二条による関税同盟の設立によって、連合は、共通の利益において、世界貿易の調和的発展、国際貿易および外国直接投資における制限の漸進的除去、ならびに関税障壁およびその他の障壁の除去に貢献する。

第二〇七条

（一）共通通商政策は、統一的原則に従って形成される。このことは、特に関税率の改定、商品およびサービスの貿易に関わる関税・通商協定の締結、知的財産の通商的側面、外国直接投資、自由化措置の統一化、輸出政策、ならびに例えばダンピングや補助金の場合における通商政策的保護措置に、当てはまる。共通通商政策は、連合の対外的行動の原則および目標の枠内で形成される。

（二）欧州議会および理事会は、通常の法律制定手続きに従って、共通通商政策の実施のための枠組みを定める措置を、［二次法の］規則によって講じる。

（三）一つもしくは複数の第三国または国際組織と協定について交渉し締結しなければならないときは、第二一八条が、本条の特別規定を留保して適用される。

委員会は、理事会に勧告を提出し、理事会は、委員会に必要な交渉の開始を授権する。理事会および委員会は、交渉された協定が連合の域内政策および域内法規に適合するように尽力しなければならない。

委員会は、この交渉を、理事会が委員会を補佐するために任命する特別委員会と協議しつつ、理事会が委員会に与えることのできる指令に則して、行う。委員会は、特別委員会および欧州議会に対して、交渉の状況について、定期的に報告を行う。

（四）前項に挙げる協定の交渉および締結については、理事会は、特定多数をもって決定する。

サービスの移動、知的財産の通商的側面または外国直接投資に関する協定の交渉および締結について、理事会は、当該協定が、域内法規の採択に全会一致が必要である規定を含むときは、全会一致をもって決定する。

理事会は同様に、以下の分野における協定の交渉および締結については、全会一致をもって決定する。

（a）文化的およびオーディオ・ヴィジュアル的サービスの貿易。ただし、当該協定が連合における文化的および言語的多様性を害する可能性のあるとき。

（b）社会的部門、教育部門および保健部門のサービス貿易。ただし、当該協定がこのサービスの各国の組織を酷く乱し、その提供に対する加盟国の責任を害する可能性のあるとき。

（五）運輸分野における国際協定の交渉および締結については、第三部第Ⅵ章および第二一八条が、適用される。

（六）本条によって移譲される共通通商政策の分野における管轄権の行使は、連合と加盟国との間の管轄権の区分に影響せず、また二条約が排除している限り、加盟諸国の法規の調和を生み出さない。

第Ⅲ編　第三国との協力および人道援助

第一章　開発協力

第二〇八条

（一）開発協力の分野における連合の政策は、連合の対外的行動の原則および目標の枠内において実施される。開発協力の分野における連合の政策および加盟国の政策は、互いに補完し強化し合う。

この分野における連合の政策の主要目標は、貧困との闘いであり、長期的にはその除去である。発展途上国に影響を与えることのできる政治的措置の実施に際しては、連合は、開発協力の目標を考慮に入れる。

（二）連合および加盟国は、国際連合および他の管轄する国際組織の枠内において与えた約束を守り、この枠内で承認された目標設定を考慮する。

第二〇九条

（一）欧州議会および理事会は、通常の法律制定手続きに従って、開発協力の分野における政策の実施のために必要な措置を制定する。当該措置は、発展途上国との協力のための多年度計画またはテーマ別計画と関わることができる。

（二）連合は、第三国および管轄する国際組織と、欧州連合条約第二一条および本条約第二〇八条の目標の実現に資するあらゆる協定を、締結することができる。

前段は、国際機関において交渉し協定を締結する加盟国の管轄権には、抵触しない。

（三）欧州投資銀行は、その定款に則して、第一項にいう措置の実施に貢献する。

第二一〇条

（一）連合および加盟国は、その措置が互いにより良く補完し合い、効果を上げるように、開発協力の分野における政策を協調させ、国際組織および国際会議においても、援助計画を互いに調整する。連合および加盟国は、共同の措置を講じることができる。加盟国は、必要な場合には、連合の援助計画の実施に貢献する。

（二）委員会は、前項に挙げる協調に有効なあらゆるイニシャティヴを発揮することができる。

第二一一条

連合および加盟国は、それぞれの権限の枠内において、第三国および管轄する国際組織と協力する。

第二章　第三国との経済的、財政的および技術的協力

第二一二条

(一) 二条約の他の規定、特に第二〇八条ないし第二一一条を損なうことなく、連合は、発展途上国ではない第三国と、特に財政的分野における支援も含む経済的、財政的および技術的協力の措置を、実施する。これらの措置は、連合の開発政策と一致し、連合の対外的行動の原則および目標の枠内で実施される。連合の措置および加盟国の措置は、互いに補完し強化し合う。

(二) 欧州議会および理事会は、通常の法律制定手続きに従って、前項の実施に必要な措置を制定する。

(三) 連合および加盟国は、それぞれの管轄権の枠内において、第三国および管轄する国際組織と協力する。連合の協力の細則は、連合と当該の第三国または国際組織との間の協定において、定めることができる。前段は、国際機関において交渉し国際協定を締結する加盟国の管轄権には、抵触しない。

第二一三条

第三国における状況のために、連合が緊急に財政的援助を行うことが必要であるときは、理事会は、委員会の提案に基づいて、必要な決定を制定する。

第三章　人道援助

第二一四条

（一）人道援助の分野における連合の措置のための枠組みをなすのは、連合の対外的行動の原則および目標である。この措置は、自然災害または人為的災害に襲われた第三国の住民に、この困難な状況から生じる人道的欲求を満たすことができるように、援助、救援および保護を確実に与えることに貢献する。連合の措置および加盟国の措置は、互いに補完し強化し合う。

（二）人道援助の措置は、国際法の諸原則ならびに公平性、中立性および無差別の原則に従って、実施される。

（三）欧州議会および理事会は、通常の法律制定手続きに従って、連合の人道援助措置が実施される枠組みを定めるための措置を、制定する。

（四）連合は、第三国および管轄する国際組織と、第一項および欧州連合条約第二一条の目標の実現に資するあらゆる協定を、締結することができる。

前段は、国際機関において交渉し協定を締結する加盟国の管轄権には、抵触しない。

（五）連合の人道援助措置に対する欧州青年の共同貢献のための枠組みとして、欧州人道援助ボランティア隊が、つくられる。欧州議会および理事会は、通常の法律制定手続きに従って、この隊の法的地位および活動方法の細則を、［二次法の］規則によって定める。

（六）委員会は、人道援助の分野における連合および加盟国の計画がより効果を上げ、より良く補完し合うように、連合の措置と加盟国の措置との間の協調に有効なあらゆるイニシャティヴを、発揮することができる。

（七）連合は、連合の人道援助措置が、国際組織および国際機関、特に国際連合の制度に属する国際組織および国際機関の措置と、調整され一致するように、尽力する。

第Ⅳ編　制限的措置

第二一五条

（一）欧州連合条約第Ⅴ編第二章に従って制定される決定が、一国または複数の第三国に対する経済・財政関係の中止、制限または完全な停止を定めているときは、理事会は、必要な措置を、外交・安全保障政策担当連合上級代表および委員会の共同提案に基づいて、特定多数をもって制定する。理事会は、これについて欧州議会に通知する。

（二）欧州連合条約第Ⅴ編第二章に従って制定される決定が定めているときは、理事会は、前項の手続きに従って、自然人または法人、グループまたは非政府団体に対する制限的措置を、制定することができる。

（三）本条による二次法においては、法的保護に関する必要な規定が定められていなければならない。

第Ⅴ章　国際協定

第二一六条

（一）連合は、二条約に第三国もしくは国際組織との協定の締結が定められているとき、または協定の締結が、連合の政策の枠内において二条約の定める目標の一つを実現するために必要であるとき、もしくは連合の拘束力を有する二次法に定められているとき、もしくは共通法規を害しもしくはその適用分野を変更する可能性があるときは、一つもしくは複数の第三国または国際組織と、協定を締結することができる。

（二）連合が締結した協定は、連合の機関および加盟国を拘束する。

第二一七条

連合は、相互の権利・義務、共同行動および特別手続きを備えた連携をつくり出す協定を、一つもしくは複数の第三国または国際組織と締結することができる。

第二一八条

（一）第二〇七条の特別規定を損なうことなく、連合と第三国または国際組織との間の協定は、以下に述べる手続きに従って交渉され、締結される。

（二）理事会は、交渉の開始を授権し、交渉方針を定め、署名を承認し、協定を締結する。

（三）委員会は、または予定する協定が専らもしくは主として共通外交・安全保障政策に関連するときには外交・安全保障政策担当連合上級代表が、理事会に勧告を提出し、理事会は、交渉開始の授権に関する、ならびに予定する協定の対象ごとの連合の交渉責任者または交渉団長の指名に関する決定を、制定する。

（四）理事会は、交渉責任者に指針を与え、特別委員会を設置することができる。交渉は、この委員会と協議して行われなければならない。

（五）理事会は、交渉責任者の提案に基づき、協定の署名および場合によっては当該協定の発効前の暫定的適用を承認する決定を、制定する。

（六）理事会は、交渉責任者の提案に基づき、協定の締結に関する決定を、制定する。

専ら共通外交・安全保障政策に関わる協定を除き、理事会は、以下の条件の下に、協定の締結に関する決定を制定する。

（a）以下の場合には、欧州議会の同意を得た後である。

（i）連携協定。

（ii）人権および基本的自由の保護のための欧州規約への連合の加盟に関する協定。

（iii）協力手続きの導入による特別の制度的枠組みをつくる協定。

（iv）連合にとって著しい財政的負担を伴う協定。

（v）通常の法律制定手続き、または欧州議会の同意が必要なときには特別の法律制定手続きが適用される分野における協定。

欧州議会および理事会は、緊急の場合には、同意のための期限について合意することができる。

（b）その他の場合には、欧州議会への諮問の後である。欧州議会は、理事会が緊急性に応じて定めることができる期限内に、意見を表明する。この期限内に意見表明がなされないときには、理事会は、決定を採択することができる。

（七）第五項、第六項および第九項とは異なって、理事会は、協定の締結に際して交渉責任者に、当該協定が、改正を略式手続きに従って行えることを、または協定によって設立される機関によって行えることを定めているときには、連合の名において当該協定の改正を承認することを、授権することができる。理事会は、場合によっては、この授権に特別な条件を付すことができる。

（八）理事会は、全体の手続きを通じて、特定多数をもって決定する。

ただし理事会は、連合の二次法の制定に全会一致が必要な分野に協定が関わるとき、ならびに加盟を望む国との連携協定または第二一二条による協定の場合には、全会一致をもって決定する。人権および基本的自由の保護のための欧州規約への連合の加盟に関する協定についても、理事会は、全会一致をもって決定する。この協定の締結についての決定は、加盟国がそれぞれの憲法的規定に従って同意した後に、効力を生じる。

（九）理事会は、協定によって設置される機関が法的効果を有する文書を制定しなければならないときに限り、協定の適用の中止に関する、および当該機関において連合の名で代表されるべき立場を定めるための決定を、委員会または外交・安全保障政策担当連合上級代表の提案に基づいて、制定する。ただし、当該機関が協定の制度的枠組みを補完または変更するための法的文書を採択するときは、この限りではない。

（一〇）欧州議会は、手続きの全局面において、遅滞なくかつ全面的に報告を受ける。

（一一）加盟国、欧州議会、理事会または委員会は、計画中の協定と二条約との適合性に関する司法裁判所の判断を求めることができる。司法裁判所の判断が否定的であるときは、計画中の協定は、この協定または二条約が修正されるときにのみ、効力を生じることができる。

第二一九条

（一）第二一八条とは異なって、理事会は、欧州中央銀行の勧告に基づいて、または委員会の勧告に基づきかつ欧州中央銀行に諮問した後、物価安定の目標と一致するコンセンサスに達する努力をしつつ、第三国の通貨に対するユーロの為替相場制度に関する公式の協定を、締結することができる。理事会は、〔本条〕第三項の手続きに従って、欧州議会に諮問した後、全会一致をもって決定する。

理事会は、欧州中央銀行の勧告に基づいて、または委員会の勧告に基づきかつ欧州中央銀行に諮問した後、物価安定の目標と一致するコンセンサスに達する努力をしつつ、為替相場制度内のユーロ基準レートを決定、変更または放棄することができる。理事会議長は、欧州議会に、ユーロ基準レートの決定、変更または放棄について、報告する。

（二）一つまたは複数の第三国通貨に対して前項による為替相場制度が存在していないときは、理事会は、委員会の勧告に基づきかつ欧州中央銀行に諮問した後、または欧州中央銀行の勧告に基づいて、これらの通貨に対する為替相場政策のための一般的指針を、定めることができる。この一般的方針は、物価の安定を確保するという欧州中央銀行制度の優先的目標を害してはならない。

（三）連合が一つもしくは複数の第三国または国際組織と通貨問題または為替規則に関連する協定について交渉し

なければならないときは、理事会は、第二一八条とは異なって、委員会の勧告に基づきかつ欧州中央銀行に諮問した後、そうした協定の交渉および締結のための方式を決定する。この方式により、連合が統一的立場を代表することが保障される。委員会は、交渉に全面的に参加する。

（四）加盟国は、経済・通貨同盟に関する連合の管轄権および協定を損なうことなく、国際機関において交渉を行い、国際協定を締結する権利を有する。

第Ⅵ編　連合と国際組織および第三国との関係ならびに連合の代表部

第二二〇条

（一）連合は、国際連合の機関、国際連合の特別組織の機関、欧州評議会、欧州安全保障協力機構および経済協力開発機構と、目的にかなうあらゆる協力を行う。

連合はさらに、目的にかなう限り、他の国際組織との関係を維持する。

（二）本条の実施は、外交・安全保障政策担当連合上級代表および委員会の責務である。

第二二一条

（一）第三国および国際組織における連合代表部は、連合を代表する。

（二）連合代表部は、外交・安全保障政策担当連合上級代表の指揮の下にある。連合代表部は、加盟国の外交的および領事的代表部と緊密に協力しつつ行動する。

第Ⅶ編　連帯条項

第二二二条

（一）連合および加盟国は、いずれかの加盟国がテロ攻撃、自然災害または人為的災害に襲われたときは、連帯の精神において、共同で行動する。連合は、加盟国が連合に提供する軍事的手段を含めて、自由に使用できるあらゆる手段を、以下の目的のために動員する。

（a）——加盟国領土におけるテロの脅威を取り除く。

——民主主義的組織および民間人を万一のテロ攻撃から守る。

——テロ攻撃の場合に、加盟国の政治的機関の要請に基づいて、その領土内において当該加盟国を支援する。

（b）自然災害または人為的災害の場合に、加盟国の政治的機関の要請に基づいて、その領土内において当該加盟国を支援する。

（二）いずれかの加盟国がテロ攻撃、自然災害または人為的災害に襲われたときは、他の加盟諸国は、当該加盟国の政治的機関の要請に基づいて支援する。この目的のために、加盟諸国は理事会において互いに調整する。

（三）連合によるこの連帯条項の適用のための細則は、理事会が委員会および外交・安全保障政策担当連合上級代表の共同提案に基づいて制定する決定によって、定められる。この決定が防衛の分野に関連するときは、理事会は、欧州連合条約第三一条第一項に従って決定する。欧州議会は、これについて報告を受ける。

本項の目的のために、共通安全保障・防衛政策の枠内で発達した組織に依拠する政治・安全保障政策委員会および第七一条による〔常設〕委員会は、第二四〇条を損なうことなく、理事会を補佐する。これらの委員会は、理事会に対して適宜、共同の意見を提出する。

(四) 連合および加盟国が効果的に行動できるように、欧州理事会は、連合が曝されている脅威の評価を定期的に行う。

第六部　制度的規定および財政規定

第Ｉ編　機関に関する規定

第一章　機関

第一節　欧州議会

第二二三条

（一）欧州議会は、全加盟国に統一的な手続きまたは全加盟国に共通の原則に従った、欧州議会議員の普通直接選挙に必要な規定の草案を、策定する。

理事会は、この必要な規定を、特別の法律制定手続きに従って、欧州議会が総議員の過半数をもって同意した後、全会一致をもって制定する。この規定は、それぞれの憲法的規定に従った加盟諸国の同意の後に、効力を生じる。

（二）欧州議会は、自ら発議して、特別の法律制定手続きに従って、委員会に諮問した後かつ理事会の同意を得た後、欧州議会議員の任務遂行ための規則および一般的条件を、［二次法の］規則によって定める。現職または前・元職の議員に対する課税に関する一切の規定および条件は、理事会が全会一致をもって定める。

第二二四条

欧州議会および理事会は、通常の法律制定手続きに従って、欧州連合条約第一〇条第四項による欧州次元における政党のための規則、および特にその資金に関する規定を、［二次法の］規則によって定める。

第二二五条

欧州議会は、二条約を施行するためには連合法の策定が必要であると考える問題について、委員会に適切な提案をするように、総議員の過半数をもって要請することができる。委員会は、提案を提出しないときは、欧州議会にその理由を通知する。

第二二六条

欧州議会は、その任務の遂行に際して、連合法の違反または不正適用の疑惑の調査を、二条約が他の機関または組織に移譲している権限を害することなく行う臨時調査委員会の設置を、総議員の四分の一の申請に基づいて決定することができる。ただし、裁判所が当該疑惑事件を審理中であり、裁判手続きが終了していないときは、この限りではない。

臨時調査委員会は、その報告の提出をもって解散する。

調査権行使の細則は、欧州議会が定める。欧州議会は、自ら発議して、特別の法律制定手続きに従って、かつ理事会および委員会の同意を得た後、［二次法の］規則によって決定する。

第二二七条

連合市民ならびに加盟国に居所または定款上の住所を有する自然人または法人はいずれも、単独でまたは他の市民もしくは法人と共同で、連合の行動分野に含まれ、かつ自己に直接関わる事項について、欧州議会に請願を行うことができる。

第二二八条

（一）欧州議会によって選ばれる欧州市民オンブズマンは、連合市民または加盟国に居所もしくは定款上の住所を有する自然人もしくは法人がなす、連合の機関、組織またはその他の部署の不正な行動についての苦情を、受理する権限を有する。ただし、裁判権を行使中の欧州連合司法裁判所の行為は除く。

市民オンブズマンは、その使命の枠内において、自ら進んで、または直接もしくは欧州議会議員を介して届く苦情に基づいて、正当であると考える調査を行う。ただし、申し立てられた事情が現に裁判手続きの対象であり、またはそうであったときは、この限りではない。市民オンブズマンが、不正を確認したときは、当該の機関、組織またはその他の部署に、自己の見解を、三ヶ月の期限内に送付するよう求める。市民オンブズマンは、それに続いて、欧州議会および当該の機関、組織またはその他の部署に、報告を提出する。苦情を申し立てた者は、この調査の結果ついて、通知を受ける。

市民オンブズマンは、欧州議会に対して、毎年、調査結果についての報告を提出する。

(二) 市民オンブズマンは、欧州議会の毎回の選挙後に、同議会の任期を同一の任期として選ばれる。再任は、許される。

市民オンブズマンが職務遂行のための前提条件をもはや満たさず、または重大な過失をなしたときは、欧州議会の提議に基づき、司法裁判所がこれを罷免することができる。

(三) 欧州市民オンブズマンは、完全に独立してその職務を行使する。市民オンブズマンは、義務の履行に際して、いずれの政府、機関、組織またはその他の部署の支持を仰いでも、受けてもならない。市民オンブズマンは、その任期中、報酬の有無にかかわらず、他の職に従事してはならない。

(四) 欧州議会は、自ら発議して、特別の法律制定手続きに従って、委員会の意見表明の後かつ理事会の同意を得た後、市民オンブズマンの職務遂行のための規則および一般的条件を、[二次法の] 規則によって定める。

第二二九条

欧州議会は、毎年、会期を開く。欧州議会は、三月の第二火曜日に、招集を必要とすることなく会合する。

欧州議会は、総議員の過半数の提議ならびに理事会または委員会の提議により、特別の会期を開くことができる。

第二三〇条

委員会は、欧州議会のすべての会議に参加することができ、自ら申請して聴聞を受ける。

委員会は、欧州議会またはその議員の提出した質問に、口頭または文書で回答する。

欧州理事会および理事会は、欧州理事会議事規則および理事会議事規則に則して、欧州議会より聴聞を受ける。

第二三一条
二条約に特段の定めがない限り、欧州議会は、投票の過半数をもって決定する。
定足数は、議事規則が定める。

第二三二条
欧州議会は、自ら議事規則を定める。これには、総議員の過半数の票を必要とする。
欧州議会の議事録は、二条約および欧州議会議事規則に則して公表される。

第二三三条
欧州議会は、公開の会議において、委員会が提出する年次一般報告について審議する。

第二三四条
委員会の行動を理由に不信任決議案が提出されるときは、欧州議会は、その提出後三日が経過するまではこれについて採決してはならず、また採決は、公開投票によってのみ行われる。
不信任決議案が欧州議会の投票の三分の二の多数かつ総議員の過半数をもって可決されるときは、委員会は、総辞職し、外交・安全保障政策担当連合上級代表は、委員会の枠内で行使する自己の職を辞す。委員会の構成員は、欧州連合条約第一七条に従って交代されるまで、引き続き職に留まり、当面の事務を行う。この場合、代わりに任命された委員会の構成員の任期は、総辞職を余儀なくされた委員会の構成員の残りの任期をもって終了する。

第二節　欧州理事会

第二三五条

（一）欧州理事会の構成員はいずれも、他の一人の構成員に限り、その議決権の委任を受けることができる。

欧州理事会が特定多数をもって決定するときは、欧州連合条約第一六条第四項および本条約第二三八条第二項が適用される。欧州理事会における表決には、その議長および委員会委員長は参加しない。

出席中の構成員本人または代理人の棄権は、全会一致を必要とする欧州理事会の決定の成立を妨げない。

（二）欧州議会議長を、欧州理事会は聴聞することができる。

（三）欧州理事会は、手続き問題ならびに議事規則の制定については、単純多数をもって決定する。

（四）欧州理事会は、理事会の事務総局の補佐を受ける。

第二三六条

欧州理事会は、以下の場合、特定多数をもって制定する。

（a）理事会の編成を定めるための決定。ただし、欧州連合条約第一六条第六項による「総務」理事会および「外務」理事会は除く。

（b）「外務」理事会を除く理事会の全編成における議長を定めるための、欧州連合条約第一六条第九項による決定。

第三節　理事会

第二三七条
理事会は、その議長が自らの決断で、またはいずれかの構成員もしくは委員会の提議に基づいて、招集する。

第二三八条
（一）理事会の議決に単純多数が必要なときは、理事会は、その構成員の総数の過半数をもって決定する。
（二）理事会が委員会または外交・安全保障政策担当連合上級代表の提案に基づかずに決定するときは、二〇一四年一一月一日以降は、欧州連合条約第一六条第四項とは異なって、経過規定に関する議定書の定めを留保して、特定多数とされるのは、理事会構成員の七二パーセント以上で、かつこれによって代表される加盟国の人口の合計が、連合の人口の六五パーセント以上をなすときである。
（三）二条約の適用において理事会の構成員の全員が議決権を有するというわけではない場合には、二〇一四年一一月一日以降は、経過規定に関する議定書の定めを留保して、特定多数には以下のことが適用される。
（a）特定多数とされるは、参加加盟諸国を代表する理事会構成員の五五パーセント以上の多数であって、かつこれによって代表される加盟諸国の人口の合計が、参加加盟諸国の人口の六五パーセント以上をなすときであ

り、これを欠く場合には、特定多数は達成されたものとする。
阻止的少数には少なくとも、合わせて参加加盟諸国の人口の三五パーセント超を代表する理事会構成員の最低数に、一を加えた数が必要であり、これを欠く場合には、特定多数は達成されたものとする。
（b）理事会が委員会または外交・安全保障政策担当連合上級代表の提案に基づかずに決定するときは、a号とは異なって、特定多数とされるのは、参加加盟諸国を代表する理事会構成員の七二パーセント以上の多数であって、かつこれによって代表される加盟諸国の人口の合計が、参加加盟諸国の人口の六五パーセント以上をなすときである。
（四）出席中の構成員本人または代理人による棄権は、全会一致を必要とする理事会の議決の成立を妨げない。

第二三九条
理事会の構成員はいずれも、他の一人の構成員に限り、その議決権の委任を受けることができる。

第二四〇条
（一）加盟国政府の常駐代表により構成される委員会は、理事会の作業を準備し、理事会から委託された任務を実行する責任を有する。この常駐代表委員会は、理事会の議事規則に定められている場合には、手続きに関する決定を行うことができる。
（二）理事会は、自ら任命した事務総長が率いる事務総局の補佐を受ける。
理事会は、事務総局の組織については、単純多数をもって決定する。

(三) 理事会は、手続き問題について、および議事規則の制定については、単純多数をもって決定する。

第二四一条

理事会は、共通目標の実現のために適切であると理事会が考える検討を実施して理事会に相応の提案を提出するように、委員会に要請することを、単純多数をもって決定することができる。委員会は、提案を提出しないときは、理事会にその理由を通知する。

第二四二条

理事会は、二条約に定める各種委員会の法的地位を、委員会に諮問した後、単純多数をもって決定する。

第二四三条

理事会は、欧州理事会議長、委員会委員長、外交・安全保障政策担当連合上級代表、委員会の構成員、欧州連合司法裁判所の各級裁判所の長官、裁判官および事務長、ならびに理事会事務総長のための給与、手当ておよび年金を定める。理事会は、同様に、報酬として支払われるすべての手当てを定める。

第四節　委員会

第二四四条

欧州連合条約第一七条第五項に則して、委員会の構成員は、欧州理事会が全会一致をもって定める輪番制に従って選出される。この制度は、以下の原則に基づく。

（a）加盟諸国は、委員会における自国の国民の順番および任期の決定に際し、完全に平等に扱われる。したがって、任意の二つの加盟国の国民が有する代表権の総数は、決して互いに一以上開くことはできない。

（b）a号を留保して、委員会は、連続するどの委員会をとっても、加盟諸国全体の人口的および地理的分布が十分に反映されるように構成される。

第二四五条

委員会の構成員は、自己の任務と相容れないいかなる行為もしてはならない。加盟国は、委員会の構成員の独立性を尊重し、同構成員の任務の遂行に際して影響を与えようとしてはならない。

委員会の構成員は、その任期中、報酬の有無を問わず、他の職業に従事してはならない。同構成員は、職務の行使中もその終了後も職務から生じる義務を果たし、特に職務の終了後に一定の地位または利益を受けるにあたっては、高潔にして自制的に振る舞う義務を果たすことを、就任に際して厳かに宣誓する。これらの義務に違反するときは、司法裁判所は、単純多数をもって決定する理事会または委員会の申立てに基づいて、当該構成員を、事情に応じて、第二四七条に従って罷免し、または年金請求権もしくはそれに代わって与えられる他の恩典を剥奪することができる。

第二四六条

通常の交替および死亡の場合を除き、委員会の構成員の職務は、辞任または罷免によって終了する。

辞任、罷免または死亡した構成員の代わりには、その残りの任期をもって当該構成員と同一の国籍を有する新たな構成員を、理事会が、委員会委員長の同意をもって、かつ欧州議会に諮問した後、かつ欧州連合条約第一七条第三項第二段の要求に従って任命する。

理事会は、特に退任する委員会の構成員の残りの任期が短いときは、後任を補充しないことを、委員会委員長の提案に基づいて、全会一致をもって決定することができる。

委員長の辞任、罷免または死亡のときは、その残りの任期をもって後任が任命される。交代には、欧州連合条約第一七条第七項第一段の手続きが適用される。

外交・安全保障政策担当連合上級代表の辞任、罷免または死亡のときは、その残りの任期をもって、欧州連合条約第一八条第一項に従って後任が任命される。

委員会の構成員は、全員が辞任するときは、欧州連合条約第一七条に従って、残りの任期の間に限り、後任が任命されるまで引き続きその職に留まり、当面の事務を行う。

第二四七条
職務遂行のための前提条件を満たさなくなった、または重大な過失を行った委員会の構成員はいずれも、単純多数をもって決定する理事会の申立てまたは委員会の申立てに基づき、司法裁判所がこれを罷免することができる。

第二四八条
委員会の管轄権は、欧州連合条約第一八条第四項を損なうことなく、委員長によって、同条約第一七条第六項に従って分類され、構成員の間に配分される。委員長は、任期中にこの管轄権の配分を変更することができる。委員会の構成員は、委員長より委任された任務を委員長の指揮の下に遂行する。

第二四九条
（一）委員会は、委員会およびその部局の秩序だった運営を保障するために、自ら議事規則を定める。委員会は、この議事規則の公表に努める。
（二）委員会は、毎年、遅くとも欧州議会の会期の開始一ヶ月前に、連合の活動についての一般報告を公表する。

第二五〇条
委員会の議決は、構成員の過半数をもってなされる。
定足数は、議事規則が定める。

第五節　欧州連合司法裁判所

第二五一条

司法裁判所は、欧州連合司法裁判所規則の定めに従って、小法廷または大法廷として審理する。

欧州連合司法裁判所規則が定める場合には、司法裁判所は全員法廷として審理する。

第二五二条

司法裁判所は、八人の法務官の補佐を受ける。司法裁判所の提議に基づいて、理事会は、法務官を、全会一致をもって増員することができる。

法務官は、欧州連合司法裁判所規則により法務官の協力が必要な訴訟については、公開の法廷で、理由を付した最終弁論を、完全に中立かつ独立して行わなければならない。

第二五三条

司法裁判所の裁判官および法務官には、独立の確実な保証を提示し、自分の国において最高の裁判官職に必要な前提条件を満たしている人物か、または卓越した能力を有すると認められている法律家が、選ばれなければならない。司法裁判所の裁判官および法務官は、第二五五条に定める委員会に諮問した後、加盟国の政府によって、相互の合意に基づいて、六年の任期で任命される。

三年ごとに、欧州連合司法裁判所規則に則して、裁判官および法務官の一部は交代する。

裁判官は、互選により、三年の任期で司法裁判所長官を選ぶ。再任は、認められる。

退任した裁判官および法務官の再任は、認められる。

司法裁判所は、事務長を選び、その地位を定める。

司法裁判所は、その手続き規則を制定する。同規則は、理事会の承認を必要とする。

第二五四条

一般裁判所の裁判官の数は、欧州連合司法裁判所規則に定める。同規則においては、一般裁判所が法務官の補佐を受けることを、定めることができる。

一般裁判所の構成員には、独立の確実な保証を提示し、裁判官の高度な活動を行う能力を有する人物が、選ばれなければばならない。一般裁判所の構成員は、第二五五条に定める委員会に諮問した後、加盟国の政府によって、相互の合意に基づいて、六年の任期で任命される。一般裁判所は、三年ごとに一部が交代する。退任した構成員の再任は、許される。

裁判官は、互選により、三年の任期で一般裁判所長官を選ぶ。再任は、許される。

一般裁判所は、事務長を任命し、その地位を定める。

一般裁判所は、その手続き規則を、司法裁判所との合意に基づいて制定する。同規則は、理事会の承認を必要とする。

欧州連合司法裁判所規則に特段の定めがない限り、司法裁判所に関わる二条約の規定は、一般裁判所に適用される。

第二五五条

第二五三条および第二五四条に従った加盟国政府による任命の前に、司法裁判所または一般裁判所の裁判官または法務官の職への応募者の適性について、意見を表明する任務を有する委員会が、設置される。

同委員会は、司法裁判所および一般裁判所の旧構成員、各国の最高裁判所の構成員、卓越した能力を有すると認められている法律家の中から選出される七名によって構成される。ただし、その内の一名は、欧州議会が提案する。理事会は、同委員会の運営規則を定めるための決定および同委員会の構成員を任命するための決定を、制定する。理事会は、司法裁判所長官の発議に基づいて決定する。

第二五六条

(一) 一般裁判所は、第二五七条に従って設置される専門裁判所に任される訴訟、および欧州連合司法裁判所規則に従って司法裁判所に留保される訴訟を除き、第二六三条、第二六五条、第二六八条、第二七〇条および第二七二条に挙げる訴訟の第一審における決定を、管轄する。欧州連合司法裁判所規則においては、一般裁判所が他の訴訟類型を管轄することを、定めることができる。

本項に基づく一般裁判所の決定に対しては、欧州連合司法裁判所規則に定める条件に則して、かつ同規則に定める制限内で、法律問題に限定した上訴を司法裁判所になすことができる。

(二) 一般裁判所は、専門裁判所の決定に対する上訴についての決定を、管轄する。

本項に基づく一般裁判所の決定は、連合法の統一または一貫性に関わる重大な危険が存在するときは、欧州連合司法裁判所規則に定める条件に則して、かつ同規則の定める制限内で、例外的に司法裁判所が審査し直すことができる。

（三）一般裁判所は、欧州連合司法裁判所規則に定める特別の専門分野においては、第二六七条による先行判決を、管轄する。

一般裁判所は、訴訟が、連合法の統一または一貫性に関わる可能性のある原則的決定を必要としていると考えるときは、当該訴訟の決定を司法裁判所に付託することができる。

先行判決の申立てについての一般裁判所の決定は、連合法の統一または一貫性に関わる重大な危険が存在するときは、欧州連合司法裁判所規則に定める条件に則して、かつ同規則に定める制限内で、例外的に司法裁判所が審査し直すことができる。

第二五七条

欧州議会および理事会は、通常の法律制定手続きに従って、一般裁判所に、特別の専門分野において起こされる特定の訴訟類型について、第一審の決定を管轄する付属の専門裁判所を、設置することができる。欧州議会および理事会は、委員会の提案に基づきかつ司法裁判所に諮問した後、または司法裁判所の提議に基づきかつ委員会に諮問した後、［二次法の］規則によって決定する。

専門裁判所の設置に関する前記規則においては、専門裁判所の構成のための規則および専門裁判所に委託される管轄分野が、定められる。

専門裁判所の決定に対しては、法律問題に限定した上訴を、または専門裁判所の設置に関する前記規則が定めているときは事実問題に関わる上訴についても、一般裁判所になすことができる。

専門裁判所の構成員には、独立の確実な保証を提示し、かつ裁判官の職を遂行する能力を有する人物が、選ばれなければならない。同構成員は、全会一致をもって理事会によって任命される。

専門裁判所は、司法裁判所と合意の上、その手続き規則を制定する。この手続き規則は、理事会の承認を必要とする。

専門裁判所の設置に関する前記規則に特段の定めがない限り、欧州連合司法裁判所に関わる二条約の規定および欧州連合司法裁判所規則が、専門裁判所に適用される。欧州連合司法裁判所規則第一編および第六四条は、いずれにしろ専門裁判所に適用される。

第二五八条

委員会は、加盟国が二条約の義務に違反したと考えるときは、これについて理由を付した意見を表明する。ただし委員会は、当該国に、予め意見を述べる機会を与えなければならない。

当該国が委員会の定めた期限内に委員会の意見に従わないときは、委員会は、欧州連合司法裁判所に提訴することができる。

第二五九条

加盟国はいずれも、他の加盟国が二条約より生じる義務に違反したと考えるときは、欧州連合司法裁判所に提訴することができる。

加盟国は、二条約より生じる義務に違反したとの理由で他の国を提訴する前に、事案を委員会に付託しなければならない。

委員会は、理由を付した意見を表明する。ただし委員会は、予め関係諸国に、対席手続きにおいて書面および口頭による意見を述べる機会を与える。

委員会に付託された時点から三ヶ月以内に委員会の意見表明が行われないときは、意見表明の欠如にかかわらず、欧州連合司法裁判所に提訴することができる。

第二六〇条

（一）欧州連合司法裁判所が加盟国は二条約より生じる義務に違反したと確認する場合には、当該国は、同司法裁判所の判決より生じる措置を講じなければならない。

（二）委員会は、当該加盟国が欧州連合司法裁判所の判決より生じる措置を講じなかったと考えるときは、その国に予め意見陳述の機会を与えた後に、欧州連合司法裁判所に提訴することができる。この場合、委員会は、当該加盟国が支払うべき一括額または制裁金であって、委員会が諸般の事情により適当だと考える額を、明記する。

欧州連合司法裁判所は、当該加盟国が自己の判決に従わなかったことを確認するときは、一括額または制裁金の支払いを科すことができる。

この手続きは、第二五九条には抵触しない。

（三）委員会は、法律制定手続きに従って制定された指令を実施するための措置を通知する義務に当該加盟国が違反したものと考え、これを第二五八条に従って欧州連合司法裁判所に提訴するときは、当該加盟国が支払うべき一括額または制裁金であって委員会が諸般の事情により適当だと考える額を明記することが、目的にかなうと判断する場合、これを明記することができる。

欧州連合司法裁判所は、違反を確認するときは、一括金または制裁金の支払いを、委員会が挙げた額に至るまで、当該加盟国に科すことができる。支払い義務は、欧州連合司法裁判所がその判決において定めた時点より生じる。

第二六一条

二条約に基づき、欧州議会および理事会が共同で制定する［一次法の］規則ならびに理事会が制定する［二次法の］規則は、中に定める制裁措置については、同措置の無制限の見直しおよび変更または実施の権限を含む管轄権を、欧州連合司法裁判所に移譲することができる。

第二六二条

二条約の他の規定を損なうことなく理事会は、特別の法律制定手続きに従って、欧州議会に諮問した後、全会一致をもって規定を制定し、これをもって欧州連合司法裁判所に、二条約に基づいて制定された知的財産のための欧州法を創造する二次法の適用に関係する訴訟について、決定を下す管轄権を、理事会が定める範囲において移譲することができる。

第二六三条

欧州連合司法裁判所は、法律の適法性、ならびに理事会、委員会および欧州中央銀行の勧告および意見を除く行為の適法性、ならびに欧州議会および欧州理事会の第三者に対する法的効果を有する行為の適法性を、審査する。同司法裁判所は同様に、連合の組織およびその他の部署の第三者に対する法的効果を有する行為の適法性を、審査する。

前段の目的のために欧州連合司法裁判所は、加盟国、欧州議会、理事会または委員会が、管轄違反、重要な形式規定の違反、二条約の違反もしくは二条約の実施に際して適用されるべき法規範の違反を理由に、または裁量権の濫用を理由に起こす訴訟を、管轄する。

欧州連合司法裁判所は、同一の前提の下に、自己の権利の擁護を目的として起こす会計検査院、欧州中央銀行および地域委員会の訴訟を、管轄する。

自然人または法人はいずれも、第一段および第二段に挙げる条件の下に、自己に向けられるかまたは自己に直接かつ個別に関係する行為に対して、ならびに自己に直接関係するが施行措置を伴わない規則の性格を有する二次法に対して、訴訟を起こすことができる。

連合の組織およびその他の部署を設置するための二次法においては、自然人または法人が、自己に対する法的効果を有するこれらの組織およびその他の部署の行為に対して、提訴するための特別の条件および細則を、定めることができる。

本条に定める訴訟は、二ヶ月以内に起こさなければならない。この期間は、事例ごとに進行を異にし、当該行為の公表の時から、当該行為を原告へ通知した時から、またはこれらが欠ける場合には当該行為を原告が知った時点から、進行する。

第二六四条

訴えに十分な理由があるときは、欧州連合司法裁判所は、異議を申し立てられた行為を無効と宣言する。

同司法裁判所は、行為を無効と宣言するときでも、必要と考える場合には、その行為の効果のうち、引き続き有効とみなされるべきものを表示する。

第二六五条

欧州議会、欧州理事会、理事会、委員会または欧州中央銀行が二条約に違反して議決をなすことを怠るときは、加盟国および連合の他の機関は、欧州連合司法裁判所に、条約違反確認訴訟を起こすことができる。本条は、義務を怠る連合の組織およびその他の部署にも、同じように適用される。

この訴えは、問題となる機関、組織またはその他の部署が行動するように予め要求されていたときにのみ、許される。当該の機関、組織またはその他の部署がこの要求後二ヶ月以内に態度を明らかにしなかったときは、その後二ヶ月以内に提訴することができる。

自然人または法人はいずれも、連合の機関、組織またはその他の部署が、勧告または意見表明以外の行為を当該自然人または法人になすことを怠ったことについて、第一段および第二段に則して、欧州連合司法裁判所に異議を申し立てることができる。

第二六六条

無効と宣言された行動を行った、または不作為を条約違反であると宣告された機関、組織またはその他の部署は、欧州連合司法裁判所の判決から生じる措置を講じなければならない。

この義務は、第三四〇条第二段の適用から生じる義務を損なわない。

第二六七条

欧州連合司法裁判所は、先行判決の方法によって、以下について決定する。

（a）二条約の解釈。

（b）連合の機関、組織およびその他の部署の行為の効力および解釈。

このような問題が加盟国の裁判所に提起され、加盟国裁判所が判決を出すためにはこれについての決定が必要であると考えるときは、加盟国裁判所は、この問題の決定を欧州連合司法裁判所に委ねることができる。

このような問題が、加盟国の裁判所に係属中の手続きの中で提起され、当該裁判所の決定自体がもはや国内法による上訴をもってしては争うことができないときは、当該裁判所は、欧州連合司法裁判所にこれを付託する義務を有する。

このような問題が、加盟国の裁判所に係属中の、拘禁中の人物に関係する手続きの中で提起されるときは、欧州連合司法裁判所は、早急に決定を下す。

第二六八条
欧州連合司法裁判所は、第三四〇条第二段および第三段に定める損害賠償に関する争いを、管轄する。

第二六九条
司法裁判所は、欧州連合条約第七条に従って制定された欧州理事会または理事会の二次法の適法性に関する決定については、欧州理事会または理事会による確認の対象となった加盟国の申立てに基づいてのみ、かつ同条に定める手続規定の遵守に関してのみ、管轄する。
この申立ては、それぞれの確認後一ヶ月以内に行われなければならない。司法裁判所は、申立てがなされてから一ヶ月以内に決定する。

第二七〇条
欧州連合司法裁判所は、連合とその職員との間の一切の争いを、連合の公務員規程および連合のその他の職員の雇用条件に定める条件に則して、かつその制限内で、管轄する。

第二七一条
欧州連合司法裁判所は、以下の規定に則して以下の争いを管轄する。
（a）欧州投資銀行定款から生じる加盟国の義務の履行に関する争い。同銀行の運営理事会は、その際、第二五八条において委員会に移譲された権限を有する。

（b）欧州投資銀行の役員会の議決に関する争い。各加盟国、委員会および同銀行運営理事会は、これについて第二六三条に則して提訴することができる。

（c）欧州投資銀行運営理事会の議決に関する争い。この議決に対しては、第二六三条に則して、加盟国または委員会のみが、欧州投資銀行定款第二一条第二項、第五項ないし第七項の規定違反を理由とするときに限り、争うことができる。

（d）二条約ならびに欧州中央銀行制度および欧州中央銀行の定款から生じる義務の加盟国中央銀行による履行に関する争い。欧州中央銀行役員会はその際、第二五八条において委員会に付与された加盟国に対する権限と同じ権限を、加盟国中央銀行に対して有する。加盟国中央銀行が二条約から生じる義務に違反したことを欧州連合司法裁判所が確認するときは、当該加盟国中央銀行は、欧州連合司法裁判所の判決より生じる措置を講じなければならない。

第二七二条

欧州連合司法裁判所は、連合によってまたは連合の負担において結ばれた公法的または私法的契約に含まれる仲裁条項に基づく決定を、管轄する。

第二七三条

司法裁判所は、二条約の対象と関連する加盟国間の争いが、仲裁裁判協定に基づいて自己に係属しているときは、この争いをすべて管轄する。

第二七四条

二条約に基づく管轄権が欧州連合司法裁判所に存しない限り、加盟国裁判所は、連合を当事者の一方とする争いの管轄権を剥奪されない。

第二七五条

欧州連合司法裁判所は、共通外交・安全保障政策に関する規定およびこの規定に基づいて制定される二次法については、管轄しない。

ただし欧州連合司法裁判所は、欧州連合条約第四〇条の遵守の監督については、および理事会が欧州連合条約第V編第二章に基づいて制定した自然人または法人に対する制限的措置に関する決定の適法性の監視に関係する訴訟であって、本条約第二六三条第四段の前提の下に起こされたものについては、管轄する。

第二七六条

自由、安全および正義の領域に関する第三部第V編第四章および第五章の規定の枠内における権限の行使に際して、欧州連合司法裁判所は、加盟国の警察もしくは他の犯罪追及機関の措置の、または公的秩序および国内治安の維持のための加盟国の管轄権行使の、効力または比例性の審査については、管轄しない。

第二七七条

第二六三条第六段に挙げる期間の経過にもかかわらず、各当事者は、連合の機関、組織またはその他の部署が制定した一般的適用性を有する二次法の適法性が争われる訴訟にあっては、欧州連合司法裁判所において、第二六三条第二段に挙げる理由から当該二次法が適用できないことを、主張することができる。

第二七八条

欧州連合司法裁判所への提訴は、停止効を有しない。ただし欧州連合司法裁判所は、事情により必要であると考えるときは、異議申立てのあった行為の実施を中止させることができる。

第二七九条

欧州連合司法裁判所は、自己に係属している事件においては、必要な仮処分を出すことができる。

第二八〇条

欧州連合司法裁判所の判決は、第二九九条に従って執行することができる。

第二八一条

欧州連合司法裁判所規則は、特別の議定書において定める。

欧州議会および理事会は、通常の法律制定手続きに従って、欧州連合司法裁判所規則を、その第Ｉ編および第六四条を除き、改正することができる。欧州議会および理事会は、司法裁判所の申請に基づきかつ委員会に諮問した後、または委員会の提案に基づきかつ司法裁判所に諮問した後、決定する。

第六節　欧州中央銀行

第二八二条

（一）欧州中央銀行および加盟国中央銀行は、欧州中央銀行制度（ＥＳＣＢ）を形成する。欧州中央銀行およびユーロを通貨とする加盟国の中央銀行は、ユーロ制度を形成し、連合の通貨政策を遂行する。

（二）欧州中央銀行制度は、欧州中央銀行の議決機関によって指導される。その優先的目標は、物価の安定性を確保することにある。この目標を損なうことなく欧州中央銀行制度は、連合の目標の実現に貢献するために、連合における一般的経済政策を支援する。

（三）欧州中央銀行は、法人格を有する。欧州中央銀行のみが、ユーロの発行を許可する権限を有する。欧州中央銀行は、その権限の行使およびその資金の管理において独立している。連合の機関、組織およびその他の部署ならびに加盟国政府は、この独立性を尊重する。

（四）欧州中央銀行は、その任務の遂行に必要な措置を、第一一七条ないし第一三三条および第一三八条に従い、かつ欧州中央銀行制度および欧州中央銀行の定款に則して、制定する。これらの条項に従って、ユーロを通貨としない加盟国およびその中央銀行は、通貨分野における自己の管轄権を保持する。

（五）欧州中央銀行は、自己の権限が及ぶ分野においては、連合の二次法のための全法案および加盟国の次元における全法案について、諮問を受け、意見表明を行うことができる。

第二八三条

（一）欧州中央銀行理事会は、欧州中央銀行役員会の構成員およびユーロを通貨とする加盟国の中央銀行総裁によって構成される。

（二）役員会は、総裁、副総裁およびその他四名の構成員によって構成される。

役員会の総裁、副総裁およびその他の構成員は、欧州理事会が、欧州議会および欧州中央銀行理事会に人選について諮問を行った理事会の勧告に基づき、通貨または銀行問題で定評がありかつ経験豊富な人物の中から、特定多数をもって選出し、任命する。

役員会の構成員の任期は八年とし、再任は許されない。

加盟国の国民のみが、役員会の構成員となることができる。

第二八四条

（一）理事会議長および委員会の構成員一名は、欧州中央銀行理事会の会議に参加することができるが、議決権を有しない。

理事会議長は、欧州中央銀行理事会に審議の動議を提出することができる。

（二）欧州中央銀行総裁は、理事会が欧州中央銀行制度の目標および任務に関わる問題を審議するときは、理事会の会議への参加を招請される。

（三）欧州中央銀行は、欧州議会、理事会および委員会ならびに欧州理事会にも、欧州中央銀行制度の活動ならびに前年およびその年の金融・通貨政策に関する年次報告を提示する。欧州中央銀行総裁は、この報告を理事会に提出し、またこれに基づいて一般審議を行うことができるように欧州議会に提出する。

欧州中央銀行総裁および役員会の他の構成員は、欧州議会の求めに従って、または自らのイニシャティヴに基づいて、欧州議会の管轄委員会の聴聞を受けることができる。

第七節　会計検査院

第二八五条

会計検査院は、連合の会計検査を行う。

会計検査院は、各加盟国一名ずつの国民により構成される。その構成員は、連合の全般的利益のために、完全に独立して自己の任務を遂行する。

第二八六条

（一）会計検査院の構成員には、それぞれの出身国において会計検査機関に属し、もしくは属したことのある、またはこの職務に特に適している人物を、選ばなければならない。同構成員は、独立性の確実な保証を提示しなければならない。

（二）会計検査院の構成員は、六年の任期で任命される。理事会は、個々の加盟国の提案に従って作成された構成員名簿を、欧州議会に諮問した後、採択する。再任は、許される。

会計検査院の構成員は、互選により、院長を三年の任期で選出する。再選は、許される。

(三) 会計検査院の構成員は、その義務の遂行にあたり、政府または他の部署から指示を仰いでも、受けてもならない。同構成員は、その任務と相容れないいかなる行為も差し控えなければならない。

(四) 会計検査院の構成員は、その任期中、報酬の有無を問わず、他の職業に就いてはならない。同構成員は、就任に際して、職務遂行中もその終了後も職務から生じる義務を果たし、特に職務の終了後に一定の地位または利益を受けるにあたっては高潔にして自制的に行動する義務を果たすことを、厳かに宣誓する。

(五) 通常の交代および死亡の場合を除き、会計検査院の構成員の職務は、辞任または第六項に則した司法裁判所による罷免によって終了する。

後任は、退任する構成員の残りの任期で任命される。

罷免の場合を除き、会計検査院の構成員は、後任が任命されるまで、その職に留まる。

(六) 司法裁判所は、会計検査院の申立てに基づき、同院の構成員がもはや必要な前提条件を満たさず、またはその職務から生じる義務を果たしていないことを確認したときに限り、当該構成員を罷免し、または恩給請求権もしくはこれに代わって与えられる他の恩典を奪うことができる。

(七) 理事会は、会計検査院の院長および構成員のための雇用条件、特に給与、手当ておよび年金を、定める。理事会は、報酬として支払われるその他すべての手当てを定める。

(八) 欧州連合司法裁判所の裁判官に適用される欧州連合の特権および免責に関する議定書の規定は、会計検査院の構成員にも適用される。

第二八七条

（一）会計検査院は、連合のすべての収入および支出に関する会計を検査する。会計検査院は同様に、連合によって設置された各組織またはその他の部署のすべての収入および支出に関する会計を検査する。ただし、設置法がこれを排除しているときは、この限りではない。

会計検査院は、欧州議会および理事会に、簿記の信頼性ならびに基礎となる取引きの適法性および規律性に関する宣言を提出し、この宣言は、欧州連合官報において公表される。同宣言は、連合のすべての大きな活動分野についての特別な評価によって補足することができる。

（二）会計検査院は、収入およ支出の適法性および規律性を検査し、財政運営の効率性について確認する。その際に、会計検査院は、特にすべての不正事例について報告する。

収入の検査は、収入の確定および連合への払い込みに基づいて行われる。

支出の検査は、支出義務および支払いに基づいて行われる。

これらの検査は、当該会計年度の決算の前に実施することができる。

（三）検査は、出納記録に基づき、必要に応じて連合の他の機関の現場において、連合の会計のために収支を管理する組織またはその他の部署の建物において、財政からの支払いを受ける自然人および法人の建物において、ならびに加盟国において、実施される。加盟国における検査は、各国の会計検査機関と連携しつつ、またはこの機関が必要な管轄権を有していないときは各国の管轄部局と連携しつつ、行われる。会計検査院および各国の会計検査機関は、それぞれの独立性を保持しつつ、深い信頼をもって協力する。これらの機関または部局は、会計検査院に、検査に参加する意思の有無を通知する。

連合の他の機関、連合の会計のために収支を管理する組織またはその他の部署、財政からの支払いを受ける自然人もしくは法人、各国の会計検査機関、またはこの会計検査機関が必要な管轄権を有していないときは各国の管轄部局は、会計検査院に対して、同院の請求により、同院の任務遂行に必要な記録または情報を、提出する。

連合の収支を管理する際の活動と関連する欧州投資銀行の情報を入手する会計検査院の権利は、会計検査院、同銀行、委員会の間の協定において取り決められる。会計検査院は、同銀行が管理する連合の収支を検査するために必要な情報については、相応の協定が存在しないときであっても、入手の権利を有す。

(四) 会計検査院は、各財政年度の終了後、年次報告を作成する。この報告は、連合の他の諸機関に提出され、欧州連合官報において、同院の所見に対するこれらの機関の回答と共に公表される。

会計検査院はさらに、随時、特別な問題に関する所見を、特に特別報告の形で、また連合の他の機関の要請があれば意見を、表明することができる。

会計検査院は、年次報告、特別報告または意見を、同院の構成員の過半数をもって採択する。ただし同院は、一定の種類の報告または意見の採択のために、議事規則に則して部会を設置することができる。

会計検査院は、予算執行の監督に際して欧州議会および理事会を補佐する。

会計検査院は、議事規則を自ら定める。この規則は、理事会の承認を必要とする。

第二章　連合の二次法、採択手続きおよびその他の規定

第一節　連合の二次法

第二八八条

連合の管轄権の行使のために、機関は、規則、指令、決定、勧告および意見を採択する。

規則は、一般的適用性を有する。規則は、そのすべての部分において拘束力を有し、いずれの加盟国においても直接に適用される。

指令は、それが宛てられたいずれの加盟国にも、達成されるべき目標に関して拘束力を有するが、形式および手段の選択は、国内官庁に任される。

決定は、そのすべての部分において拘束力を有する。決定は、特定の名宛人に向けられているときは、この名宛人に対してのみ拘束力を有する。

勧告および意見は、拘束力を有しない。

第二八九条

（一）通常の法律制定手続きは、委員会の提案に基づく欧州議会および理事会による規則、指令または決定の共同の採択である。この手続きは、第二九四条に定める。

（二）二条約に定める特定の場合においては、規則、指令または決定の採択は、特別の法律制定手続きとして、理事会の参加をもって欧州議会により、または欧州議会の参加をもって理事会により、行われる。

（三）法律制定手続きに従って採択される二次法は、法律である。

（四）二条約に定める特定の場合においては、法律は、加盟国のグループもしくは欧州議会の発議に基づいて、または欧州中央銀行の勧告に基づいて、または司法裁判所もしくは欧州投資銀行の提議に基づいて、制定することができる。

第二九〇条

（一）法律においては、当該の法律の特定の本質的ではない規定の補足または修正のための、法律の性格を有しないが一般的適用性を有する二次法を、制定する権限を、委員会に移譲することができる。

当該の法律においては、権限移譲の目標、内容、適用分野および期間が、明確に定められる。ある分野における本質的な側面は、法律に留め置かれ、したがって権限移譲はこれについては排除される。

（二）移譲が行われる条件は、法律において明確に定められる。その際には、以下のことが可能である。

（a）欧州議会または理事会は、移譲の撤回を決定することができる。

（b）委任二次法は、欧州議会または理事会が、当該法律に定められている期間内に異議を申し立てないときに限り、効力を生じることができる。

a号およびb号の目的のために、欧州議会は総議員の過半数をもって、理事会は特定多数をもって、決定する。

（三）委任二次法の名称には、「委任」という語が挿入される。

第二九一条

（一）加盟国は、連合の拘束力を有する二次法の施行のために必要なすべての措置を、国内法に従って講じる。

（二）連合の拘束力を有する二次法の施行のために統一的条件が必要とされるときは、当該二次法によって委員会に、または相応の理由のある特別な場合および欧州連合条約第二四条および第二六条に定める場合には理事会に、施行権限が移譲される。

（三）前項の目的のために、欧州議会および理事会は、加盟諸国が委員会による施行権限の行使を監督する拠り所となる一般的規則および原則を、通常の法律制定手続きに従って、予め［二次法の］規則によって定める。

（四）施行の二次法の名称には、「施行の」という語が挿入される。

第二九二条

理事会は、勧告を出す。理事会は、二条約に則して委員会の提案に基づいて二次法を制定するすべての場合においては、委員会の提案に基づいて決定する。連合の二次法の制定に全会一致が定められている分野においては、理事会は、全会一致をもって決定する。委員会、および二条約に定める特定の場合に欧州中央銀行は、勧告を出す。

第二節　採択手続きおよびその他の規定

第二九三条

（一）理事会は、二条約に従い委員会の提案に基づいて行動するときは、この提案を全会一致をもってのみ修正することができる。ただしこれは、第二九四条第一〇項および第一三項、第三一〇条、第三一二条、第三一四条ならびに第三一五条第二段による場合には適用されない。

（二）理事会が決定しない限り、委員会は、自己の提案を、連合の二次法の採択手続き中においてはいつでも変更することができる。

第二九四条

（一）二次法の採択に関して、二条約が通常の法律制定手続きについて述べているときは、以下の手続きが、適用される。

（二）委員会は、欧州議会および理事会に［法律］案を提出する。

第一読会

（三）欧州議会は、第一読会において自己の立場を定め、これを理事会に送付する。

（四）理事会が欧州議会の立場を承認するときは、当該の二次法は、欧州議会の立場の文言のままで制定されたものとする。

（五）理事会は、欧州議会の立場を承認しないときは、第一読会において自己の立場を定め、これを欧州議会に送付する。

（六）理事会は、第一読会において自己の立場を定めた理由について、詳細に欧州議会に通知する。委員会は、自己の立場について、十分に欧州議会に通知する。

第二読会

（七）欧州議会が、通知後三ヶ月以内に、

（a）第一読会における理事会の立場を承認するか、または意見を表明しなかったときは、当該の二次法は、理事会の立場の文言のままで制定されたものとし、

（b）第一読会における理事会の立場を総議員の過半数をもって否決したときは、提案された二次法は、制定されなかったものとし、

（c）総議員の過半数をもって、第一読会における理事会の立場に対する修正を提案したときは、修正案は、理事会および委員会に送付され、委員会は、この修正に対する意見を表明する。

（八）理事会が、欧州議会の修正案の受領から三ヶ月以内に特定多数をもって、

（a）この修正項目のすべてを承認したときは、当該の二次法は、制定されたものとし、

（b）修正項目の全部は承認しなかったときは、理事会議長は、欧州議会議長と合意の上、六週間以内に、調停委員会を招集する。

（九）委員会が拒否を表明した修正項目については、理事会は、全会一致をもって決定する。

調停

（一〇）理事会の構成員またはその代理およびそれと同数の欧州議会を代表する構成員によって構成される調停委員会は、理事会の構成員またはその代理の特定多数をもって、かつ欧州議会を代表する構成員の過半数をもって、招集より六週間以内に、第二読会における欧州議会および理事会の立場に基づいて合意を達成する任務を有する。

（一一）委員会は、調停委員会の活動に参加し、欧州議会および理事会の立場を接近させるために必要なあらゆるイニシャティヴを発揮する。

（一二）調停委員会がその招集から六週間以内に共同の案を承認しないときは、提案された二次法は、制定されなかったものとする。

第三読会

（一三）調停委員会がこの期間内に共同の案を承認するときは、欧州議会および理事会は、当該の二次法をこの法案どおりに制定するためには、この承認の時から六週間以内にこれを行う。ただし、その際には、欧州議会においては投票数の過半数が、理事会においては特定多数が必要である。これを欠く場合には、提案された二次法は、制定されなかったものとする。

（一四）本条に挙げる三ヶ月または六週の期間はそれぞれ、欧州議会または理事会の発議に基づいて、最大一ヶ月または二週間、延長される。

特別規定

（一五）一条約に定める場合で、法律が、加盟国のグループの発議、欧州中央銀行の勧告、または司法裁判所の提議に基づいて、通常の法律制定手続きにおいて制定されるときは、第二項、第六項第二文および第九項は適用されない。

これらの場合、欧州議会および理事会は、委員会に、二次法の法案ならびに第一読会および第二読会におけるそれぞれの自己の立場を送付する。欧州議会または理事会は、手続き中はいつでも、委員会に意見を求めることができる。ただし委員会は、自ら進んで意見を表明することもできる。委員会は、必要と判断する限り、第一一項に則して、調停委員会に参加することもできる。

第二九五条

欧州議会、理事会および委員会は、互いに協議し、合意によって協力の細則を定める。そのために、これらの機関は、二条約を遵守しつつ、拘束的な性格を有することも可能な組織間協定を締結することができる。

第二九六条

制定されるべき二次法の種類を二条約が定めていないときは、機関は、これについては、現行の手続きおよび比例性の原則を遵守しつつ、場合に応じて決定する。

二次法は、理由が付されていなければならず、二条約に定める提案、発議、勧告、提議または意見に言及する。

欧州議会および理事会は、法律案を審議しているときは、当該分野に適用される法律制定手続きによる採択が定められてはいないいかなる二次法も、採択しない。

第二九七条　公表および発効

（一）通常の法律制定手続きに従って制定された法律は、欧州議会議長および理事会議長が署名する。

特別の法律制定手続きに従って制定された法律は、それを制定した機関の長が署名する。

法律は、欧州連合官報において公表される。法律は、当該法律が定める時点に、またはその他の場合には公表後二〇日目に、発効する。

（二）規則、指令または特定の名宛人のない決定として制定された法律の性格を有しない二次法は、これを制定した機関の長が署名する。

規則および全加盟国宛の指令ならびに特定の名宛人のない決定は、欧州連合官報において公表される。これらの二次法は、当該二次法が定める時点に、またはその他の場合には公表後二〇日目に、発効する。

その他の指令および特定の名宛人に向けられた決定は、名宛人に通知され、この通知によって効力を生じる。

第二九八条

（一）連合の機関、組織およびその他の部署は、その任務を遂行するために、開かれた、効率的かつ独立の欧州行政機関に依拠する。

（二）この目的のための規定は、第三三六条に従った地位および雇用条件を顧慮しつつ、欧州議会および理事会が、通常の法律制定手続きに従って、［二次法の］規則によって定める。

第二九九条

支払いを義務づける理事会、委員会または欧州中央銀行の二次法は、執行可能な債務名義である。ただしこれは、加盟国に対しては適用されない。

強制執行は、執行地を領土とする加盟国の民事訴訟法の規則に従って行われる。執行文の授与は、各加盟国政府が、この目的のために決定し、委員会および欧州連合司法裁判所に指名しておく国内官庁によって、債務名義の真正についてのみ行うことが許される審査の後になされる。

当事者の申請によりこれらの形式が満たされたときは、当該当事者は、管轄官庁に直接申し立てることによって、強制執行を国内法に従って行うことができる。

強制執行は、欧州連合司法裁判所の決定によってのみ停止することができる。ただし、執行措置の適法性の審査については、加盟国の裁判機関が管轄する。

第三章　連合の諮問組織

第三〇〇条

（一）欧州議会、理事会および委員会は、諮問の任務を行う経済社会委員会および地域委員会の補佐を受ける。

（二）経済社会委員会は、使用者および労働者の組織の代表、ならびに市民社会の他の代表、特に社会・経済的、市民的、職業的および文化的分野の代表によって、構成される。

（三）地域委員会は、地域または地方の領域団体において選挙に基づく代表権を有するか、または選出された議会に対して政治的に責任を負う、地域および地方の領域団体の代表によって、構成される。

（四）経済社会委員会および地域委員会の構成員は、いかなる指示にも拘束されない。同構成員は、連合の全体的利益のために、完全に独立して職務を遂行する。

（五）これらの委員会の編成方法に関する第二項および第三項の規定は、連合における経済的、社会的および人口的変動を考慮するために、理事会が、定期的な間隔をおいて再検討する。理事会は、この目的のために、委員会の提案に基づいて決定を制定する。

第一節　経済社会委員会

第三〇一条

経済社会委員会は、最大三五〇名の構成員を有する。

理事会は、委員会の提案に基づいて、経済社会委員会の編成に関する決定を、全会一致をもって制定する。

理事会は、経済社会委員会の構成員の報酬を定める。

第三〇二条

（一）経済社会委員会の構成員は、五年の任期で任命される。理事会は、個々の加盟国の提案に従って作成された構成員名簿を採択する。同委員会の構成員の再任は、許される。

（二）理事会は、委員会に諮問した後、決定する。理事会は、経済社会生活の様々な部門および市民社会の代表的な欧州組織であって連合の行動に関心を持つ組織の意見を、聴取することができる。

第三〇三条

経済社会委員会は、互選により、委員長および役員を二年半の任期で選出する。

経済社会委員会は、自ら議事規則を定める。

経済社会委員会は、欧州議会、理事会または委員会の要請に基づいて、委員長によって招集される。経済社会委員会は、自ら進んで会合することもできる。

第三〇四条

経済社会委員会は、二条約に定める場合には、欧州議会、理事会または委員会からの諮問を受ける。経済社会委員会は、これらの機関が目的にかなうと判断するすべての場合に、これらの機関からの諮問を受けることができる。経済社会委員会は、目的にかなうと判断する場合には、自ら進んで意見を表明することができる。

欧州議会、理事会または委員会は、必要であると判断するときは、経済社会委員会に対して意見提出に期間を設ける。ただしこの期間は、経済社会委員会委員長がこれに関する通知を受領してから少なくとも一ヶ月とする。この期間の経過後は、意見表明の欠如は、その後の行動を妨げることができない。

経済社会委員会の意見および審議に関する報告は、欧州議会、理事会および委員会に送付される。

第二節　地域委員会

第三〇五条

地域委員会は、最大三五〇名の構成員を有する。

理事会は、委員会の提案に基づいて、地域委員会の構成に関する決定を、全会一致をもって制定する。

地域委員会の構成員および同数のその代理人は、五年の任期で任命される。再任は、許される。理事会は、個々の加盟国の提案に従って作成された構成員および代理人の名簿を、採択する。地域委員会の構成員の任期は、同構成員が提案された根拠となった第三〇〇条第三項に挙げる代表権の満了によって、自動的に終了する。残余の任期については、同一の手続きに従って後任が任命される。地域委員会の構成員は、欧州議会の議員を兼任してはならない。

第三〇六条

地域委員会は、互選により、委員長および役員を二年半の任期で選出する。

地域委員会は、自ら議事規則を定める。

地域委員会は、欧州議会、理事会または委員会の要請に基づいて、委員長が招集する。地域委員会は、自ら進んで会合することもできる。

第三〇七条
地域委員会は、二条約が定める場合、および欧州議会、理事会、委員会のいずれかの機関が目的にかなうと判断した他のあらゆる場合、特に国境を跨ぐ協力に関わる場合には、欧州議会、理事会または委員会からの諮問を受ける。

欧州議会、理事会または委員会は、必要であると判断するときは、地域委員会に対して意見提出に期間を設ける。ただしこの期間は、地域委員会委員長がこれに関する通知を受領してから少なくとも一ヶ月とする。この期限の経過後は、意見表明の欠如は、その後の行動を妨げることができない。

経済社会委員会が第三〇四条に従って諮問を受けるときは、地域委員会は、欧州議会、理事会または委員会により、［経済社会委員会に対する］この意見表明の要請について通知される。地域委員会は、特殊な地域的な利益に触れると考えるときは、相応の意見表明を行うことができる。

地域委員会は、目的にかなうと判断するときは、自ら進んで意見表明を行うことができる。

地域委員会の意見表明およびその審議に関する報告は、欧州議会、理事会および委員会に送付される。

第四章　欧州投資銀行

第三〇八条
欧州投資銀行は、法人格を有する。
欧州投資銀行の構成員は、加盟国である。

欧州投資銀行の定款は、議定書として二条約に添えられる。理事会は、欧州投資銀行の提議に基づきかつ欧州議会および委員会に諮問した後か、または委員会の提案に基づきかつ欧州議会および欧州投資銀行に諮問した後、特別の法律制定手続きに従って、欧州投資銀行の定款を、全会一致をもって変更することができる。

第三〇九条

欧州投資銀行の任務は、連合の利益のために、域内市場の均衡の取れた円滑な発展に貢献することにある。その際に、同銀行は、資本市場および独自の資金を利用する。この目的のために同銀行は、営利追求をすることなく、貸付けおよび信用保証により、全経済部門における以下に掲げる計画の資金調達を容易にする。

（a）後進地域の開発計画

（b）企業の近代化もしくは事業転換の計画、または域内市場の実現もしくは機能より生じる新規雇用の創出計画であって、その規模または性質のために個々の加盟国に存する資金では全額を融資できないもの。

（c）複数の加盟国に共通の利益となる計画であって、その規模または性質のために個々の加盟国に存する資金では全額を融資できないもの。

欧州投資銀行は、その任務の遂行において、連合の構造基金および他の融資機関からの支援と連携して投資計画の資金調達を容易にする。

第Ⅱ編　財政規定

第三一〇条

（一）連合の一切の収入および支出は、予算年度毎に見積りがなされ、予算に盛り込まれる。連合の年度予算は、第三一四条に則して、欧州議会および理事会が定める。予算の収入と支出は均衡するものとする。

（二）予算に盛り込まれた支出は、第三二二条による［二次法の］規則に従って、一予算年度に限り承認される。

（三）予算に盛り込まれた支出の執行は、連合の拘束力を有する二次法の制定を前提とし、当該二次法によって、連合の措置およびそれに相応する支出の執行は、第三二二条による［二次法の］規則に従って法的根拠を得る。ただし、この規則が例外を定めているときは、この限りではない。

（四）予算規律を確保するために、連合は、予算に著しい影響を与える可能性のある二次法を制定しない。ただし、二次法と結びつく支出に、連合の独自財源の枠内でかつ第三一二条による多年度財政枠を遵守しつつ資金を充当できることを保証する場合には、この限りではない。

（五）予算は、予算執行の効率性の原則に従って執行される。加盟国は、予算に盛り込まれた資金が、この原則に従って使用されることを保障するために、連合と協力する。

（六）連合および加盟国は、詐欺および連合の財政的利益を害するその他の違法行為を、第三二五条に従って克服する。

第一章　連合の独自財源

第三一一条

連合は、その目標を達成し、その政策を実施できるように、必要な資金を備える。

予算は、その他の収入を損なうことなく完全に独自財源から調達される。

理事会は、連合の独自財源制度に関する規定を定める［二次法の］決定を、特別の法律制定手続きに従って、欧州議会に諮問した後、全会一致をもって制定する。この決定においては、独自財源の新たなカテゴリーを導入することも、既存のカテゴリーを廃止することもできる。この決定は、加盟国のそれぞれの憲法的規定に従った同意を得た後に初めて、発効する。

理事会は、連合の独自財源制度の実施措置を定めることが、前段に従って制定される決定に定められている場合には、特別の法律制定手続きに従って、［二次法の］規則によってこれを定める。理事会は、欧州議会の同意を得た後、決定する。

第二章　多年度財政枠

第三一二条

（一）多年度財政枠によって、連合の支出がその独自財源の限度内で正しく行われるように保障されるものとする。

多年度財政枠は、少なくとも五年の期間について定められる。

連合の年度予算の策定に際しては、多年度財政枠が守られなければならない。

（二）理事会は、特別の法律制定手続きに従って、多年度財政枠を定める［二次法の］規則を制定する。理事会は、総議員の過半数をもってする欧州議会の同意を得た後、全会一致をもって決定する。

欧州理事会は、理事会が前段に挙げる規則を制定するときに特定多数をもって決定することを認める［二次法の］決定を、全会一致をもって制定することができる。

（三）多年度財政枠においては、支出類型ごとに配当額の年間上限および支払額の年間上限が定められる。支出類型の設定数を、若干のみとし、連合の主要な行動分野に対応する。

多年度財政枠には、年度ごとの財政手続きの円滑な進行に資するその他すべての規定も含まれる。

（四）理事会が前の多年度財政枠の終了までに新しい多年度財政枠を定める［二次法の］規則を制定しなかったときは、前の多年度財政枠の最終年度の上限およびその他の規定が、この二次法の制定に至るまで継続される。

（五）欧州議会、理事会および委員会は、前記二次法の制定を容易にするために、多年度財政枠の採択のための全手続きの間、あらゆる必要な措置を講じる。

第三章　連合の年度予算

第三一三条
財政年度は、一月一日に始まり、一二月三一日に終わる。

第三一四条
欧州議会および理事会は、連合の年度予算を、特別の法律制定手続きの枠内で、以下の規定に従って定める。
(一) 欧州中央銀行を除く各機関は、七月一日よりも前に、翌財政年度の自己の支出のための予算見積りを作成する。委員会は、これらの見積りを予算案にまとめる。ただしこの予算案は、これとは異なった見積りを含むことができる。
この予算案は、収入の概算および支出の概算を含む。
(二) 委員会は、欧州議会および理事会に、遅くとも当該財政年度に先行する年度の九月一日までに、予算案を提出する。
委員会は、第五項に挙げる調停委員会の招集に至るまでの手続きの進行中は、予算案を変更することができる。
(三) 理事会は、予算案に対する自己の立場を定め、この立場を遅くとも当該財政年度に先行する年度の一〇月一日までに、欧州議会に送る。理事会は、自己の立場を定めた理由について、詳細に欧州議会に通知する。
(四) 欧州議会が通知後四二日以内に、

（a）理事会の立場を承認したときは、予算は制定され、
（b）決定を行わなかったときは、予算は制定されたものみなされ、
（c）総議員の過半数をもって修正を採択したときは、当該修正案は、理事会および委員会に送られる。欧州議会議長は、理事会議長と合意の上、遅滞なく調停委員会を招集する。ただし調停委員会は、理事会が修正案の送付後一〇日以内に、修正のすべてを承認することを欧州議会に通知するときは、開かれない。
（五）理事会の構成員またはその代理および欧州議会を代表するこれと同数の構成員によって構成される調停委員会は、招集後二一日以内に、欧州議会の立場および理事会の立場に基づいて、理事会の構成員またはその代理の特定多数をもって、かつ欧州議会を代表する構成員の過半数をもって、共同の案について合意に達する任務を有する。委員会は、調停委員会の活動に参加し、欧州議会の立場と理事会の立場を接近させるために、あらゆる必要なイニシャティヴを発揮する。
（六）調停委員会が前項に挙げる二一日の期間内に共同の案に合意するときは、欧州議会および理事会は、この共同の案を承認するには、この合意の時から一四日の期間内にこれを行う。
（七）前項に挙げる一四日の期間内に、
（a）共同の案が欧州議会および理事会の双方から承認されるとき、もしくは両機関が議決を行わないとき、もしくは両機関の一方が議決を行わないが他方が共同の案を承認するときは、予算は、共同の案に沿って最終的に制定されたものとみなされ、または、
（b）共同の案が、欧州議会に総議員の過半数をもって否決されかつ理事会に否決されるとき、もしくは両機関の一方が議決を行わないが他方が共同の案を否決するときは、委員会は、新たな予算案を提出し、または、

(c) 共同の案が、理事会によって承認されるが、欧州議会によって総議員の過半数をもって否決されるときは、委員会は、新たな予算案を提出し、または、

(d) 共同の案が理事会に否決されるが欧州議会によって承認されるときは、欧州議会は、理事会による否決の日より一四日以内に、総議員の過半数かつ投票数の五分の三をもって、第四項c号に挙げる修正の全部または一部を承認することを、決定することができる。欧州議会の修正が承認されないときは、修正の対象である予算の内訳について調停委員会において合意された立場は、引き継がれる。予算は、これに基づいて最終的に制定されたものとみなされる。

(八) 調停委員会が第五項に挙げる二一日の期間内に共同の案について合意しないときは、委員会は、新たな予算案を提出する。

(九) 本条の手続きの終了後、欧州議会議長は、予算が最終的に制定されたことを確認する。

(一〇) 各機関は、本条に基づいて自己に属する権限を、二条約を遵守しつつ、ならびに二条約に基づいて特に連合の独自財源および収支均衡の分野において制定された二次法を遵守しつつ、行使する。

第三一五条

財政年度の開始時に未だ予算が最終的には制定されていないときは、第三二二条に従って定められる財政規則により、各費目について、毎月の支出を、前年度予算の当該費目に盛り込まれた額の一二分の一に至るまで行うことができる。ただしこの毎月の支出額は、予算案の同一費目の概算額の一二分の一を超えてはならない。

理事会は、前段のその他の規定を顧慮しつつ、第三二二条に則して制定される[二次法の]規則に従って、委員

会の提案に基づいて、この一二分の一を超過する支出を、許可することができる。理事会は、この［二次法の］決定を、遅滞なく欧州議会に送る。

前段に従った決定においては、第三一一条に挙げる二次法を顧慮しつつ、資金に関して本条の実施のために必要な措置が、定められる。

この決定は、欧州議会が三〇日の期間内に総議員の過半数をもってこの支出を削減することを決定しない限り、この決定の制定から三〇日後に発効する。

第三一六条

第三二二条に基づいて制定される規定に則して、人件費以外の支出に配当された資金は、予算の執行期間の終了までに使用されなかったときは、翌財政年度に限り繰り越すことが許される。

配当された資金は、費目に分類され、費目においては、種類または目的別に支出がまとめられる。費目は、第三二二条に則して定められる財政規則に従ってさらに分類される。

欧州議会、欧州理事会および理事会、委員会ならびに欧州連合司法裁判所の支出は、特定の共同支出のための特別規則を損なうことなく、予算の別々の部に記載される。

第四章　予算の執行および責任解除

第三一七条

委員会は、第三二二条に則して定められる財政規則に従って、独自の責任において、かつ配当額の枠内で、財政運営の効率性の原則に従って、加盟国と共に予算を執行する。加盟国は、配当額が財政運営の効率性の原則に従って使用されることを保障するために、委員会と協力する。

財政規則においては、予算の執行に際しての加盟国の監督・効率性審査義務およびこれと結びつく責任を、定める。財政規則においてはさらに、各機関が自己の支出を執行する際の責任および特別の細則を定める。

委員会は、第三二二条に則して定められる財政規則に従って、資金を費目から費目へ、または下位費目から下位費目へ移すことができる。

第三一八条

委員会は、欧州議会および理事会に毎年、予算執行に関わる前年度の会計を提出する。委員会はさらに、欧州議会および理事会に、連合の資産および債務に関する財務表を送付する。

委員会はさらに、欧州議会および理事会に、連合の財政についての評価報告を提出する。ただし同報告は、特に欧州議会および理事会が第三一九条に従って与えた指示の達成結果に、基づくものとする。

第三一九条

(一) 理事会の勧告に基づき、欧州議会は、委員会の予算執行責任を解除する。この目的のために欧州議会は、第三一八条に従った会計、財務表および評価報告、ならびに会計検査院の所見に対する被検査機関の回答を添付した同院の年次報告、第二八七条第一項後段に挙げる信頼性宣言、および会計検査院の関連特別報告を、理事会が審査した後に審査する。

(二) 欧州議会は、委員会を責任解除する前に、また委員会の予算権限の行使と関連する他の目的のためにも、委員会に対して、支出の執行または財政監督制度の運営方法について報告するように要求することができる。委員会は、求めに従って欧州議会に、あらゆる必要な情報を提供する。

(三) 委員会は、欧州議会の責任解除決定における所見、および支出の執行についての欧州議会の他の所見、ならびに理事会の責任解除勧告に添付されているコメントに従うために、目的にかなうあらゆる措置を講じる。

欧州議会または理事会の要請に基づき、委員会は、これらの所見およびコメントに基づいて講じた措置、特に予算執行を管轄する部署に与えた指示について、報告を行う。これらの報告は、会計検査院にも送付される。

第五章　共通規定

第三二〇条

多年度財政枠および年度予算は、ユーロ建てで編成される。

第三二一条

委員会は、関係加盟国の管轄官庁への通知を条件として、ある加盟国の通貨建ての自己の資産を、二条約に定める目的に使用するために必要な限りにおいて、別の加盟国の通貨建てに転換することができる。委員会は、現金または流動資産を、必要とする通貨建てで所有しているときは、可能な限りそのような転換を避ける。

委員会は、各加盟国との連絡を、各加盟国が指定した官庁を通じて行う。金融操作の実施に際しては、委員会は、当該加盟国の発券銀行または当該加盟国が認めた他の金融機関を利用する。

第三二二条

（一）欧州議会および理事会は、通常の法律制定手続きに従って、かつ会計検査院に諮問した後、［二次法の］規則によって以下のものを制定する。

（a）特に予算の編成および執行ならびに決算報告および会計検査の詳細を規律する財政規則。

（b）財政官ならびに特に支出認証官および会計官の責任の監督について規律する規定。

（二）理事会は、連合の独自財源規則に定める財政収入を委員会に引き渡す手続きの詳細、および場合により必要な現金を充当するために講じるべき措置を、委員会の提案に基づき、かつ欧州議会および会計検査院に諮問した後、定める。

第三二三条

欧州議会、理事会および委員会は、連合が第三者に対する法的義務を履行することを可能にする財政資金を備えることを、保障する。

第三二四条

委員会の発議に基づき、本編に従って定める財政手続きの枠内において、欧州議会議長、理事会議長および委員会委員長の定期的会合が招集される。これらの議長および委員長は、自分が長たる各機関の立場の調整および接近を促進し、もって本編の実施を容易にするために、あらゆる必要な措置を講じる。

第六章　不正対策

第三二五条

(一) 連合および加盟国は、詐欺および連合の財政的利益を害するその他の違法行為に対して、本条による措置によって対抗する。この措置は、抑止効果を有し、加盟国ならびに連合の機関、組織およびその他の部署において、効果的な防止を実現する。

(二) 連合の財政的利益を害する詐欺に対抗するために、加盟国は、自国の財政的利益を害する詐欺に対抗するために講じた措置と同じ措置を、講じる。

(三) 加盟諸国は、二条約のその他の規定を損なうことなく、詐欺から連合の財政的利益を守るための各国の行動を協調させる。加盟諸国は、この目的のために、委員会とともに、管轄官庁間の緊密な、定期的な協力のために尽力する。

（四）加盟国ならびに連合の機関、組織およびその他の部署における効果的かつ同等の防止を確保するために、欧州議会および理事会は、連合の財政的利益を害する詐欺の予防および対抗のために必要な措置を、通常の法律制定手続きに則し、かつ会計検査院に諮問した後、定める。

（五）委員会は、加盟国と協力しつつ、本条の実施のために講じられた措置に関する報告を毎年、欧州議会および理事会に提出する。

第Ⅲ編　強化協力

第三二六条

強化協力は、二条約および連合の法を尊重する。

強化協力は、域内市場ならびに経済的、社会的および領土的結束を害してはならない。強化協力は、加盟国間の貿易の障害にも差別にもなってはならず、また加盟国間の競争の歪みを生み出してもならない。

第三二七条

強化協力は、この協力に参加してしない加盟国の管轄権、権利および義務を尊重する。参加していない加盟国は、参加している加盟国による強化協力の実施を妨げない。

第三二八条

（一）強化協力は、設立に際して、設立を授権する決定が必要に応じて定める参加の前提条件を満たす限りにおいて、すべての加盟国に開放される。これは、加盟国が上記前提条件に加えて、この枠内においてすでに制定された二次法を顧慮する限り、その後のいずれの時点においても適用される。

委員会および強化協力に参加している加盟国は、可能な限り多くの加盟国の参加が促進されるように尽力する。

（二）委員会および必要に応じて外交・安全保障政策担当連合上級代表は、欧州議会および理事会に、強化協力の進展について定期的に報告する。

第三二九条

（一）連合が排他的管轄権を有する分野および共通外交・安全保障政策を除き、二条約の分野の一つにおいて、互いに強化協力を設立することを望む加盟諸国は、適用分野および計画中の強化協力によって追求する目標を記載した申請を、委員会に対して行う。委員会は、理事会に、相応の提案を提出することができる。委員会は、提案を提出しないときは、当該加盟諸国にその理由を通知する。

前段による強化協力を開始するための授権は、理事会が、委員会の提案に基づき、かつ欧州議会の同意を得た後に、行う。

（二）共通外交・安全保障政策の枠内において互いに強化協力を設立することを望む加盟諸国の申請は、理事会に対してなされる。この申請は、外交・安全保障政策担当連合上級代表および委員会に送付され、上級代表は、計画中の強化協力と連合の共通外交・安全保障政策との一貫性について、委員会は、特に計画中の強化協力と他の分野における連合の政策との一貫性について、それぞれ意見を表明する。この申請はさらに、通知のために欧州議会に送付される。

強化協力を開始するための授権は、理事会が全会一致をもって制定する決定によって行われる。

第三三〇条

理事会の全構成員はその審議に参加することができるが、強化協力に参加している加盟国を代表する理事会の構成員のみが、議決権を有する。

全会一致は、強化協力に参加している加盟国の代表の票のみに関係する。

特定多数は、第二三八条第三項の定めに従う。

第三三一条

（一）第三二九条第一項に挙げる分野の一つにおいて既に存在している強化協力に加わることを望む加盟国はいずれも、理事会および委員会に、その旨を通知する。

委員会は、通知の受領後四ヶ月以内に、当該加盟国の参加を承認する。その際に委員会は、参加の前提条件が満たされていることを、必要に応じて確認し、強化協力の枠内においてすでに制定されている二次法を適用するために必要な経過措置を、制定ずる。

ただし委員会は、参加の前提条件が満たされていないと考えるときは、この前提条件を満たすために制定されるべき規定を明らかにし、申請を改めて審査するための期間を定める。この期間の経過後、委員会は、前段に定める手続きに従って、申請を改めて審査する。委員会が参加の前提条件が引き続き満たされていないと考えるときは、当該加盟国は、この問題を理事会に付託することができ、理事会は、この申請について決定を下す。理事会は、第三三〇条に従って決定する。理事会はこの他、委員会の提案に基づいて、前段に挙げる経過措置を制定することができる。

（二）共通外交・安全保障政策の枠内における既存の強化協力への参加を望む加盟国はいずれも、理事会、外交・安全保障政策担当連合上級代表および委員会に、その旨を通知する。

理事会は、外交・安全保障政策担当連合上級代表に諮問した後、かつ必要に応じて参加の前提条件が満たされていることを確認した後、当該加盟国の参加を承認する。理事会は、上級代表の提案に基づいてさらに、強化協力の枠内においてすでに制定されている二次法を適用するために必要な経過措置を、講じることができる。ただし理事会は、参加の前提条件が満たされていないと考えるときは、この前提条件を満たすために必要な措置を明らかにし、参加申請を改めて審査するための期間を定める。

本項の目的のために、理事会は、第三三〇条による全会一致をもって決定する。

第三三二条

強化協力の実施より生じる支出は、諸機関の行政経費を除き、参加加盟国が負担する。ただし理事会が、欧州議会に諮問した後、理事会の全構成員の全会一致の［二次法の］決定によって、異なる決定をしたときは、この限りではない。

第三三三条

（一）強化協力の枠内において適用できる可能性のある二条約のある規定に従えば、理事会が全会一致をもって決定しなければならない場合でも、理事会は、第三三〇条による全会一致をもって、［二次法の］決定を制定し、これによって決定方法を特定多数による方法に変更することができる。

（二）強化協力の枠内において適用できる可能性のある二条約のある規定に従えば、二次法の制定は理事会が特別の法律制定手続きに従って行わなければならない場合でも、理事会は、第三三〇条による全会一致をもって、［二次法の］決定を制定し、これによって決定方法を通常の法律制定手続きに則した方法に変更することができる。理事会は、欧州議会に諮問した後、決定する。

（三）第一項および第二項は、軍事または防衛政策に関連する決定には適用されない。

第三三四条

理事会および委員会は、強化協力の枠内において実施される措置が相互にかつ連合の政策と一致することを確保し、そのために協力する。

第七部　一般規定および最終規定

第三三五条

連合は、いずれの加盟国においても、その国の法規に従って法人に認められている最大限の法的能力および取引能力を有する。連合は、特に動産および不動産を取得および譲渡し、ならびに訴訟の当事者となることができる。この目的のために、連合は、委員会によって代表される。これとは異なって連合は、個々の機関の活動に関わる問題においては、それぞれの行政的自治に基づいて、当該機関によって代表される。

第三三六条

欧州議会および理事会は、欧州連合公務員規程および連合のその他の職員の雇用条件を、他の関係諸機関に諮問した後、通常の法律制定手続きに従って、[二次法の] 規則によって制定する。

第三三七条

委員会は、自己に委託された任務を達成するために、必要なあらゆる情報を収集し、必要なあらゆる再検討を行う。そのための枠組みおよび詳細な規則は、理事会が、二条約の規定に則して、単純多数をもって定める。

第三三八条

(一) 欧州中央銀行制度および欧州中央銀行の定款に関する議定書第五条を損なうことなく、欧州議会および理事会は、連合の行動の遂行に必要なときには、統計の作成のための措置を、通常の法律制定手続きに従って定める。

(二) 統計の作成は、公平性、信頼性、客観性、学問的独立性、費用効率性および統計の秘密保持を守って行う。経済主体には、これによって過大な負担が生じてはならない。

第三三九条

連合の諸機関の構成員、種々の委員会の構成員、ならびに連合の公務員およびその他の職員は、その職務の終了後も、その本質からして職業機密に属す情報を、漏洩しない義務を負う。これは特に、企業に関する情報ならびに企業の取引関係またはコスト要素に関する情報に適用される。

第三四〇条

連合の契約責任は、当該の契約に適用される法に従う。

契約外責任の分野においては、連合は、その機関または職員が職務の遂行によって生じさせた損害を、加盟諸国の法秩序に共通の法の一般原則に従って補償する。

前段とは異なって、欧州中央銀行は、自己またはその職員が職務の遂行によって生じさせた損害を、加盟諸国の法秩序に共通の法の一般原則に従って補償する。

連合に対する職員の個人的責任は、職員の身分規程または職員に適用される雇用条件の規程に従う。

第三四一条
連合の諸機関の所在地は、加盟国政府間の合意に従って決められる。

第三四二条
連合の諸機関のための言語問題の規則は、理事会が、欧州連合司法裁判所規則を損なうことなく、［二次法の］規則によって、全会一致をもって定める。

第三四三条
連合は、加盟国領土においては、自己の任務の遂行に必要な特権および免責を、欧州連合の特権および免責に関する一九六五年四月八日の議定書に則して享受する。これは、同じく欧州中央銀行および欧州投資銀行に適用される。

第三四四条
加盟国は、二条約の解釈または適用に関する争いを、二条約が定める以外の方法では解決しない義務を負う。

第三四五条
二条約は、多様な加盟国における所有秩序を害さない。

第三四六条

（一）二条約の規定は、以下の規定には対立しない。

（a）加盟国は、情報の漏洩が自己の重大な安全保障上の利益に反すると考えるときは、情報を提供する義務を負わない。

（b）加盟国はいずれも、自己の重大な安全保障上の利益の維持に必要であると考える措置を、この措置が武器、弾薬および軍需物資の製造またはその取引きに関わる限りにおいて、講じることができる。ただしこの措置は、域内市場において、軍事目的専用とはされていない商品に関する競争条件を、害してはならない。

（二）理事会は、前項b号が適用される、理事会が一九五八年四月一五日に定めた商品リストを、委員会の提案に基づいて、全会一致をもって変更することができる。

第三四七条

いずれかの加盟国が国内の公的秩序の重大な撹乱に際して、戦争において、戦争の危険を意味する深刻な国際的緊張に際して、または平和および国際の安全の維持を顧慮して引き受けた義務を履行するために講じた措置によって、域内市場の機能が害されることを、共同の行動で阻止するために加盟諸国は、互いに協議する。

第三四八条

域内市場において、競争条件が第三四六条および第三四七条に基づく措置によって歪められるときは、委員会は、当該加盟国と共同で、この措置を二条約の規定にいかにして適応させることができるかを検討する。

第二五八条および第二五九条に定める手続きとは異なって、委員会または加盟国は、他の加盟国が第三四六条および第三四七条に定める権限を濫用していると考えるときは、司法裁判所に直接提訴することができる。司法裁判所は、非公開で決定する。

第三四九条

辺鄙、島嶼、狭小、困難な地勢および気候条件、少数の生産物への経済的依存といった要因が恒常的与件となりかつ複合しているために、発展を著しく妨げられるという困難を抱えているグァドループ島、フランス領ギアナ島、マルティニク島、レユニオン島、サン・バルテレミ島、サン・マルタン島、アゾレス諸島、マデイラ島およびカナリア諸島の構造的な社会的および経済的状況を考慮して、理事会は、特に、共通政策を含めた二条約の上記地域への適用のための条件を定めることを目的とする特別措置を、委員会の提案に基づき、かつ欧州議会に諮問した後、決定する。理事会は、当該の特別措置を、特別の法律制定手続きに従って制定するときは、同じく委員会の提案に基づき、かつ欧州議会に諮問した後、決定する。

前段による措置は、特に関税および通商政策、税政策、自由地帯、農漁業政策、原料および基本的消費財の供給条件、国家補助金、ならびに構造基金および連合の分野横断的計画の利用条件に、関わる。

理事会は、第一段に挙げる措置を、極めて辺鄙な地域の特徴および制約を考慮しつつ、しかし域内市場および共通政策をも含む連合の法秩序の一体性および一貫性を損なうことなく、決定する。

第三五〇条

二条約は、ベルギーとルクセンブルクとの間の、またベルギー、ルクセンブルク、オランダ間の地域連合の存続および実施とは、これらの地域連合の目標が二条約の適用をもってしても達成されない限り、対立しない。

第三五一条

一九五八年一月一日以前に、またはその後に加盟した国の場合にはその加盟以前に、一つまたは複数の加盟国と一つまたは複数の第三国との間で締結された協定から生じる権利および義務は、二条約によって害されることはない。

この協定が二条約と一致しない限り、当該加盟国は、確認された不一致を除去するためにあらゆる適切な手段を講じる。必要な場合には、加盟国は、この目的のために、互いに支援する。加盟国は、必要に応じて共通の態度を取る。

第一段に述べた協定の適用に際して加盟諸国は、各加盟国が二条約において付与した有利な地位は連合の設立の構成要素であり、したがってこの有利な地位は、共通の機関の設置、これらの機関への管轄権の移譲、および加盟国同士での同一の有利な地位の付与と、不可分の関係にあるという事情を、考慮する。

第三五二条

（一）二条約の目標の一つを実現するためには、二条約に定める政策分野の枠内での連合の行動が必要と思われるものの、二条約にはこのために必要な権限が定められていないときは、理事会は、委員会の提案に基づき、かつ欧州議会の同意を得た後、全会一致をもって適切な規定を制定する。この規定が理事会によって特別の法律制定手続きに従って制定されるときは、理事会は、委員会の提案に基づき、かつ欧州議会の同意を得た後、同じく全会一致をもって決定する

（二）委員会は、欧州連合条約第五条第三項による補完性の原則の遵守の監督手続きの枠内において、加盟国議会に対して、本条に依拠する提案について注意を喚起する。

（三）本条に基づく措置は、二条約が加盟諸国の法規の調和を排除している場合には、そのような調和を含んではならない。

（四）本条は、共通外交・安全保障政策の目標の実現のための基礎として用いることはできず、また本条に従って制定される二次法は、欧州連合条約第四〇条後段に定める制限内に留まらなければならない。

第三五三条

欧州連合条約第四八条第七項は、以下の諸条には適用されない。

——第三一一条第三段および第四段。

——第三一二条第二項前段。

——第三五二条。

——第三五四条。

第三五四条

連合の成員であることと結びつく特定の権利の停止に関する欧州連合条約第七条の目的のために、当該加盟国を代表する欧州理事会または理事会の構成員は議決権を有せず、また当該加盟国は、欧州連合条約第七条第一項および第二項による加盟国の三分の一または五分の四の計算の際には、加えられない。出席または代理している構成員の棄権は、同条第二項による決定の制定を妨げない。

欧州連合条約第七条第三項および第四項による決定の制定のための特定多数は、本条約第二三八条第三項b号の定めに従う。

理事会が、欧州連合条約第七条第三項に従って議決権の停止に関する決定を制定した後に、二条約の規定に基づいて特定多数をもって決定するときは、その特定多数は、本条約第二三八条第三項b号の定めに従う。ただし理事会が、委員会または外交・安全保障政策担当連合上級代表の提案に基づいて行動するときは、特定多数は、第二三八条第三項a号の定めに従う。

欧州連合条約第七条の目的のために、欧州議会は、投票数の三分の二の多数をもって、かつ総議員の過半数をもって、決定する。

第三五五条

二条約の適用領土に関する欧州連合条約第五二条の規定に加えて、以下の規定が適用される。

（一）二条約は、第三四九条に従ってグァデループ島、フランス領ギアナ、マルティニク島、レユニオン島、サン・バルテレミ島、サン・マルタン島、アゾレス諸島、マデイラ島およびカナリア諸島に適用される。

(二) 補遺Ⅱに列挙される海外諸地域・領土には、第四部に定める特別な連携制度が適用される。二条約は、グレートブリテンおよび北アイルランド連合王国と特別な関係を有し、上記補遺に列挙されていない海外諸地域・領土には、適用されない。

(三) 二条約は、対外関係を加盟国が代理する欧州の領土に適用される。

(四) 二条約は、オーストリア共和国、フィンランド共和国、スウェーデン王国の加盟条件に関する文書に対する第二議定書の規定に従って、オーランド諸島に適用される。

(五) 欧州連合条約第五二条および本条第一項ないし第四項とは異なって、

(a) 二条約は、フェレエルネ諸島には適用されない。

(b) 二条約は、キプロス島における［グレートブリテンおよび北アイルランド］連合王国の主権領域であるアクロティリおよびデケリアに適用される。ただしこれは、チェコ共和国、エストニア共和国、キプロス共和国、ラトヴィア共和国、リトアニア共和国、ハンガリー共和国、マルタ共和国、ポーランド共和国、スロヴェニア共和国およびスロヴァキア共和国の欧州連合への加盟条件に関する文書に添付された、キプロス島におけるグレートブリテンおよび北アイルランド連合王国の主権領域に関する議定書の規定の適用を、同議定書に則して保障するために必要である限りにおいてのみとする。

(c) 二条約は、カナリア諸島およびマン島に適用される。ただしこれは、一九七二年一月二二日に調印された、欧州経済共同体および欧州原子力共同体への新規加盟国の加盟に関する条約においてこれらの諸島のために定められている規定の適用を、保障するために必要である限りにおいてのみとする。

(六) 欧州理事会は、関係加盟国の発議に基づいて、第一項および第二項に挙げるデンマーク、フランスまたはオランダの諸地域・領土の連合に対する地位を変更する決定を、制定することができる。欧州理事会は、委員会に諮問した後、全会一致をもって決定する。

第三五六条　有効期限

本条約は、無期限に有効である。

第三五七条　批准および発効

本条約は、条約締結国による、その憲法的規定に従った批准を必要とする。批准文書はイタリア共和国政府に寄託される。

本条約は、最後の批准文書が寄託された月の翌月の一日に発効する。最後の寄託から翌月の開始までの日数が一五日に満たないときは、本条約は、寄託された月の翌々月の一日に発効する。

第三五八条

欧州連合条約第五五条の規定は、本条約に適用可能である。

右証拠として、全権署名者は本条約に署名した。

ローマにて、一九五七年三月二五日。

［署名者については省略――訳者］

注

（1）この条約の最初の締結以来、ブルガリア共和国、チェコ共和国、デンマーク王国、エストニア共和国、ギリシャ共和国、スペイン王国、アイルランド、キプロス共和国、ラトヴィア共和国、リトアニア共和国、ハンガリー共和国、マルタ、オーストリア共和国、ポーランド共和国、ポルトガル共和国、ルーマニア共和国、スロヴェニア共和国、スロヴァキア共和国、フィンランド共和国、スウェーデン王国、グレートブリテンおよび北アイルランド連合王国が、新たに欧州連合の加盟国となった。

「リスボン条約」解題

小林　勝

一　「リスボン条約」の内容（二）

（Ⅰ）新二条約の構造

(a)「欧州共同体」の呼称廃止

欧州連合に加盟する二七カ国の首脳が二〇〇七年一二月一三日に調印した「リスボン条約」とは、「欧州連合（EU）条約」と「欧州共同体（EC）設立条約」を改正する条約であり、この二条約の条文の改正を具体的に指示している。改正の多くは、断念せざるを得なかった「欧州憲法条約」の内容を引き継いだものである。

「リスボン条約」が発効するまでは、いうまでもなく既存の「欧州連合条約」と「欧州共同体設立条約」が有効である。この二条約はこれまでに何度か改正されているが、直近の改正は、「アムステルダム条約」（一九九七年一〇月調印、一九九九年五月発効）と「ニース条約」（二〇〇一年二月調印、二〇〇三年二月発効）よる改正である。

この解題の校了時（二〇〇九年二月初旬）においても、前記二条約が有効であるが、以下においては、便宜的に現行の「欧州連合条約」を「旧欧州連合条約」と呼び、「リスボン条約」による改正後の「欧州連合条約」を「新欧州連合条約」と呼ぶことがある。また、現行の「欧州共同体設立条約」を「旧欧州共同体設立条約」と呼ぶことがある。「欧州共同体設立条約」の名称は、「リスボン条約」によって「欧州連合の運営方法に関する条約」に変更されることになるが、これを簡単に「欧州連合運営条約」と呼ぶことがある。さらに、現行の二条約を「旧二条約」

または「ニース条約」と呼び、「リスボン条約」による改正後の二条約を「新二条約」または「リスボン条約」と呼ぶことがある。

「リスボン条約」が旧二条約に改正を施すという方法を採ったのは、「欧州憲法条約」の失敗が影響している。新条約として調印された「欧州憲法条約」は、二〇〇五年五月のフランスと同年六月のオランダの国民投票による否決によって、断念せざるを得なくなった。両国のみならず他の欧州連合加盟国にも、「欧州憲法条約」に対する強い反対運動が起こっていた。この運動が支持されたのは、欧州連合が「スーパー国家化」し、加盟国の多くの主権が奪われ、生活に悪影響が出るのではないかという懸念が拡がっていたためである。「欧州憲法条約」の「憲法」という名称がその懸念を一層強めていた。

欧州連合加盟国の首脳たちの間には、この懸念を払拭するためには、「欧州憲法条約」の内容を変更するだけでは不十分で、名称も「欧州基本条約」に変更しようという案もあった。新条約にするにせよ、既存の二条約を改正するにせよ、各国による批准は必要である。新条約にした場合、少なからぬ国では憲法的規定により、または政治的判断から、国民投票を実施しなければならないことになるが、その場合は新条約の確実な批准、発効は保証されない。フランス、オランダのみならず、英国等の国民投票の結果が懸念されるからである。結局、国民投票による否決という危険を避けるために、国民投票の実施を可能な限り回避し、議会による批准で済ませることのできる後者の方法が選択されることになった。すなわち、既存の二条約の改正という方法である。こうして「リスボン条約」は、既存の二条約に大幅な改正を施し、そこに若干の変更を施した「欧州憲法条約」の内容を移すことになった。なお、アイルランドでは、憲法の規定により、この場合でも国民投票の実施が必要であり、二〇〇八年六月一二日の国民投票により否決された。

既存の二条約の改正の際に、「欧州連合の運営方法に関する条約」に変更されるが、この名称変更は、「欧州連合の運営方法に関する条約」の管轄する範囲が、「欧州共同体設立条約」の管轄する範囲――純然たる経済的分野だけではなく多様な分野を管轄しているが、主たる管轄分野は依然として経済的分野である――を越えることになったために必要となったものである。この名称変更とともに、「欧州共同体（ＥＣ）」という正式の呼称は廃止され、今後は常に「欧州連合（ＥＵ）」という呼称が使用されることになる。

(b) **列柱構造の廃止**

「欧州連合条約（マーストリヒト条約）」（一九九二年二月調印、一九九三年一月発効）によって創設された欧州連合は現在、管轄する分野と運営方法の異なる三つの柱によって構成されている。三つの柱とは、「欧州共同体」（第一の柱）、「共通外交・安全保障政策」（第二の柱）、「警察協力および刑事事件における司法協力（以下、「警察・刑事司法協力」と呼ぶ）」（第三の柱）である。欧州連合の持つこの構造は、「列柱構造」または「神殿構造」と呼ばれているが、「リスボン条約」によって廃止されることになる。

第一の最も重要な柱である「欧州共同体」（ＥＣ、複数形）は、「欧州共同体」（ＥＣ、単数形）と「欧州原子力共同体」より成り、両共同体を運営するために必要な拘束力を持つ二次法（「規則」、「指令」、「決定」）の制定には、それぞれ「欧州共同体設立条約」および「欧州原子力共同体設立条約」の規定に従って、超国家的機関である閣僚理事会、欧州議会、欧州委員会が関与する。

具体的には、①拘束力を持つ二次法の「発議権」（＝法案の提出権）は欧州委員会がほぼ独占している、②拘束力を持つ二次法は通常、加盟国の閣僚級の代表によって構成される閣僚理事会における特定多数によって成立する

（条約の文言では「単純多数決」が通常の決定方法となっているが、重要事項には「前会一致」または「特定多数決」による決定を条約が定めている）、③拘束力を持つ一部の二次法の制定に、欧州議会が積極的に「参加」する（その方法には「共同決定手続き」と「立法協力手続き」がある）。

また、「欧州共同体設立条約」および「欧州原子力共同体設立条約」ならびにそれらの規定に従って制定される前記二次法の統一的解釈は、欧州司法裁判所が行うことになっている。

第一の柱である「欧州共同体」のこのような運営方法は「共同体方式」と呼ばれており、「欧州共同体設立条約」および「欧州原子力共同体設立条約」によって設置された超国家的諸機関に権限の多くが集中し、これらの機関の下す決定に加盟国が法的に拘束されることを言い表している。

なお、「欧州原子力共同体」が核エネルギー分野における協力を管轄し、管轄範囲と目的は同共同体の設立以来ほとんど変わっていないのに対して、「欧州共同体」はこれまで、管轄範囲と目的を次第に拡大してきた。すなわち設立当初の正式名称が「欧州経済共同体」であったことからも明らかなように、その管轄範囲は主として経済的分野であった。しかし今日では、「域内市場」と「経済・通貨同盟」の設立と運営といった経済分野だけではなく、さらに運輸、社会政策、環境、研究・技術開発、保健衛生、教育、文化、消費者保護、難民・庇護・移住、民事事件における司法協力等の政策分野にもその管轄権を拡大し、それとともに目的も拡大し、すでに設立当初の純粋な経済的共同体ではなくなっている。

第二の柱である「共通外交・安全保障政策」は、「欧州連合条約」においてのみ規定されている加盟国政府間の協力制度であり、その運営方法は「共同体方式」とは大きく異なる。

すなわち、「共通外交・安全保障政策」の分野において重要な役割を果たすのは、欧州理事会と閣僚理事会であり、前者が決定的な役割を果たす。加盟国の首脳および欧州委員会委員長によって構成される欧州理事会は、法的拘束力を持つ決定を行うことは出来ないが、「共通外交・安全保障政策」の「共通戦略」、「原則」および「一般的指針」を、コンセンサス方式によって定める。これらは、欧州連合の行動の長期的枠組みを定めるものであり、特に「共通戦略」は、欧州連合の行動の目標、期間ばかりではなく、欧州連合および加盟国が提供すべき手段についても明記し（以上、「欧州連合条約」第一三条第一項・第二項）、閣僚理事会の行動を強く拘束し、閣僚理事会がこれを実施することになる。

閣僚理事会は、欧州理事会の定める「一般的指針」に基づいて、「共通外交・安全保障政策」の実施等に必要な決定を下し、欧州理事会の定める「共通戦略」を実施するために、特に「共同行動」、「共通の立場」を採択する（「欧州連合条約」第一三条第三項）。「共同行動」は、欧州連合の行動が必要となる具体的な状況が生じた場合に、その行動の目標、規模、手段、期間等を定めるものである（同第一四条第一項）。「共通の立場」とは、特定の地域的問題または特定のテーマについての欧州連合の考え方を定めるものである（同第一五条）。

「共通外交・安全保障政策」の分野における閣僚理事会の決定は、原則として全会一致によって行われる。棄権は全会一致の成立を妨げないが、棄権する加盟国に割り当てられている持ち票の合計が、全加盟国の持ち票総数の三分の一を超える場合には、全会一致は成立しない（以上、「欧州連合条約」第二三条第一項）。その他、閣僚理事会は、「共同行動」、「共通の立場」およびその他の決定を行うときは、全会一致をもってする。また、この「共同行動」や「共通の立場」を実施するための決定を制定するときは、特定多数をもって行うが、いずれかの加盟国が、国政上の重要な理由を具体的に挙げて拒否すると、議決はなされない。このように、「共通外交・安全保障政策」の分野においては、加盟国に拒否権が保障されている。また、軍事・防衛政策と関連する事項には、特定多数決は適用されない（以上、同第二三条第二項）。手続き問題の決定は、単純多数決によって行われる（同第二三条第三項）。

この分野における第三国や国際組織との国際協定の締結交渉は、第一の柱の場合とは異なって欧州委員会が行うのではなく、閣僚理事会議長が行い、原則として閣僚理事会の全会一致に基づいて締結される。欧州委員会は、交渉に際して、閣僚理事会議長を補佐するだけである（「欧州連合条約」第二四条）。

このように、「共通外交・安全保障政策」の分野では、加盟国の意向を無視した決定は行われない。「共通外交・安全保障政策」が政府間協力制度であるといわれる所以である。

そのため、欧州委員会の権限も、この分野においては限定されている。すなわち、欧州委員会はこの分野の活動に「全面的に参加する」とされてはいるが（「欧州連合条約」第二七条）、閣僚理事会に「共通外交・安全保障政策」の問題を審議させ、「提案」を提出し（同第二二条第一項）、閣僚理事会の緊急会議の招集を同理事会議長に要請し（同第二二条第二項）――以上の諸権限は加盟国も持っている――、また閣僚理事会に要請された場合に「共同行動」の実施を保証するための「提案」を提出し（同第一四条第四項）、閣僚理事会議長が国際組織や国際会議において欧州連合の立場を代表するとき等の場合に参加し（同第一八条第四項）、また前述の通り閣僚理事会議長の国際協定締結交渉に際して補佐する程度である。「共通外交・安全保障政策」分野の決定の実施に責任を持つのは、欧州委員会ではなく、閣僚理事会議長である（同第一八条第二項）。閣僚理事会議長はその際、欧州連合理事会事務総長を兼任する共通外交・安全保障政策担当上級代表の補佐を受ける（同第一八条第三項）。

欧州議会の権限となると、なお一層限定されている。すなわち欧州議会は、「共通外交・安全保障政策」の重要な側面および基本的な変更について、閣僚理事会議長より諮問を受ける。欧州議会のその際の見解は「十分に考慮される」が、決して閣僚理事会を拘束することはできない。欧州議会はまた、「共通外交・安全保障政策」の展開について、閣僚理事会議長および欧州委員会より定期的に報告を受け、閣僚理事会に勧告や質問を行い、年に一度、同政策の実施状況について審議することができるだけである（「欧州連合条約」第二一条）。

欧州司法裁判所は、この分野を全く管轄しない。

第三の柱である「警察・刑事司法協力」も、第二の柱と同様に「欧州連合条約」においてのみ規定されている加盟国政府間の協力制度である。ここでの主たる行動主体は、閣僚理事会である。閣僚理事会は加盟国の高官より成る「調整委員会」の補佐を受け、同委員会が閣僚理事会に意見を提出し、閣僚理事会の決定の準備に協力する（第三六条）。決定は、閣僚理事会のみが行う。

閣僚理事会の議決には、「共通の立場」、「枠組み決定」、「決定」、「協定」等がある。「共通の立場」は、特定の問題についての欧州連合の対処の仕方を決めるものである。「枠組み決定」は、加盟国間の法令の接近を図るためのものであり、達成すべき目標のみが加盟国を拘束し、目標を実現するための形式と手段の選択は加盟国に任せられる。これは、「欧州共同体設立条約」における「指令」に相当する。「決定」は、加盟国の法令の接近以外を目的として行われる議決である。ここでの「決定」は、拘束力を持つが、直接効果を持たない。閣僚理事会はまた、この「決定」を実施するための措置を定める「決定」を議決する。「協定」は、加盟国間の協定であり、通常、加盟国の過半数が批准すると批准を済ませた加盟国において発効する。さらに閣僚理事会は、「協定」を実施するための措置（以下、「協定実施措置」と呼ぶことがある）を議決する。

閣僚理事会の上記の議決は、原則として全会一致をもって行われる。例外は、実施に関する議決と手続きに関する議決である。「決定」を実施するための措置を定める「決定」は特定多数をもって、「協定実施措置」は、三分の二の多数をもって議決される。手続き問題は単純多数をもって議決される（以上、「欧州連合条約」第三四条第二・第三・第四項）。

この分野における第三国や国際組織との国際協定の締結交渉、締結については、第二の柱の場合と同じである。すなわち、締結交渉は欧州委員会が行うのではなく、閣僚理事会議長が行い、原則として閣僚理事会の全会一致に基づいて締結される。欧州委員会は、交渉に際して、閣僚理事会議長を補佐するだけである（「欧州連合条約」第三八条）。

欧州委員会は、この分野における発議権を持ってはいるが、独占しているわけではなく、加盟国と共有している（「欧州連合条約」第三四条第二項）。また欧州委員会は、この分野の活動に「全面的に参加する」（同第三六条第二項）とされてはいるが、行動できる余地は狭い。確かに欧州委員会は、「枠組み決定」および「決定」の無効確認訴訟の提訴権を加盟国と共有している（同第三五条第六項）等の点では、第二の柱の場合よりも大きな権限を持っているが、権限は第一の柱の場合よりも格段に小さい。

この分野における欧州議会の行動の余地も同様に小さい。すなわち欧州議会は、閣僚理事会が「枠組み決定」や「決定」、加盟国間「協定」を採択する前に閣僚理事会から諮問を受け、一定の期間内に自己の意見を表明し、実施された活動について閣僚理事会議長および欧州委員会から定期的に報告を受け、閣僚理事会に質問または観告を行い、毎年一度この分野における進展について審議するだけである（「欧州連合条約」第三九条）。

この分野における欧州司法裁判所の権限も、第一の柱の場合とは比較にならないほど限定されている。すなわち同裁判所は、「枠組み決定」および「決定」の効力および解釈、加盟国間「協定」の解釈、「実施措置」の効力および解釈について、「先行判決」をもって判断を下すことができ（「欧州連合条約」第三五条第一項）、また加盟国または欧州委員会が起こす「枠組み決定」および「決定」の無効確認訴訟を管轄し（同第三五条第六項）、この分野の措置（「共通の立場」、「枠組み決定」、「決定」、「協定」、「実施措置」）の解釈または適用に関する加盟国間の争いであって、閣僚理事会が六ヶ月以内に解決できなかったものや、「協定」の解釈または適用に関する加盟国と欧州委員会との間の争いを管轄するだけである（同第三五条第七項）。

なお、「警察・刑事司法協力」は、「欧州連合条約（マーストリヒト条約）」（一九九二年二月調印、一九九三年一一月発効）においては「司法・内務協力」と呼ばれており、「欧州共同体設立条約」によっては規定されず、「欧州連合条約」によってのみ規定されていた。しかし、「アムステルダム条約」（一九九七年一〇月調印、一九九九年五月発効）によって、「司法・内務協力」のうち「人の移動」（特に「難民・庇護・移住」）と「民事事件における司法協力（以下、「民事司法協力」と呼ぶ）」が、「欧州共同体」の管轄に移されたため、「司法・内務協力」の内容は「警察協力」および「刑事司法協力」のみとなった。そのため、「司法・内務協力」の名称も「警察・刑事司法協力」に変更された。

欧州連合の「列柱構造」ないしは「神殿構造」とはこのような構造を指すが、「リスボン条約」はこれを廃止して、単一の構造をつくる（ただし、「欧州原子力共同体」は今後も存続し、「欧州原子力共同体設立条約」に従って運営される）。すなわち、これまで三つの柱の間にあった垣根が取り払われ、三つの柱がそれぞれ管轄していた分野は、欧州連合に関する二つの条約によって統一的に運営されることになる。

(c) 新二条約の任務分担と関係

新二条約によって、欧州連合の統一的運営がなされるとはいえ、決定方法がすべて統一されるというわけではない。特に、「共通外交・安全保障政策」は、二条約に特段の定めがない限り、欧州理事会および閣僚理事会が全会一致をもって定め、その際には「法律」（後述）の制定は排除される（「新欧州連合条約」第二四条第一項後段）。すなわち、「共通外交・安全保障政策」の決定は欧州理事会および閣僚理事会が行い、欧州議会の同意を必要としない。また「共通外交・安全保障政策」に関する規定およびこの規定に基づいて制定される二次法については、原則として欧州連合司法裁判所は管轄しない（「欧州連合条約」第二四条第一項後段、「欧州連合運営条約」第二七五条）。したがって、「共通外交・安全保障政策」には加盟国政府間の協力制度という性格が引き続き残る。

これに対して、これまでは「共通外交・安全保障政策」と同じく政府間協力制度であった「警察・刑事司法協力」は、その性格を変える。すなわち、この分野における二次法は原則として、閣僚理事会と欧州議会が、「通常の法律制定手続き」（後述）に従って共同で制定することになる〔「欧州連合運営条約」第八二条第二項、第八三条第一項・第二項（一部）、第八四条、第八五条第一項、第八七条第二項、第八八条第二項〕。この「通常の法律制定手続き」においては、閣僚理事会は特定多数をもって決定し、全会一致を必要としない。確かに、閣僚理事会が「特別の法律制定手続き」（欧州議会への「諮問」または「同意」を必要とする手続き。後述）に従って、全会一致をもって制定する場合（同第八六条第一項、第八七条第三項、第八九条）、欧州理事会が欧州議会の「同意」を得て全会一致をもって制定する場合（同第八六条第四項）、欧州理事会への付託が行われる場合（同第八二条第三項前段、第八三条第三項前段、第八六条第一項第二段、第八七条第三項第二段）も残されているが、「警察・刑事司法協力」はもはやかつてのような政府間協力制度ではなくなる。この分野における二次法は司法審査の対象となる。

なお、「警察・刑事司法協力」の性格がこのように変更された代償として、「欧州連合運営条約」は、加盟国議会に、この分野における二次法が「補完性の原則」（後述）を遵守しているかを法案段階から監視する役割を認める規定を、特に置いている（第六九条）。その一方でまた、この分野における「強化協力」（後述）の設置を容易にする規定も設けている（同第八二条第三項後段、第八三条第三項後段、第八六条第一項第三段、第八七条第三項第三段）。

このように、「共通外交・安全保障政策」とそれ以外の分野との間には、決定方法についての違いが残る。本来ならこの二種類の分野は、一つの新たな条約によって規律されるべきであったが、先述の通り、旧二条約の改正という方法を採ることになった。そのため、新二条約にはそれぞれ次のような任務が割り当てられた。すなわち、「新欧州連合条約」には、概ね総則にあたる規定の他に、「共通外交・安全保障政策」についての特別規定が盛り込まれ、他方の「欧州連合運営条約」には、「共通外交・安全保障政策」以外の分野に関する運営規定が盛り込まれた。

このように、規定する分野を異にした新二条約は形式的には別個の条約であるが、事実上ひとつの条約と見なしてよく、法的に上下・優劣の関係にはなく、「二条約は法的に同列にある」（「新欧州連合条約」第一条、「欧州連合運営条約」第一条）。

(d) 欧州連合の法人格

欧州連合はこれまで法人格を持っていなかったため、権利および義務の主体にはなれなかった。法人格を持つ「欧州共同体」が、欧州連合に代わって第三国または国際機関等と協定等を締結していた。「リスボン条約」により、「欧州共同体」はなくなり、欧州連合が新たに法人格を持つことになる（「新欧州連合条約」第四八条。なお欧州連合の機関、組織で法人格を有するのは欧州中央銀行および欧州投資銀行だけである）。欧州連合は「欧州共同体」に取って代わり、その法的継承者となる（「同第一条第三段）。

（Ⅱ）管轄権と補完性の原則

(a) 管轄権の種類

「リスボン条約」により、欧州連合と加盟国の管轄分野は、以下のように区分された。

第一に、欧州連合が排他的管轄権を持つ分野である。これは、関税同盟、競争規則の決定、ユーロ圏の通貨政策、共通漁業政策の枠内での海洋生物資源の保全、共通通商政策、一定の場合の国際協定の締結である（「欧州連合運営条約」第三条）。これらの政策分野においては、欧州連合のみが立法的行動をし、拘束力を有する二次法を制定することができる。加盟国はこれらの分野においては、欧州連合から授権されているとき、または欧州連合の二次法を施行する場合にのみ、行動することが許される（同第二条第一項）。

これとは別に、「欧州連合運営条約」第二条第四項が、共通防衛政策の漸進的決定を含む共通外交・安全保障政策の策定および実施は、欧州連合が管轄すると規定しているが、この分野でも欧州連合が排他的管轄権を持つ。この分野の政策は、二条約に特段の定めがない限り、欧州理事会および閣僚理事会が全会一致をもって決定し、実施するが、決定を実際に実行に移すのは、外交・安全保障政策担当連合上級代表および加盟国である（「新欧州連合条約」第二四条第一項後段）。特に、共通安全保障・防衛政策の分野では、加盟国または加盟国のグループが、その実施のために非軍事的および軍事的手段を提供する（同第四二条第三項前段）。欧州連合は、「連合外部におけるミッション」を、加盟国の提供する「能力」を用いて遂行し（同第四二条第一項）、またこれを加盟国のグループに委任することもできるが（同第四二条第五項）、これは欧州連合が決定し、自らの名において実行する政策分野である。

この共通外交・安全保障政策の分野が、欧州連合の他の排他的管轄権の分野とは別に規定されたのは、両者の決定方法が異なるためである。すなわち、すでに述べた通り、共通外交・安全保障政策の決定には、欧州議会の同意は必要ではない。したがってこの分野での「法律」（後述）の制定は排除され、欧州連合司法裁判所の司法審査も原則として及ばない（「新欧州連合条約」第二四条第一項後段）。

第二に、共有管轄権の分野である。これは、域内市場、一定の場合の社会政策、経済的・社会的・領土的結束、農漁業（ただし海洋生物資源の保全を除く）、環境、消費者保護、運輸、欧州横断ネットワーク、エネルギー、自由・安全・正義の領域、一定の場合の公衆衛生、研究・工業技術開発・宇宙飛行、開発協力・人道援助の政策分野である（「欧州連合運営条約」第四条）。

これらの共有管轄権の分野においては、欧州連合の管轄権が優先するが、欧州連合は「補完性の原則」（後述）に従って行動しなければならない。加盟国がこの分野で行動できるのは、欧州連合が自己の管轄権を行使しなかったとき、または欧州連合が自己の管轄権を行使しないと決定したときである（「欧州連合運営条約」第二条第二項）。ただし、研究・工業技術開発・宇宙飛行、および開発協力・人道援助の政策分野においては、欧州連合の管轄権と加盟国の管轄権との間に優先順位はなく、したがって欧州連合が管轄権を行使した場合でも、加盟国は管轄権を行使することができる（同第四条第三項・第四項）。

第三に、欧州連合が加盟諸国の措置を「支援し、協調させ、補完するための措置」を講じる分野である（「欧州連合運営条約」第二条第五項前段第一文）。これは、人の健康の保護および増進、産業、文化、旅行、一般教育・職業教育・青年・スポーツ、防災、行政の協力の分野である（同第六条）。これらの分野における欧州連合の管轄権は、加盟諸国の管轄権に代わるものではなく（同第五条前段第二文）、またこれらの分野における欧州連合の拘束力を有する二次法は、加盟諸国の法規の調和を行うものであってはならない（同第五条後段）。

これとは別に、「欧州連合運営条約」第二条第三項および第五条が、欧州連合に、加盟諸国の経済政策、雇用政策、社会政策を協調させるための措置を講じる役割を与えている。この役割は、上記の第三の管轄権に含めてもいいのであろうが、協調させる措置を講じるだけで、支援し、補完する措置を講じることは許されないため、第三の管轄権とは別に規定したものと思われる。したがって、これを第四の管轄権としよう。

第三および第四の管轄権を、便宜的に「補完的管轄権」と呼ぶことにする。

最後に、加盟国のみが管轄権を持つ分野である。これについては、具体的分野は挙げられておらず、「二条約において連合に移譲されていない全ての管轄権は、加盟国のもとに留まる」（「欧州連合運営条約」第四条第一項、第五条第二項）と規定されている。

なお、「新欧州連合条約」第四八条第二項は、二条約の改正目的を「二条約において連合に移譲された管轄権の拡大または縮小」としており、欧州連合の統合を深化させることだけではなく、後退させることも可能であることが明示された。すなわち、条約改正によって、欧州連合の管轄権を加盟国に返上することも可能である。ただし、この新たな規定が実際に適用されて、欧州連合の管轄権が縮小されることは考えにくい。この規定は、欧州連合の「スーパー国家化」という懸念を配慮して盛り込まれたものであろう。

(b) 弾力条項

加盟国の専属的管轄権についての規定にもかかわらず、欧州連合は、加盟国のみが管轄権を持つ分野においても行動することが可能である。というのも、「欧州連合運営条約」第三五二条が、「旧欧州共同体設立条約」第三〇八条にもあった弾力条項（柔軟条項とも言う）を残しているためである。

弾力条項とは、二条約の目標の一つを実現するために、「欧州連合運営条約」が定める政策分野の枠内で、欧州連合が行動することが必要と思われるものの、二条約が欧州連合にそのための権限を与えていないときは、閣僚理事会に一定の手続きに従って二次法を制定することを許す規定のことである。ただし、この弾力条項の発動には制限が付されている。すなわち、弾力条項に基づく措置は、二条約が加盟諸国の法規の調和を排除している場合には、そのような調和を含むものであってはならず、また弾力条項の発動は、共通外交・安全保障政策の目標を実現するためであってはならない。

このように弾力条項が存在するため、欧州連合と加盟諸国の管轄分野は必ずしも峻別されているとはいえない。

(c) 「補完性の原則」

欧州連合が行動するときに遵守すべき原則が三つある。

第一に、「限定的個別授権の原則」である。これは、欧州連合の行動原則の一つである（「欧州連合運営条約」第七条）と同時に、管轄権の区分に当たり適用された原則でもある（「新欧州連合条約」第五条第一項第一文）。

「限定的個別授権の原則」とは、欧州連合は、二条約によって移譲されている場合にのみ管轄権を行使するという原則である。すなわち、我々がすでに見たように、欧州連合は原則として、排他的管轄権、共有管轄権、補完的管轄権を有する分野でしか行動せず、これ以外の分野の管轄権は全て加盟国のもとに留まる。

第二、第三の原則が、「補完性の原則」と「比例性の原則」である。この二つは、欧州連合が排他的管轄権を有する分野以外で行動する場合に遵守しなければならない原則である（「新欧州連合条約」第五条第一項第二文）。

欧州連合法における「補完性の原則」とは、欧州連合が行動する場合には、①欧州連合が追求しようとしている目標が加盟国（国家、地域、地方の各レベルを含む）の行動だけでは十分に満足のいく結果を得られない場合であって、②その目標の範囲または効果ゆえに欧州連合が行動したほうがより良く達成できる、という二条件が満たされていなければならない、という原則である。

「新欧州連合条約」の「補完性の原則」についての文言は、「旧欧州共同体設立条約」第五条のそれとほぼ同じであり、「共同体」という語が「連合」という語に置き換えられた点を除けば、重要な変更は一箇所である。すなわち、「新欧州連合条約」第五条第三項は、「補完性の原則に従って連合は、その排他的管轄権に属さない分野においては、検討中の措置の目標が、加盟国によっては中央、地域および地方のいずれの次元においても十分には達成できず、むしろその範囲または効果ゆえに連合の次元においてより良く達成できるときに限り、かつその程度において、行動する」と定めており、傍線を施した語を新たに追加した。

この変更の意図は、前半部から自動的に後半部の結論を出すことを禁じることにある。すなわち、加盟国によっては十分に達成できないことを理由に、直ちに欧州連合のほうがより良く達成できるという結論を導くことを禁じることにある。

この変更により、欧州連合が行動する場合には、加盟国が行動するよりもより良い結果を生むことを厳密に証明する義務が生じる。

これまでも、「旧欧州共同体設立条約」の付属議定書である「補完性および比例性の原則の適用に関する議定書」が、「補完性の原則」の遵守についての詳細な規定を盛り込んでいた。すなわち欧州共同体法のいずれの提案も、「補完性の原則」（および「比例性の原則」）が遵守されていることを基礎づけなければならず、欧州共同体が行動したほうが目標をより良く達成できることを、質的基準または可能な限り量的基準に基づいて確認しなければならないとされていた。また、特に欧州委員会が法案を提出する際には、「補完性の原則」を遵守していることを詳細な資料をもって基礎付け、欧州共同体、加盟国政府、地方政府、経済界および市民の財政的負担・支出が極力少なくなるように配慮することを義務付けていた。

新二条約の同名の付属議定書は、概ね旧議定書の規定を引き継いだが、若干の変更を行っている。すなわち第一に、欧州連合の次元での行動が目標をより良く達成できることの確認は、質的基準および可能な限り量的基準に基づいて行われなければならないとした。第二に、欧州委員会の「法律」案だけではなく、他の機関等（欧州議会、加盟国グループ、欧州中央銀行、欧州投資銀行、司法裁判所）の「法律」の制定を目的とした提案等に対しても、「補完性の原則」（および「比例性の原則」）が遵守されているかどうかの判断を可能にするような詳細な資料を添付した記載を設けることを義務付けており、この記載には財政的影響の予測、特に「法律案」（同議定書にいう「法律案」は、欧州委員会の「法律」案のみならず、欧州議会の発議、加盟国グループの発議、欧州中央銀行の勧告、欧州投資銀行の提議、司法裁判所の提議など、「法律」の制定を目的としたものの全てを含む）が二次法の一種である「指令」の制定を目指すものである場合には、加盟国ないし自治体によって制定される法規に対する影響についての資料が含まれていなければならないとした。

第三の原則が、「比例性の原則」である。これは、欧州連合の講じる措置は、内容的にも形式的にも、二条約の定める目標を達成するために必要な限度を超えてはならないという原則である。

(d) 「補完性の原則」遵守の監視に果たす加盟国議会の役割

欧州連合が「補完性の原則」を遵守しているかどうかを監視する役割が、加盟国議会に与えられ（「新欧州連合条約」第五条第三項後段第二文、同第一二条b号、「欧州連合運営条約」第六九条）、加盟国議会は、間接的にではあるが、一定の条件を満たせば欧州委員会の提出する「法律」案を葬り去ることもできるようになった。具体的な手続きは、「補完性および比例性の原則の適用に関する議定書」が定めている。

同議定書によると、欧州連合の全ての「法律案」および修正案は、加盟国議会に送付される（同議定書第四条）。加盟国の議会および各院は、当該「法律案」が「補完性の原則」と一致していないと判断する場合には、受領後八週間以内であれば、その根拠を示した書面を、欧州議会議長、閣僚理事会議長および欧州委員会委員長に提出することができる（同議定書第六条）。このような書面が提出された場合、当該「法律案」または修正案の提出者は、この書面に示された態度を考慮しなければならない（同議定書第七条第一項）。

このような書面を提出する議会が三分の一以上になると（一院制の議会は二票を、二院制の議会は各院が一票を持つとして計算する）——自由、安全および正義の領域に関する規定に基づく「法律案」の場合には四分の一以上が必要——、当該「法律案」の提出者は「法律案」の再検討をしなければならない。「法律案」の提出者はその場合でも、加盟国議会の見解には拘束されず、元の「法律案」を維持することも、変更することも、撤回することもできるが、いずれの場合にも、理由を明らかにしなければならない（同議定書第七条第二項）。

しかし、上記の手続きの他に、「通常の法律制定手続き」（後述）の枠内において、欧州委員会が「法律」案の提案者である場合には、次のような手続きが適用される。すなわち、上と同じ方法で計算する過半数の加盟国議会が当該「法律」案は「補完性の原則」に一致していないとの見解を明らかにした書面を提出する場合であって、欧州委員会が再検討後も元の「法律」案を維持する場合には、欧州委員会は、元の「法律」案は「補完性の原則」に一致しているという自己の見解を、加盟国議会の見解と一緒に、「法律制定者」（閣僚理事会および欧州議会）に送らなければならない。この場合、閣僚理事会が構成員の総数の五五パーセント以上の多数をもって、または欧州議会が投票総数の過半数をもって、この「法律」案は「補完性の原則」に一致していないとの態度を明らかにすると、当該「法律」案は廃案になる（同議定書第七条第三項）。

このような欧州連合の「法律」制定過程における加盟国議会の役割の強化は、欧州連合の「スーパー国家化」という批判への対応策である。「法律」案を廃案にするか否かは、最終的には欧州議会（および閣僚理事会）に委ねられているとはいえ、このような制度は欧州議会の存在意義を巡る議論を引き起こすことになろう。

(Ⅲ) 二次法の種類と「法律制定手続き」

(a) 二次法の種類

「旧欧州共同体設立条約」は第二四九条で(「欧州原子力共同体設立条約」も第一六一条で)、その目的を達成するための法的手段として、「規則」、「指令」、「決定」、「勧告」および「意見」の五つの二次法(=派生法)を規定している。また「旧欧州連合条約」においても、「共通外交・安全保障政策」の分野では「共通戦略」、「原則」、「一般的指針」および「決定」が、「警察・刑事司法協力」の分野では「共通の立場」、「枠組み決定」、「決定」、「協定」等の二次法があり、複雑である。

「欧州共同体」(および「欧州原子力共同体」)の五つの二次法のうち、法的拘束力を有する「規則」、「指令」および「決定」の制定は、主として閣僚理事会が行い、一部については欧州委員会が行っている。欧州議会には単独の制定権は与えられておらず、三五程度の分野において閣僚理事会と共同で立法を行うことができるだけである。

このうち「規則」は、「一般的適用性」を持ち、すなわち加盟国の国内法への転換を必要とせずに適用され、その文言のすべてが拘束力を持つ。「規則」が、明文で当該「規則」の実施規則を制定する権限を欧州委員会に移譲していれば、その場合に限り欧州委員会も、当該「規則」を実施するための「規則」を制定することができる。

「指令」は、加盟国に宛てられる二次法であるが、達成すべき目標のみが拘束力を有し、この目標を達成するための形式と手段の選択は各加盟国に任される。

「決定」は、その中に述べられている名宛人に対して、その文言のすべてに拘束力を有する。

「勧告」および「意見」は、拘束力を有しない。

「リスボン条約」は、二次法の名称と効力を「旧欧州共同体設立条約」（および「欧州原子力共同体条約」）が定める上記の五種に制限した（「欧州連合運営条約」第二八八条）。ただしその際、各政策分野、各事項に予定されている二次法の制定主体と決定方法は大きく変更された。また、「決定」については、特定の名宛人のないものも認められることになった（同第二八八条第四段、同第二九七条第二項）。

(b) **「法律の性格を有する二次法」と「法律の性格を有しない二次法」**

「リスボン条約」はさらに、二次法の区別について新たな考え方を導入した。すなわち、「法律の性格を有する二次法」と「法律の性格を有しない二次法」の区別である。

「法律」とは、閣僚理事会および欧州議会という二つの法律制定機関が共同で、または一方が他方の「参加」をもって「法律制定手続き」（後述）に従って制定する二次法を指し、「規則」、「指令」、「決定」のいずれかの法形式を採る（「欧州連合運営条約」第二八九条第一項・第二項・第三項）。

「法律」の制定は、二条約に特段の定めがない限り、欧州委員会の提案に基づいてなされる（「新欧州連合条約」第一七条第二項第一文）。すなわち、「法律」案の提出権は、欧州委員会がほぼ独占している。

これに対して、「法律」以外の二次法は「法律の性格を有しない二次法」（「欧州連合運営条約」第二九〇条第一項、第二九七条第二項）と呼ばれ、その制定は、「法律制定手続き」によらず、また欧州議会の同意を必要としない。このうち「拘束力」を持つものは、「法律」の場合と同様に「規則」、「指令」、「決定」のいずれかの法形式を採る。

「法律」以外の二次法は、欧州委員会の提案に基づくことが二条約に定められているときは、欧州委員会の提案に基づいて制定される（「新欧州連合条約」第一七条第二項第二文）。

なお、多くの政策分野においては、制定されるべき二次法の種類と制定主体が定められているが、少なからぬ分野においては、二次法の種類が定められていない。条文において、「措置を制定する」、「措置を決定する」、「法規を制定する」等の表現がそれであり、この場合は「機関」が二次法の種類を定める（「欧州連合運営条約」第二九六条第一段）。この「機関」は多くの場合、欧州委員会である。

(c) 「委任二次法」と「施行二次法」

「一般的適用性」を有するが「法律の性格を有しない二次法」としては、以下の二種類が重要である。すなわち第一に、欧州委員会が制定する「委任二次法」である。これは、「法律」が、当該「法律」の「本質的ではない規定の補足または修正」のために、「一般的適用性」を有するが「法律の性格を有しない二次法」を制定する権限を、欧州委員会に移譲している場合に、同委員会が制定する二次法である。

この委任が有効であるためには、当該「法律」の中に、権限移譲の目標、内容、適用分野および期間が明示されていなければならない。欧州委員会には、この「委任二次法」をもって当該「法律」の本質的規定を変更することは許されていない。欧州議会および閣僚理事会は、この権限移譲を撤回することができる（「欧州連合運営条約」第二九〇条）。

第二に、「施行二次法」である。通常、欧州連合の拘束力を持つ二次法の施行に必要な全ての措置は、加盟国が国内法に従って講じる。しかし、拘束力を持つ二次法の施行に統一的な条件が必要とされる場合には、当該二次法によって欧州委員会に、また十分に理由がある特別の場合ならびに「新欧州連合条約」第二四条および第二六条に定める場合（「共通外交・安全保障政策」）には、閣僚理事会に、施行権限を移譲することができる。この権限を行使して欧州委員会または閣僚理事会が制定する二次法が、「施行二次法」である（「欧州連合運営条約」第二九一条）。

(d) 「法律制定手続き」

「法律の性格を有する二次法」すなわち「法律」は、「法律制定手続き」によって採択され（「欧州連合運営条約」第二八九条第三項）、二条約に特段の定めのない限り、欧州委員会の提案に基づいて制定される（「新欧州連合条約」第一七条第二項第一文）。

「法律制定手続き」には、「通常の法律制定手続き」と「特別の法律制定手続き」の二種類がある。前者の「通常の法律制定手続き」は、欧州議会と閣僚理事会が共同で「法律」を制定する手続さである（「欧州連合運営条約」第二八九条第一項）。「通常の法律制定手続き」においては、二条約に特段の定めがない限り、欧州議会は投票数の過半数をもって（「欧州連合運営条約」第二三一条）、閣僚理事会は特定多数をもって（「新欧州連合条約」第一六条第三項）決定する。

旧二条約においては、主たる立法機関は閣僚理事会であり、欧州議会は三五程度の分野において閣僚理事会と共同で立法することができるだけであった。この手続きは「共同立法手続き」と呼ばれていた。「リスボン条約」により、欧州議会には閣僚理事会と並ぶ主たる「法律制定者」の地位が与えられ、かつての「共同立法手続き」は簡略化され、適用範囲も拡大され、通常の立法手続きとなり、「通常の法律制定手続き」という呼び名が与えられた。その手続きの詳細は、「欧州連合運営条約」第二九四条が定めている。

「通常の法律制定手続き」においては、欧州議会および閣僚理事会に「法律」案を提出する権限は、原則として欧州委員会が持つ（「欧州連合運営条約」第二八九条第一項、第二九四条第二項）。しかし、例外があり、欧州委員会の「提案」によるだけではなく、四分の一以上の加盟国による「発議」（「欧州連合運営条約」第七六条b号、第八二条第一項・第二項、第八三条第一項・第二項、第八四条、第八五条第一項第二段、第八七条第二項、第八八条第二項）、欧州中央銀行の「勧告」（同第一二九条第三項）、司法裁判所の「提議」（同第二五七条第一段）によっても「法律」を制定できることが定められている場合がある。この権利が行使された場合には、これらの「発議」、「勧告」、「提議」に基づいて「通常の法律制定手続き」が開始されることになり、この場合には欧州委員会が「法律」案を提出することはない（同第二九四条第一五項前段）。

もう一方の「特別の法律制定手続き」は、欧州議会と閣僚理事会のいずれか一方が、他方の「参加」をもって「法律」を制定する手続きである（「欧州連合運営条約」第二八九条第二項）。この場合の「参加」とは、「諮問」または「同意」を意味する。閣僚理事会の立法に際して、欧州議会の「諮問」や「同意」を不可欠とする手続きはかつても存在し、「立法協力手続き」と呼ばれていたが、「特別の法律制定手続き」はこの手続きの名称を変更したものである。

「特別の法律制定手続き」においては、閣僚理事会が欧州議会の「参加」をもって「法律」を制定する場合が圧倒的に多い。この手続きにおける「法律」案の提出者は、前述の通り原則として欧州委員会であり、個別の条文には明示されていない場合がほとんどであるが、欧州委員会と明示されている場合が若干ある（「欧州連合運営条約」第二〇三条、第三四九条第一段、第三五二条第一項）。

欧州議会が閣僚理事会の「参加」をもって「法律」を制定する場合は、わずかに三つである。すなわち、①欧州議会議員の任務遂行ための規則および一般的条件を定める場合（「欧州連合運営条約」第二二三条第二項）、②欧州議会が設置する臨時調査委員会の調査権行使の細則を決める場合（同第二二六条）、③市民オンブズマンの職務遂行のための規則および一般的条件を定める場合（同第二二八条第四項）であり、それぞれ閣僚理事会の「同意」が必要である。「発議」は欧州議会が自ら行う。ただし、閣僚理事会の「同意」の他に、順に①には欧州委員会への「諮問」、②には同委員会の「同意」、③には同委員会の「意見表明」が必要である。

「特別の法律制定手続き」においては、前述の通り「法律」案を提出する権限は、原則として欧州委員会が持つ。しかし例外があり、欧州議会の「発議」によらなければならない場合がある。前述の三つの場合がそれであり、欧州委員会が「法律」案を提出することはない。さらに、欧州委員会の「提案」によるだけではなく、欧州投資銀行の「提議」（「欧州連合運営条約」第三〇八条第三段）、四分の一以上の加盟国による「発議」（同第七六条b号、同第八三条第二項、同第八六条第一項、同第八七条第三項第一段、同第八九条）によっても「法律」を制定できることが定められている場合がある。欧州投資銀行または加盟諸国がこの権利を行使した場合には、この「提議」または「発議」に基づいて「特別の法律制定手続き」が開始されることになり、欧州委員会が「法律」案を提出することはない。

なお、「通常の法律制定手続き」と「特別の法律制定手続き」の区別は固定したものではなく、後者から前者への変更を可能にする規定が置かれている。すなわち、「特別の法律制定手続き」のうち、閣僚理事会が欧州議会の「参加」をもって「法律」を制定する場合には、欧州理事会は、「決定」（二次法の一種）をもってこの「特別の法律制定手続き」を「通常の法律制定手続き」に変更することができる。ただしその際には、欧州理事会のこの変更の発議が通知後六ヶ月以内に加盟国議会に拒否されないこと、欧州議会が総議員の過半数をもってこの発議に同意することが必要である（「新欧州連合条約」第四八条第七項第二段・第三段）。これは、略式の条約改正手続きが適用される場合の一つである。ただし、適用除外の規定があることに注意されたい（「欧州連合運営条約」第三五三条）。

（Ⅳ）機構改革

「リスボン条約」により、欧州連合の機構は以下のように改革された。

(a) 欧州議会

① 地位と権限

欧州共同体にはその設立以来長い間、共同体加盟国市民に選挙で直接選ばれた代表が立法を行い、行政を監督するという制度が欠如していた。いわゆる「民主主義の赤字」すなわち民主主義制度の欠如ないしは不十分である。一九七九年から直接選挙によって選出されるようになった欧州議会の歴史は、「民主主義の赤字」をいかに克服するかという闘いの連続であった。

一九八七年に発効した「統一欧州議定書」（「単一欧州議定書」と訳されることもある）によって、「欧州経済共同体」に「立法協力手続き」が導入されて欧州議会が立法に関与する突破口が開かれた。その後さらに、「欧州連合条約（マーストリヒト条約）」（一九九三年発効）によって改正された「欧州共同体設立条約」第一八九b条（「ニース条約」による改正後は第二五一条）によって、「欧州共同体」（この時、「欧州経済共同体」の名称はこのように変更された）に「共同決定手続き」が導入され、欧州議会はいくつかの重要な分野において、閣僚理事会とともに立法することが可能になった。しかし、その対象分野はその後も拡大されたとはいえ、現在なお三五程度にとどまっている。

特に、欧州連合・欧州共同体の予算の大半が使用される共通農業政策や構造政策における欧州議会の権限は、非常に限定されている。すなわち、共通農業政策の分野における二次法の制定は、閣僚理事会が欧州議会に「諮問」した後に行うことになっている（「旧欧州共同体設立条約」第三七条第二項）。また構造基金の任務、優先目標、組織については、閣僚理事会が欧州議会の「同意」を得た後に決定する（同第一六一条）。「旧欧州共同体設立条約」では、欧州議会は共同体立法に「参加」するものと位置づけられているにすぎず（第一九二条）、名実ともに主たる立法機関は閣僚理事会であるという事態に根本的変更は生じなかった。また、「旧欧州連合条約」においても、第二の柱と第三の柱における欧州議会の権限が非常に限定されていることは、すでに述べた通りである。

これに対して「リスボン条約」は、欧州議会の地位を次のように変更した。すなわち、「新欧州連合条約」第一四条第一項は、「欧州議会は、（閣僚）理事会と共同で法律制定者として行動し、（閣僚）理事会と共同で予算の権限を行使する」と規定し、欧州議会に閣僚理事会と並ぶ法律制定機関の地位を与えた。

すでに述べたように、欧州議会が閣僚理事会と共同で「法律」を制定する手続きが「法律制定手続き」であり、欧州議会が立法の主体となる政策分野は九〇以上に増加し、これまで立法の主体とはなれなかった共通農業政策、構造政策、「警察・刑事司法協力」にも拡大する（ただし、多くの例外が存在する）。しかし、「共通外交・安全保障政策」の決定および監督、通商条約の締結については、これまで通り欧州議会の権限はほとんど及ばない。

「リスボン条約」はまた、欧州連合の年度予算に関しては、欧州議会に対して強力な権限を与えている。「旧欧州共同体設立条約」第二七二条も、欧州議会に対して年度予算に関しては強力な権限を与えており、予算案全体に対する拒否権を与えている。さらに、欧州議会は自己の修正案を成立させることができるが（第六項）、それはいわゆる「非義務的支出」に限られており、予算の六〇パーセント以上を占める「義務的支出」、すなわち条約等により義務づけられている支出（特に共通農業政策等）については、欧州議会には修正案を提出する権限が与えられているだけで、最終的決定権は閣僚理事会が握っている。

これに対して「リスボン条約」は、予算の「義務的支出」と「非義務的支出」の区別を廃止し、欧州議会により強力な権限を与えている。すなわち、欧州議会が予算案に関する閣僚理事会の立場を修正する場合であって、閣僚理事会がこの修正案を否決する場合には調停委員会が招集されることになるが、この調停委員会で合意された共同の案を閣僚理事会が否決しても、欧州議会は総議員の過半数かつ投票数の五分の三をもって、当初の自己の修正案の全部または一部を予算として決定することができる（「欧州連合運営条約」第三一四条第四項ｃ号・第七項ｄ号）。ただし、調停委員会が共同の案を作成できない場合には、欧州議会は自己の修正案を成立させることはできず、欧州委員会が新しい予算案を提出することになる。

欧州議会の地位に関してさらに忘れてならないのは、「リスボン条約」が、欧州連合の主たる執行機関である欧州委員会の委員長選出について、欧州議会に強力な権限を与えたことである。

「旧欧州共同体設立条約」第二一四条によれば、欧州委員会の委員長および委員の任命は、次のように行われる。すなわち、閣僚理事会が――ただしこの時の構成は国家元首・政府首脳でなければならない――、欧州議会の同意を得て、特定多数をもって委員長に任命しようと考える人物を指名する。閣僚理事会は、この指名した委員長と合意の上、個々の加盟国の提案に従って作成された委員候補者名簿を、特定多数をもって採択する。このようにして指名された委員長および委員は一体として欧州議会の信任投票を受ける。欧州議会によって信任された後、委員長および委員は閣僚理事会によって、特定多数をもって任命される。

これに対して「リスボン条約」は、委員長の選出方法を次のように変更した。すなわち、欧州理事会が、欧州議会選挙の結果を考慮して、特定多数をもって欧州委員会委員長職の候補者を欧州議会に提案する。欧州議会はこの候補者を総議員の過半数をもって委員長に選出する。欧州議会が拒否した場合は、欧州理事会は一ヶ月以内に新候補者を提案しなければならない（「新欧州連合条約」第一七条第七項第一段）。

欧州委員会の他の委員は、次のように選出される。すなわち、閣僚理事会が、選出された欧州委員会委員長と合意の上、委員の候補者名簿を採択する。候補者名簿に登載すべき候補者を提案する権限は、各加盟国にある（同第二段）。

このようにして選出された欧州委員会の委員長、副委員長を兼任する外交・安全保障政策担当連合上級代表（連合上級代表は欧州理事会が欧州委員会委員長の同意を得て任命するが、これについては後述）および他の委員は、一体として欧州議会の信任投票を受ける。信認された欧州委員会は、欧州理事会により、特定多数をもって任命される（同第三段）。

欧州議会には、「リスボン条約」の下でも、欧州委員会委員長を指名する権限はないが、指名権限を持つ欧州理事会が欧州議会選挙の結果を考慮して指名しなければならないとなると、事実上の指名権は欧州議会が握ったに等しい。後述するように、現行の「対等な同僚の中の一人」にすぎない委員長とは異なり、『リスボン条約』はこれまでよりも強力な権限を委員長に与えており、この委員長の事実上の指名権を欧州議会が握るとなると、欧州委員会に対する欧州議会の監督権は強まることが予想される。同時に、欧州議会選挙が、会派ごとに欧州委員会委員長の候補者を立てて行われることも予想される。二〇〇八年一二月末現在、欧州議会には七つの会派が存在しているが、これは欧州次元での政党の組織化を推進する一つの力となるかもしれない。

なお、「旧欧州共同体設立条約」においても、欧州議会は、投票数の三分の二以上かつ総議員の過半数をもって不信任決議案を採択し、欧州委員会を総辞職に追い込む権限を有しているが（第二〇一条）、「リスボン条約」もこの規定を踏襲している（「新欧州連合条約」第一七条第八項、「欧州連合運営条約」第二三四条）。

② 議席配分

欧州議会の議席総数は、二〇〇四年五月一日に東欧諸国を中心とする一〇カ国が加盟して二五カ国になるまでは六二六議席、この「東方拡大」後の二〇〇四年一一月に新たに招集されてからは七三二議席である。また二〇〇七年一月一日にルーマニアとブルガリアが加盟してからは七八五議席である。

「リスボン条約」は、議席総数の上限を、議長を含めて七五〇に定め、加盟諸国への議席の配分は「逓減的比例的に」行われ、一加盟国に配分される議席数の上限を九六（これまでドイツが九九議席で最も多い）、下限を六（これまでマルタが五議席で最も少ない）とした（「新欧州連合条約」第一四条第二項前段）。

表1は、欧州連合の現在の二七加盟国を、人口の多い順に並べ、左側に二〇〇八年の人口（①欄）、各加盟国の人口の二七カ国総人口に占める割合（②欄）を記入し、右側には現在（二〇〇四年～二〇〇九年）の各加盟国の議席数（③欄）、議席総数七八五に占めるその割合（④欄）、一議席当たりの人口（⑤欄）を、さらに「リスボン条約」の下で二〇〇九年六月に欧州議会の改選が行われた場合の各加盟国の議席数（⑥欄）、議席総数七五一に占めるその割合（⑦欄）、一議席当たりの人口（⑧欄）を記入したものである。なお議席総数の上限は、条約上は七五〇議席であるが、欧州議会が提案した配分議席が英国より一議席少なかったイタリアが英国と同数の議席を主張して譲らなかったために、配分議席総数は七五一議席となった。

この表の⑤欄から明らかなように、二〇〇八年現在、一議席が代表する人口は、ドイツとマルタとの間では一〇

表1． 欧州議会の議席配分①

①	②		2004年～2009年			リスボン条約発効後		
			③	④	⑤	⑥	⑦	⑧
人口	割合	国　名	議席	割合	1議席人口	議席	割合	1議席人口
百万	%			%	百万		%	百万
82.2	16.5	ドイツ	99	12.6	0.83	96	12.8	0.86
63.8	12.8	フランス	78	9.9	0.82	74	9.9	0.86
61.2	12.3	英国	78	9.9	0.78	73	9.7	0.84
59.6	12.0	イタリア	78	9.9	0.76	73	9.7	0.82
45.3	9.1	スペイン	54	6.9	0.84	54	7.2	0.84
38.1	7.7	ポーランド	54	6.9	0.70	51	6.8	0.75
21.5	4.3	ルーマニア	35	4.5	0.61	33	4.4	0.65
16.4	3.3	オランダ	27	3.4	0.61	26	3.5	0.63
11.2	2.3	ギリシャ	24	3.1	0.47	22	2.9	0.51
10.7	2.2	ベルギー	24	3.1	0.45	22	2.9	0.49
10.6	2.1	ポルトガル	24	3.1	0.44	22	2.9	0.48
10.4	2.0	チェコ	24	3.1	0.43	22	2.9	0.47
10.0	2.0	ハンガリー	24	3.1	0.42	22	2.9	0.45
9.2	1.9	スウェーデン	19	2.4	0.48	20	2.7	0.46
8.3	1.7	オーストリア	18	2.3	0.46	19	2.5	0.44
7.6	1.5	ブルガリア	18	2.3	0.42	18	2.5	0.42
5.5	1.1	デンマーク	14	1.8	0.39	13	1.7	0.42
5.4	1.1	スロヴァキア	14	1.8	0.38	13	1.7	0.42
5.3	1.1	フィンランド	14	1.8	0.38	13	1.7	0.41
4.4	0.9	アイルランド	13	1.7	0.34	12	1.6	0.37
3.4	0.7	リトアニア	13	1.7	0.26	12	1.6	0.28
2.3	0.5	ラトヴィア	9	1.1	0.26	9	1.2	0.26
2.0	0.4	スロヴェニア	7	0.9	0.29	8	1.1	0.25
1.3	0.3	エストニア	6	0.8	0.22	6	0.8	0.22
0.86	0.2	キプロス	6	0.8	0.14	6	0.8	0.14
0.47	0.1	ルクセンブルク	6	0.8	0.08	6	0.8	0.08
0.41	0.1	マルタ	5	0.6	0.08	6	0.8	0.07
計 497			785			751		

①の人口は2008年1月1日現在のもの。資料：eurostat, pressemitteilung 179/2008, 15. December 2008.

倍程度の開きがある。これは、ドイツ国民の一票の価値は、マルタ国民のそれの一〇分の一程度ということを意味する。（なお、欧州議会の選挙権・被選挙権は、欧州連合加盟国の国籍保有者だけに与えられている。有権者の年齢資格については加盟国の法律によって規定されている。加盟国の国籍保有者であれば、他の加盟国に居住していても、その国に住所を届けていれば、その国で選挙権・被選挙権を行使することができる。したがって、欧州議会におけるいわゆる「一票の価値」について正確に論じるには、このような有権者総数（有権者と同じ国籍を有する子供を含めてもいい）に基づかなければならないが、そのような統計は入手できなかった。表1に挙げた人口は、我

表2． 欧州議会の議席配分②

国　名	①	②	③	④
ドイツ	99	99	96	99
フランス	78	72	74	74
英国	78	72	73	73
イタリア	78	72	73	73
スペイン	54	50	54	54
ポーランド	54	50	54	51
ルーマニア	35	33	33	33
オランダ	27	25	26	26
ギリシャ	24	22	22	22
ベルギー	24	22	22	22
ポルトガル	24	22	22	22
チェコ	24	22	22	22
ハンガリー	24	22	22	22
スウェーデン	19	18	20	20
オーストリア	18	17	19	19
ブルガリア	18	17	18	18
デンマーク	14	13	13	13
スロヴァキア	14	13	13	13
フィンランド	14	13	13	13
アイルランド	13	12	12	12
リトアニア	13	12	12	12
ラトヴィア	9	8	9	9
スロヴェニア	7	7	8	8
エストニア	6	6	6	6
キプロス	6	6	6	6
ルクセンブルク	6	6	6	6
マルタ	5	5	6	6
計	785	736	751	754

①は現在の会期（2004年～2009年）における各国の議席数。②は2009年6月に実施される選挙の際の各国の配分議席数。③は「リスボン条約」の下での各国の配分議席数（条約上の議席総数は750であるが、政府間合意により751となった）。④は2009年6月の改選後に「リスボン条約」が発効した場合の各国の議席数。

が国における現在の国勢調査人口に相当するものであり、調査時点にその国に「常住」している人口である。すなわち、当該加盟国に「常住」している国籍保有者のみならず、外国籍保有者（他の欧州連合加盟国の国籍保有者および第三国の国籍保有者）や無国籍者であっても、当該加盟国に住所を届けている場合にはカウントされている。外国政府の外交使節の構成員等や外国軍隊の軍人・軍属とその家族は含まれていない。したがって、以下の叙述においては一定の留保が必要であることを断っておく。）

またこの表の②欄と④欄の比較から明らかなように、二七加盟国の総人口に占める自国人口の割合に比して議席の配分が優遇されているのは、ルーマニア以下の中小国である。これに対して、ドイツ、フランス、英国、イタリア、スペインにおいては、④欄の値が②欄の値よりも二ポイント以上下がっており、冷遇されている。このことは、一議席が代表する人口を表す⑤欄の値が、この五カ国では中小国よりもかなり大きいことにも示されている。

この問題はしかし、一国内における一票の格差の問題と同列には論じられない。国家を残しつつ、その壁を低くして相互の接近を図る過程においては、避けられない「格差」であるからである。そのため、「リスボン条約」においても、大国に不利に中小国に有利な議席配分方法に根本的な変更は加えていない。

「リスボン条約」の定める「逓減的比例的」配分方法は、何か特定の議席算定方程式を指すものではない。しかし、この配分方法を適用すれば、各加盟国の一議席当たりの人口は、人口の最大保有国であるドイツが最大となり、次のフランス、英国、イタリアと順に小さくなり、人口の最少保有国であるマルタが最小にならなければならない。

現在でも、条約上の明文規定はないが実際にはこの配分方法が採用されている。しかし、新議会が招集された二〇〇四年一一月より配分されている議席数を示す③欄の値からも明らかなように、「逓減的比例的」配分方法が必ずしも首尾一貫して適用されているわけではなく、⑤欄の値が必ずしも上から順に小さくなっていない（表1の人口は二〇〇八年のものであるが、議席配分が行われた二〇〇四年の人口をとって計算しても同様のことが言える）。

「旧欧州共同体設立条約」第一九〇条第二項後段は、欧州議会の議席配分に関して、「本項が変えられる場合には、各加盟国で選出される議員の数によって、共同体の中に結集した諸国の国民が適切に代表されることが保障されていなければならない」と規定しているが、なにをもって「適切」とするかは不明である。「リスボン条約」の定める「逓減的比例的」配分方法が首尾一貫して適用されるならば、⑧欄の値は、上から順に小さくなるはずである。

なお、二〇〇九年六月四日〜七日に実施される欧州議会選挙までに「リスボン条約」が発効する可能性は小さいため、この選挙は現在の「ニース条約」に基づいて行われることになる。「ニース条約」の「欧州連合の拡大に関する議定書」が定める議席総数の上限は七三二であるが、これを暫定的に上回ることが許されており、現在では七八五になっている（表2の①欄）。次回の欧州議会選挙では、七三六議席が各国に配分される（表2の②欄）。次回の欧州議会選挙、後に「リスボン条約」が発効した場合には、次の措置が取られることになる。すなわち、「リスボン条約」に従えば議席が減るべき国は、減らされることなくそのまま議席を維持することができる。これに該当するのはドイツで、三議席減のところ、九九議席をそのまま維持することになる。一方、逆の場合は、「リスボン条約」による配分議席まで、自国の議席を増加させることができる。これに該当するのはフランス（二議席増）、イタリア（一議席増）、英国（一議席増）、スペイン（四議席増）、ポーランド（一議席増）、オランダ（一議席増）、スウェーデン（二議席増）、オーストリア（二議席増）、ブルガリア（一議席増）、ラトヴィア（一議席増）、スロヴェニア（一議席増）、マルタ（一議席増）である。したがって、議席総数は七五四議席となる（表2の④欄）。

(b) 閣僚理事会

① 地位と権限

各加盟国一名の閣僚級の代表によって構成される閣僚理事会（正式の名称は欧州連合理事会）の地位は、執行権限を一部に持つ主たる立法機関であり、「リスボン条約」はこれに変更を加えていない。しかし、「リスボン条約」においては、欧州議会の地位が強化された分だけ閣僚理事会の地位が相対的に弱くなった。すなわち閣僚理事会は、欧州議会と並ぶ主たる「法律制定者」と位置づけられることになり（「新欧州連合条約」第一六条第一項）、これまでよりも多くの分野で欧州議会との共同立法を強いられる。とはいえ、二次法の制定全体については、これまで通り欧州議会よりも強い権限が与えられている。

すなわち第一に、確かに「法律」（前述）の制定が予定されている多くの分野では、閣僚理事会は「通常の法律制定手続き」に従って欧州議会と共同で立法するが、なおも少なからぬ分野では、「特別の法律制定手続き」に従って欧州議会の「参加」をもって立法する。この「特別の法律制定手続き」においては「通常の法律制定手続き」とは異なり、閣僚理事会はほとんどの場合、全会一致をもって決定することを強いられるが、欧州議会の「参加」とは「諮問」である場合が多く（約四分の三）、事実上、閣僚理事会が単独で立法する場合が大半である。

第二に、拘束力を持つが「法律の性格を有しない二次法」の分野では、閣僚理事会は単独で立法することができる。この分野では、大抵は特定多数でいいが、全会一致が必要とされる場合も少なからず存在する。また欧州議会への「諮問」または「通知」が要求されている場合もあるが、多くはその必要がない。

第三に、いうまでもなく「勧告」「意見」を出す権限を持つ。

②　編成等

これまで閣僚理事会の具体的編成については、条約は規定していなかったが、「リスボン条約」は初めて、「総務」理事会と「外務」理事会の二つの編成について述べている（「新欧州連合条約」第一六条第六項）。閣僚理事会は他の編成を取ることも可能であり、その編成リストは欧州理事会が特定多数をもって決定する（「欧州連合運営条約」第二三六条）。

閣僚理事会は、事務総局の補佐を受ける（「欧州連合運営条約」第二四〇条第二項）。閣僚理事会の活動の準備に責任を負うのが、加盟国政府の代表によって組織される「常設代表委員会」である（「新欧州連合条約」第一六条第七項）。閣僚理事会の決定に至る前に加盟国間の利害調整に当たるこの組織は、これまでも存在していたが、初めて基本条約においてその名称が挙げられた。

③　新トロイカ体制

これまで閣僚理事会の各編成における議長には、加盟国が六ヶ月毎の輪番制に従って就任し、閣僚理事会は前議長、現議長、次期議長から成るいわゆるトロイカ体制の下に運営されてきた。

しかし「リスボン条約」の下では、結束を強化するために、以下のように変更される。すなわち、三加盟国から成るグループが一八ヶ月間継続してトロイカ体制を敷き、次のグループと交代する。議長には、この三カ国が原則として六ヶ月毎に交代で就任する。ただしこの新トロイカ体制は、外交・安全保障政策担当連合上級代表が常任の議長を務める「外務」理事会には適用されない（以上、「理事会における議長職の遂行についての欧州理事会の決定に関わる欧州連合条約第一六条第九項への宣言」第一条第一項・第二項）。

④　**決定方法**

閣僚理事会における決定方法について、「旧欧州共同体設立条約」は、単純多数決を原則と定めており（第二〇五条第一項）、条約に特段の定めのある場合には、特定多数決方式や全会一致方式等が適用された。しかし、実際には、重要事項が単純多数決で決せられることは全くなかった。なぜなら、条約自体が、重要事項に関しては、特定多数または全会一致を要求しているからである。さらに条約が単純多数決または特定多数決を認めている場合にも、できるだけ多くの加盟国の合意を形成する努力がなされていたからである。

これに対して「新欧州連合条約」第一六条第三項は、「二条約に特段の定めのない限り、理事会は、特定多数をもって決定する」と定めた。各政策分野における閣僚理事会の決定方式について「二条約に特段の定めのない」場合とは、「通常の法律制定手続き」が適用される場合であり、この規定は、「通常の法律制定手続き」における閣僚理事会の決定方法が特定多数決方式であることを意味する。ただし、「通常の法律制定手続き」の枠内で、閣僚理事会の全会一致が要求される場合がある（「欧州連合運営条約」第二九四条第九項）。

これ以外の場合、すなわち「特別の法律制定手続き」や、拘束力を持つが「法律の性格を有しない二次法」の制定、その他の決定の場合には、二条約はほとんどの場合、決定方式を逐一指示している。すなわち、全会一致方式、特定多数決方式、単純多数決方式または五分の四等による多数決方式である。

⑤　**特定多数の新しい内容**

一般に特定多数決方式とは、単純多数、相対多数、絶対多数などを超える一定の基準に達することをもって決定を成立させる方法をいう。例えば、議席総数または投票総数または有効投票の三分の二といった場合である。

欧州連合における現在の特定多数の内容は、「ニース条約」によって定められている。同条約は、閣僚理事会が特定多数決方式に従って表決を行う場合に、各加盟国を代表する理事に一票ずつを与えるのではなく、最高は二九票（英独仏伊）、最低は三票（マルタ）として、特定多数の成立ための三つの要件を定めた。具体的には、①賛成国数の要件（欧州委員会の提案に基づいて表決する通常の場合には過半数、欧州委員会の提案に基づかずに表決する場合には三分の二の以上）、②賛成国の持ち票数要件（現在は総数三四五票中の二五五票以上。各国の持ち票数については表3を参照）、③賛成国の人口要件（全加盟国の総人口に対する割合が六二パーセント以上）である。ただし、③の要件は、いずれかの加盟国が要求した場合にのみ適用される。

なおこの規定によれば、通常の場合、反対国の数が半数に達すれば、特定多数は成立しないことは言うまでもな

表3．閣僚理事会における持ち票数

国　名	持ち票
ドイツ	29
フランス	29
英国	29
イタリア	29
スペイン	27
ポーランド	27
ルーマニア	14
オランダ	13
ギリシャ	12
ベルギー	12
ポルトガル	12
チェコ	12
ハンガリー	12
スウェーデン	10
オーストリア	10
ブルガリア	10
デンマーク	7
スロヴァキア	7
フィンランド	7
アイルランド	7
リトアニア	7
ラトヴィア	4
スロヴェニア	4
エストニア	4
キプロス	4
ルクセンブルク	4
マルタ	3
計	345

いが、しかし、例えば人口の多い独仏英の三国が結束すれば、その人口は全人口の三八パーセント以上になり、③の要件の成立をいつでも阻止することができる。このような少数の大国の意向によって議決が阻止されないように、議決を阻止するには少なくとも四カ国の反対を必要とするとの「阻止的少数」の規定が置かれている。

「リスボン条約」は「ニース条約」の特定多数についての規定を次のように変更した。すなわち、②の要件を廃止し、①と③の二要件のみとし、その内容を変更した。具体的には、通常の場合（欧州委員会または外交・安全保障政策担当連合上級代表の提案に基づいて表決される場合）に特定多数が成立するには、賛成国数が一五以上であって全加盟国数の五五パーセント以上の多数をなし、かつ賛成国の人口の合計が連合住民の六五パーセント以上をなすときである（「新欧州連合条約」第一六条第四項）。通常の場合以外［欧州委員会または外交・安全保障政策担当連合上級代表の提案に基づかずに表決する場合、欧州連合からの脱退の細則に関する協定を加盟国と締結する場合（「新欧州連合条約」第五〇条第二項・第四項）、加盟国の特定の権利の停止またはその変更ないしは取消を決定する場合（「欧州連合運営条約」第三五四条第二段）等である］の特定多数の成立には、加盟国数（または参加加盟国数）の七二パーセント以上、人口数の六五パーセント以上が必要である。「阻止的少数」の規定は維持され、議決を阻止するには少なくとも四カ国の理事会構成員の反対が必要である。

なお、閣僚理事会に出席中の構成員またはその代理人の棄権は、全会一致の成立を妨げない（「欧州連合運営条約」第二三八条第四項）。ただし、共通外交・安全保障政策に関しては、棄権する加盟国が全加盟国の三分の一以上に達し、その人口が欧州連合の全人口の三分の一以上に達する場合には、全会一致は成立しない（「新欧州連合条約」第三一条第一項後段）。

⑥　特定多数に関する新規定の適用時期

「リスボン条約」は、「ニース条約」の下で持ち票において破格の待遇を受けていたスペインとポーランド――ともに英独仏伊の二九票に次ぐ二七票の持ち票を与えられており、②の要件がなくなることに強い抵抗を示し、特にポーランドは三要件を二〇二〇年まで適用することを主張していた――に配慮して、閣僚理事会（および欧州理事会）における特定多数に関する新規定の適用時期を、二〇一四年一一月一日以降とした。具体的には以下の通りである。

（a）二〇一四年一〇月三一日までは先の三要件を適用し、新規定は二〇一四年一一月一日から適用する。

（b）ただし二〇一四年一一月一日から二〇一七年三月三一日までを経過期間とし、この期間にいずれかの加盟国が三要件の適用を主張した場合には、これが適用される。

（c）二〇一七年四月一日以降は、新規定のみを適用する。

⑦　特定多数決の際の少数派保護

特定多数決の適用の際に、少数派を保護する措置が取られた。すなわち、政府間会議は「リスボン条約」に「欧州連合条約第九c条第四項および欧州連合の運営方法に関する条約第二〇五条第二項に対する宣言」――なお、同「宣言」に言う条文の番号は、旧二条約のそれであり、新二条約の整理された条文番号によれば、それぞれ第一六条第四項、第二三八条第二項である――を付し閣僚理事会が「リスボン条約」の調印の日に、少数派保護を強化するために以下の内容の「決定」を採択することを宣言した。その「決定」の内容とは、反対数が、二〇一四年一一月一日から二〇一七年三月三一日までは、特定多数の成立を阻止するのに必要な規定数（通常の場合では加盟国数の四五パーセント超、人口比で三五パーセント超）を満たさなくても、その七五パーセント以上になれば、特定多数の成立を「適当な期間」阻止することができ、二〇一七年四月一日以降は、これはさらに五五パーセント以上に引き下げられる——というものである。

この宣言通り、「リスボン条約」が調印された二〇〇七年一二月一三日に、閣僚理事会は全会一致の決定を行った。

(c) 欧州委員会

① 地位と権限

「旧欧州共同体設立条約」によれば、欧州委員会は、主として執行機関の役割を果たし、一部に立法権限を持つ。その任務および権限は多岐にわたっている。すなわち、共同体の基本条約および二次法の遵守の監視、対外関係の維持、予算の執行と会計報告の作成、年間活動報告の作成等であり、特に重要なのは、共同体の拘束力を持つ二次法の法案の作成・提出である。欧州委員会は、少なくとも条文上では法案提出権をほぼ独占しており、欧州共同体の拘束力を持つ二次法は、原則として欧州委員会の提案によらなければ制定できない。

また、「旧欧州連合条約」によれば、欧州委員会と加盟国には、「共通外交・安全保障政策」における提案権が、「警察・刑事司法協力」における発議権が与えられている(第二二条第一項、第三四条第二項)。

「リスボン条約」は、欧州委員会のこの任務および権限に基本的には変更を加えていない。ただし、「共通外交・安全保障政策」における提案権がなくなったこと(とはいえ、欧州委員会の副委員長を兼任する外交・安全保障政策担当連合上級代表には提案権があるため、この政策分野における欧州委員会の影響力が全くなくなったわけではない)、さらに予算案の策定・提出権限を正式に手にしたことは注目される(「欧州連合運営条約」第三一四条第一項・第二項)。これまでは、条約上は、仮予算案の策定・提出権限を持っていただけであり(「旧欧州共同体設立条約」第二七二条第二項・第三項)、正式の予算案は、閣僚理事会が特定多数をもって決定していた(同第三項)。

② 構成

欧州委員会の構成員の数は、二〇〇四年一一月以降は加盟国数と同数になり、各加盟国に一名ずつの枠が与えられている。しかし、「リスボン条約」はこれを以下のように変更した。

すなわち「リスボン条約」の発効から二〇一四年一〇月三一日までは、欧州委員会(委員長および副委員長を含む)は、各加盟国一名ずつの国民によって構成されるが(「新欧州連合条約」第一七条第四項)、二〇一四年一一月一日以降は、加盟国数の三分の二に相当する数の構成員によって構成される。ただし欧州理事会は、全会一致の決定をもってこの数を変更することができる(同第一七条第五項前段)。

欧州委員会の委員の数を加盟国の数よりも少なくした場合、委員を選出する加盟国の順番は、「厳格な同権的輪番制」に従って、また「加盟国全体の人口的および地理的分布」が十分に反映されるように決定される(同第一七条第五項後段)。

③ 委員長の権限

「旧欧州共同体設立条約」は、欧州委員会の職務遂行の際の委員長の「政治的指導」について定めているが(第二一九条第一段)、具体的な権限に関する規定を置かず、委員長は対等な委員のうちの一人に過ぎなかった。一名ないし二名の副委員長も、委員長が任命するのではなく、欧州委員会が互選によって任命する(同第二一七条)。

これに対して「リスボン条約」は、欧州委員会委員長の権限を次のように具体的に定め、その権限を強化している。すなわち、委員長は、欧州委員会の活動の指針を定め、内部組織の編成を定め、外交・安全保障政策担当連合上級代表を除く他の副委員長を任命し、委員に辞職を要求する権限を持つ（「新欧州連合条約」第一七条第六項）。委員は、委員長より辞職を求められた場合、辞職しなければならない。外交・安全保障政策担当連合上級代表が委員長より辞職を求められた場合、欧州理事会が特定多数をもってする議決により、更迭することになる（「新欧州連合条約」第一七条第六項後段、第一八条第一項）。

委員長による「内部組織の編成」とは、委員会の所掌分野を分類し、各委員にそれを配分し、またこの配分を変更することである。委員が任務遂行の際に、委員長の指揮に従わなければならないことが、明確に定められた（「欧州連合運営条約」第二四八条）。

(d) 欧州理事会

① 正式の「機関」化

一九六九年一二月にハーグで欧州共同体加盟国の首脳たちが非公式に会合して以来、彼等の会議は条約外で欧州統合の問題を自由に話し合う場となり、一九七四年一二月のパリ首脳会議で欧州理事会として常設化することが決定された。この決定に基づき一九七五年三月にダブリンで第一回欧州理事会が開催されることになったが、欧州理事会は条約外の組織であった。その後、「統一欧州議定書」（一九八七年発効）によって欧州理事会は条約に正式に規定されるようになり、欧州共同体の事実上の最高意思決定組織となって、欧州統合の大きな問題について解決の指針や針路を示す役割を与えられたが、いわゆる「機関」ではなく、法的拘束力のある決定を行うことはできなかった。

一九九三年に発効した「欧州連合条約（マーストリヒト条約）」は、この規定を受け継ぎ、欧州理事会の任務として、欧州連合の発展に必要な刺激を与え、欧州連合の発展のための全般的政治的目標を設定し（「マーストリヒト条約」第D条第一段、「アムステルダム条約」による改正後は第四条第一段）、「共通外交・安全保障政策」の「原則」および「一般的指針」を定めることを規定している（「マーストリヒト条約」第J・八条第一項）。欧州理事会はさらに、「アムステルダム条約」による改正により、「共通戦略」も定めることになった（第一三条第二項）。しかし、「旧欧州共同体設立条約」（および「旧欧州原子力共同体設立条約」）においては、欧州理事会に関する規定は存在しない。

「リスボン条約」は、欧州理事会に、欧州議会、閣僚理事会、欧州委員会、欧州連合司法裁判所、欧州中央銀行、会計検査院と並ぶ正式の「機関」としての地位を与え（「新欧州連合条約」第一三条第一項）、後述するように常任の議長ポストを新たに設けた。なお、他の六機関のうち欧州中央銀行も、これまでは「機関」ではなかった。

② 構成、決定方式

欧州理事会の構成員は、これまでは加盟国の国家・政府首脳と欧州委員会委員長であったが、「リスボン条約」により、後述するように、常任議長が新たに別枠で加わることになった。なお、構成員ではないが、外交・安全保障政策担当連合上級代表が欧州理事会の活動に参加する（「新欧州連合条約」第一五条第二項）。

欧州理事会は、二条約に特段の定めがない限り、「コンセンサス」によって決定する（「新欧州連合条約」第一五条第四項）。この場合の「コンセンサス」とは、表決によらずに合意を形成する方法を指す。

欧州理事会の決定方法は、コンセンサス方式の他に、全会一致、特定多数決、単純多数決があり、特定多数の成立要件は、閣僚理事会の特定多数の成立要件と同じである（「欧州連合運営条約」第二三五条第一項第二段）。なお、欧州理事会の表決には、議長および委員会委員長は加わらない。また、棄権は全会一致の成立を妨げない（「欧州連合運営条約」第二三五条第一項第二段・第三段）。

③ 権限

「リスボン条約」は、欧州理事会の一般的な任務を、欧州連合の発展に必要な刺激を与え、そのための全般的政治的目標と優先順位を定めることとした（「新欧州連合条約」第一五条第一項）。さらに、欧州理事会が欧州連合の共通外交・安全保障政策および対外的行動の他の分野における戦略的利益および目標を定め（同第二二条第一項）、共通外交・安全保障政策の目標および一般的指針を定めることを規定している（同第二六条第一項）。これは旧規定をほぼ踏襲したものである。

欧州理事会は、「法律」を制定することはできないが（「新欧州連合条約」第一五条第一項）、二条約に特段の定めがある場合には、「法律の性格を有しない二次法」を制定することができる。

欧州理事会の新たな権限として特に重要なのは、条約改正への関与である。この条約改正には二つの手続きがある。

先ず「正式の改正手続き」である。これは、とりわけ欧州連合の管轄権の拡大または縮小を内容とする改正に適用される。すなわち、加盟国政府、欧州議会または欧州委員会が、閣僚理事会に改正案を提出すると、閣僚理事会はこの改正案を欧州理事会に送付し、また加盟国にも通知する。欧州理事会は、欧州議会および欧州委員会に諮問した後（通貨分野における機構改正の場合には欧州中央銀行への諮問が必要）、改正の検討を行うか否かを、単純多数をもって決定する。欧州理事会が改正の検討を行うことを決定すると、欧州理事会議長は、加盟国議会、加盟国政府の国家・政府首脳、欧州議会および欧州委員会の代表によって構成される諮問会議を招集する。同諮問会議は、コンセンサスによって、加盟国政府代表者会議に宛てた改正の勧告を採択する（「新欧州連合条約」第四八条第三項）。理事会議長によって招集される加盟国政府代表者会議が、改正の合意に達すると、改正案は加盟国の批准手続きに付され、加盟国の「批准」を経て発効する（同第四項）。

次に、「略式の改正手続き」である。この場合、諮問会議の招集、加盟国政府代表者会議の招集、加盟国の批准手続きは省くことができる。この手続きも、加盟国政府、欧州議会または欧州委員会が改正案を提出することによって開始されるが、提出先は欧州理事会である。

この「略式の改正手続き」が適用されるのは以下の場合である。すなわち第一に、「欧州連合運営条約」第三部の規定の全部または一部を改正する場合である。第三部は、「連合の対内的政策および措置」であり、欧州連合の域内政策に関わる部分であり、「欧州連合運営条約」の核心的部分である。改正案が提出されると欧州理事会は、欧州議会および欧州委員会に諮問した後（通貨分野における機構改正に際しては欧州中央銀行への諮問が必要）、全会一致をもって決定を制定する。この決定は、加盟国の「同意」を得て発効する。なお、この「略式の改正手続き」によって、欧州連合の管轄権を拡大することは許されない（「新欧州連合条約」第四八条第六項）。

第二に、「欧州連合運営条約」または「新欧州連合条約」第V編「連合の対外的行動に関する一般的規定および共通外交・安全保障政策に関する特別規定」において、決定に閣僚理事会の全会一致が必要であることが規定されているのを、特定多数に変更する場合である。この変更は、欧州理事会が、総議員の過半数をもってする欧州議会の同意を得た後、決定を制定することによって行われる。ただしこの「略式の改正手続き」は、軍事政策または防衛政策に関連する決定には適用されない（「新欧州連合条約」第四八条第七項第一段・第二段）。

第三に、「法律」の制定手続きを、「特別の法律制定手続き」から「通常の法律制定手続き」に変更する場合である。この変更は、欧州理事会が、総議員の過半数をもってする欧州議会の同意を得た後、決定を制定することによって行われる（「新欧州連合条約」第四八条第七項第一段・第二段）。

なお、上記の第二および第三の場合、適用除外規定がある（「欧州連合運営条約」第三五三条）。またこの第二および第三の場合、欧州理事会の改正の発議が加盟国に通知されてから六ヶ月以内に、加盟国議会が拒否すると、欧州理事会の決定はなされない（「新欧州連合条約」第四八条第七項第三段）。すなわち、加盟国議会に拒否権が与えられている。

(V) 新設ポストと新制度

(a) 欧州理事会議長

欧州理事会の議長はこれまで、閣僚理事会の議長と同じく、六ヶ月ごとの輪番制であったため、印象が薄い。人口五億人の欧州連合を代表する「顔」をつくるために、「リスボン条約」は、欧州理事会に別枠として常任議長ポストを新設した。議決権を持たないこの常任議長は、欧州理事会が特定多数をもって、二年半の任期で選出する。再選は一回に限り可能であり（「新欧州連合条約」第一五条第五項）、したがって最長五年の欧州連合の「顔」がつくられることになる。

この常任議長の任務は、欧州理事会の会議の運営の他に、その準備、欧州理事会の結束とコンセンサスの促進、欧州議会への会議報告の提出、共通外交・安全保障政策において外交・安全保障政策担当連合上級代表の権限を損なうことなく対外的代表を務めることとされているが（「新欧州連合条約」第一五条第六項第一段・第二段）、権限は強力でも明確でもない。大国の政治家の就任が予想されるこのポストの権限を強化することに、中小国が反対したためである。

「新欧州連合条約」は、常任議長が加盟国の国家の役職を兼任することを禁じているが（第一五条第六項第三段）、欧州連合内の役職を兼任することは禁じていないので、欧州委員会委員長の職を兼任することが可能である。その場合には、名実ともに欧州連合の「顔」となる可能性がある。

(b) 外交・安全保障政策担当連合上級代表

「旧欧州連合条約」によれば、共通外交・安全保障政策については、欧州理事会がその原則および一般的指針ならびに共通戦略を定め、閣僚理事会が欧州理事会によって定められた一般的指針に基づいて共通外交・安全保障政策を定め、実施を決定し（「旧欧州連合条約」第一三条）、決定の実施については閣僚理事会議長が責任を持つ（同第一八条第二項）。また、共通外交・安全保障政策の提案権は加盟国と欧州委員会にあり（同第二二条第一項）、欧州委員会は同政策の実施等に全面的に「参加」するとされている（同第一八条第二項）。決定の実施に責任を持つ閣僚理事会議長は、常任の共通外交・安全保障政策担当上級代表の補佐を受け（同第一八条第四項）、この上級代表がこの分野における対外的代表となっている。

他方、欧州委員会にも、分野は違うが対外関係担当委員がいる。したがって、これまでは対外関係の窓口が二つあった。

「リスボン条約」は、共通外交・安全保障政策における欧州理事会と閣僚理事会の任務については旧条約をほぼ引き継いだが、欧州連合の対外的窓口を一つにするために、「外交・安全保障政策担当連合上級代表」（以下、「連合上級代表」と呼ぶことがある）のポストを新設した。

この連合上級代表は、欧州理事会が欧州委員会委員長の「同意」を得て特定多数をもって任命する（「新欧州連合条約」第一八条第一項）。複数置かれる副委員長の一人として欧州委員会の構成員である連合上級代表は、「外務」閣僚理事会の議決権を持たない常任議長も務め（同第一八条第三項）、新設される欧州外務局の補佐を受ける（同第二七条第三項）。その任務・権限は、主として共通外交・安全保障政策（共通安全保障・防衛政策を含む）に関わる。主なものでも、以下のように広範囲に及んでいる。

第一に、共通外交・安全保障政策の決定、実施に関わる分野である。連合上級代表は、共通外交・安全保障政策を指揮し、同政策分野における提案権を有し（加盟国も提案権を持つ）、欧州理事会および閣僚理事会の決定を実施する（「新欧州連合条約」第一八条第二項、第二七条第四項・第六項等）。

第二に、対外的代表および対外的関係の維持に関するものである。連合上級代表は、共通外交・安全保障政策の分野において欧州連合を代表し、第三者と政治的対話を行い、国際組織および国際会議において欧州連合の立場を代表する（「新欧州連合条約」第二七条第二項）。ただし、同政策分野における対外的代表の役割は、欧州理事会議長にも、連合上級代表の権限を損なうことなくという限定付きで与えられている（同第一五条第六項第二段）。連合上級代表（および欧州委員会）はまた、国連を初めとする国際機関との協力、関係の維持を、責任をもって実施する（「欧州連合運営条約」第二二〇条第二項）。連合上級代表はさらに、第三国および国際組織において連合を代表する連合代表部を指揮する（同第二二一条第二項）。

第三に、欧州委員会が持つ対外関係の分野における管轄権の行使である。欧州委員会の副委員長を兼任する連合上級代表は、欧州委員会が持つ対外関係の分野における管轄権を行使することになる。連合上級代表が欧州委員会の手続きに服するのは、この場合に限定されている（「新欧州連合条約」第一八条第四項）。

第四に、共通外交・安全保障政策を含む欧州連合の対外的行動の対内的調整である。具体的には、以下のように多様である。連合上級代表は、欧州委員会内において、欧州委員会の持つ対外的管轄権と欧州連合の対外的行動のその他の諸側面との調整を行う（「新欧州連合条約」第一八条第四項）。

共通外交・安全保障政策において加盟国が拒否権を行使した場合、連合上級代表は、当該加盟国と協議を行い、当該加盟国が受け入れ可能な解決策を模索する（「新欧州連合条約」第三一条第二項後段）。

連合上級代表は、加盟国が欧州理事会および閣僚理事会において、外交政策および安全保障政策の問題で「共同対処」を定めた場合には、「外務」閣僚理事会において、加盟国外相とともにその行動を協調させる（「新欧州連合条約」第三二条第二段）。

また、「新欧州連合条約」第四二条第一項および第四三条第一項にいう欧州連合外部における「ミッション」については、連合上級代表は、閣僚理事会の監督の下、政治・安全保障政策委員会と協議しつつ、「ミッション」の軍事的および非軍事的側面の協調を行い（「新欧州連合条約」第四三条第二項）、「ミッション」の実施を授権された加盟諸国との協議を行う（同第四四条第一項）。

共通外交・安全保障政策の分野において「強化協力」設立の申請が閣僚理事会に対してなされた場合、連合上級代表は、当該「強化協力」と欧州連合の共通外交・安全保障政策との一貫性について意見を表明することができる（「欧州連合運営条約」第三二九条第二項前段）。この分野における既存の「強化協力」への参加を望む申請が加盟国から提出された場合、閣僚理事会は承認の決定をする前に、連合上級代表に「諮問」することを義務づけられている（同第三一条第二項第二段）。

また、連合上級代表は、共通外交・安全保障政策の最も重要な側面や基本的な変更について、欧州議会に定期的に諮問し、政策の展開について報告し、欧州議会の意見が十分に考慮されるように努める（「新欧州連合条約」第三六条前段）。

連合上級代表の任務はこのように広範囲にわたっており、外相の役割を果たしている。また後述するように、欧州連合の軍事同盟としての実体がそなわり、域外での軍事行動が活発化すれば、事実上、防衛相の役割も担うことになる。

(c) **法案提出に対する市民の請求権（「市民発議」権）**

民主主義国家では、国民の議会に対する請願権は、憲法的に保障される基本的人権の一つとされている。「旧欧州共同体設立条約」も、連合市民および加盟国に住所または定款上の所在地を持つ自然人または法人に対して、欧州共同体の活動分野に属し、かつ自己に直接に関わる事項に関しては、欧州議会に請願する権利を保障している（第二一条および第一九四条）。

しかし、請願を受ける欧州議会およびその議員は、請願の趣旨を立法化すべく法案を提出する権限を持っていない。欧州議会にできることといえば、総議員の過半数をもって欧州委員会に法案の提出を要求することだけである（「旧欧州共同体設立条約」第一九二条）。

「リスボン条約」は、欧州議会に対する請願権を保障するとともに（「欧州連合運営条約」第二四条第一段、第二二七条）、欧州市民が二条約の実施のためには二次法の制定が必要だと考えるテーマについて、欧州委員会にその権限の枠内で適切な二次法の法案を提出するように要求する権利を、欧州市民に与えている。この場合、「相当数の加盟国」の百万人以上の署名が必要である（「新欧州連合条約」第一一条第四項前段）。欧州委員会は要求されたテーマの検討を義務付けられることになるが、法案を提出する義務は負わない。したがって、この制度には「市民発議」という重々しい名称が与えられてはいるが、間接民主制の欠陥を補う手段としては明らかに不十分である。「相当数の加盟国」とは最低何カ国であるのか等の条件や手続きについては、欧州議会および閣僚理事会が「通常の法律制定手続き」に従って定める（「欧州連合運営条約」第二四条第一段）。

二 「リスボン条約」の内容（二）

（Ⅰ） 欧州連合の軍事同盟化

(a) 軍事同盟化の内容

新二条約は前文および条文の中で、「平和」の維持について言及している。例えば「新欧州連合条約」第三条は、欧州連合の追求する目標の一つが平和の促進であり（第三項）、欧州連合が平和に貢献することを謳っている。また、「国際法の厳格な遵守」や「国連憲章の原則の維持」も謳われている（同第三項。ただし、「国際法の更なる発展」も謳われていることに注意する必要がある）。しかし、国連憲章の定める原則の中でも特に重要な原則に言及しておらず、また別の表現でそれを盛り込むということもしていない。その原則とは、国連憲章第一条および第二条の定める、国際紛争を平和的手段によって解決し、国際の平和および安全ならびに正義を危うくしないように努めるという原則である。

また新二条約には、軍事力行使の厳格な手続きを定めた国連憲章第七章への言及がない。国連憲章第七章への言及は、付属議定書である「欧州連合条約第四二条による恒常的構造的協力に関する議定書」においてなされているが、それは、国連が国連憲章第六章および第七章による緊急のミッションの実施のために欧州連合に要請できることを認める、という内容であり、欧州連合の対外的軍事行動の際には国連憲章第七章に従うことを積極的に謳ったものとは言えない。

その一方で「新欧州連合条約」は、「共通防衛政策の漸進的決定」を謳い（第一四条第一項前段）、また加盟国の領土が武力攻撃を受けた場合の共同防衛義務を定め（第四二条第七項。なおこの条項においてのみ、国連憲章の個別条文が挙げられている。すなわち、安保理が必要な措置を講じるまでの間に限り個別的または集団的自衛権の行使を認める国連憲章第七章第五一条である）、さらに「欧州連合運営条約」は、加盟国がテロ攻撃を受けた場合、当該加盟国の政治的機関の要請に応じて、欧州連合が当該加盟国の領土内において当該加盟国を支援することも定めている（第二二二条第一項）。

「新欧州連合条約」はさらに、「加盟国は自己の軍事的能力を着実に向上させる義務を負う」と定め、軍事的能力の開発・研究を行い、軍需産業との協力を実施し、加盟国の軍事的能力の向上を評価するにあたって閣僚理事会を補佐するために、新たに「欧州防衛庁」を設置するとしている（第四二条第三項後段）。これは、軍備拡大を加盟国の国際条約上の義務とし、その義務の履行を監視しつつ、欧州連合を軍事同盟化することを明らかにしたものである。

この軍事力は、単に加盟国領土の防衛のためにのみ投入されるのではなく、第三国に投入されることが予定されている。すなわち、「平和の確保、紛争の予防および国際の安全の強化のための連合外部におけるミッションの際に、国連憲章の原則に一致させつつ使用することができる」とされている（「新欧州連合条約」第四二条第一項）。具体的には、武装解除、人道的任務、救援出動、軍事的助言・支援、紛争予防、平和維持、平和創造、紛争後の状況安定化、第三国領土内でのテロリズム撲滅の支援等のために使用される（同第四三条第一項）。これらの一部は、国連の伝統的なＰＫＯの任務を超えている。「平和創造」とは、戦争のことでもある。また「テロリズム」の一義的定義は困難であり、軍事介入に都合のよい解釈の余地がある。第三国領土内での武装解除、軍事的支援、紛争予防、平和維持、平和創造等のための軍事力の使用に際しては、「国連憲章の原則に一致させ」ることを謳っているが、国連安保理の決議に基づくことを言明していないことは注目されよう。

欧州連合は、すでにＮＡＴＯ（北大西洋条約機構。二〇〇八年一一月現在の正式加盟国は二六カ国。すなわちオーストリア、フィンランド、スウェーデン、アイルランド、キプロスおよびマルタを除くＥＵの二一加盟国、ＥＵ加盟候補国であるトルコ、さらにはアメリカ、カナダ、アイスランドおよびノルウェーである）とは別系統の作戦司令部を備え、二〇〇五年からは小規模とはいえ域外派兵のための緊急展開部隊を持ち、緊急展開用軍事力の強化の計画を実施していることと照らし合わせるならば、国連安保理の決議によらずに軍事行動を起こすことを禁止していないと解釈できる「新欧州連合条約」のこれらの規定に対する懸念は、根拠のないものだと言えるであろうか。

(b) 軍事同盟化への道程

ところで、欧州共同体・欧州連合の軍事同盟化は、「リスボン条約」とともに突如として始まったものではない。その経過の概略は以下の通りである。

すなわち、それは冷戦体制の終結とワルシャワ条約機構の解体に伴って、まずNATOの枠内で大きく進んだ。ソ連邦の崩壊（一九九一年一二月）とともに仮想敵国を失って存在の根拠を喪失したNATOは、加盟国領土を守る集団的防衛同盟としての性格を変質させ、「域外」すなわち潜在的には全世界へ派兵する攻撃的同盟となった。それが最初に示されたのは、クウェートを侵攻したイラクに対する一九九一年一月の第一次湾岸戦争であった。しかし、第一次湾岸戦争では、欧州大陸の軍隊は、米軍との圧倒的な軍事力の差を見せつけられ、米軍を支援する役割しか果たせなかった。これを契機に、欧州諸国は、域外派兵のために独自の軍事力を強化する道に乗り出した。これは、西欧同盟の閣僚理事会の一九九二年六月一七日の会議（ボン郊外のペータースベルクで開催された）の決定によって始まる。

西欧同盟の前身は、英仏およびベネルクス三国が締結した「ブリュッセル条約」によって一九四八年に創設された集団的防衛機構たる欧州同盟である。この欧州同盟は、一九五四年の独伊の加盟を契機に改組して名称も西欧同盟に変更した。現在の正式加盟資格は欧州共同体・欧州連合に加盟していることであるが、すべての欧州共同体・欧州連合加盟国が西欧同盟に加盟しているわけではない。また、冷戦体制の崩壊後は、正式加盟（英、独、仏、伊、西、蘭、ポルトガル、ルクセンブルク、ギリシャ、ベルギー）の他に、準加盟（アイスランド、ノルウェー、ポーランド、チェコ、ハンガリー、トルコ）、連携パートナー（エストニア、リトアニア、ラトヴィア、スロヴァキア、ルーマニア、ブルガリア、スロヴェニア）、オブザーバー（アイルランド、スウェーデン、フィンランド、オーストリア、デンマーク）の資格を設け、複雑な構造を持っている。西欧同盟の正式加盟国には、（ＮＡＴＯ加盟国とは異なって）自動的な集団防衛義務が課せられているが、アメリカが加わる対共産圏の集団的防衛機構であるＮＡＴＯ（一九四九年創設）が存在していたこともあって、欧州の軍事的防衛においては積極的な役割を果たすことができず、統一的指揮の下に置かれる通常兵力を持っていなかった。

ペータースベルク会議では、この西欧同盟に、将来的に通常兵力を持たせることで合意がなされ、また西欧同盟の加盟国領土外での新たな任務として、「ペータースベルク任務」と呼ばれる以下の任務が決定された。

・人道的任務と救援出動
・平和維持の任務
・平和創造のための措置を含む危機克服の際の出動

すでに述べたように欧州共同体加盟諸国は、「欧州連合条約（マーストリヒト条約）」（一九九二年二月調印、一九九三年一一月発効）によって欧州連合を創設し、共通外交・安全保障政策を欧州連合の「第二の柱」とした。しかし、欧州の防衛を主としてＮＡＴＯに依拠して行うのか、それとも西欧同盟を欧州連合に統合し、ＮＡＴＯから独立して行うのか、という主として英仏間の意見対立のために、「マーストリヒト条約」の定めた共通外交・安全保障政策は、妥協の産物となった。それは以下の点に表れている。第一に、共通外交・安全保障政策の決定には原則としてコンセンサス方式（欧州理事会）ないし全会一致方式（閣僚理事会――ただし一部に特定多数決方式がある）が採用され、いずれの加盟国にも拒否権が与えられた。

第二に、共通外交・安全保障政策に共通防衛政策を含めたものの、共通防衛政策の決定をすることを長期的な課題とし、緊急の課題とはしなかったことである。すなわち、「共通外交・安全保障政策は、欧州連合の安全に関わるあらゆる問題を包括し、これには、長期的には、いつでも共同防衛に至る可能性を持つ共通防衛政策の決定も属す」（「マーストリヒト条約」第J・四条第一項）とされた。

第三に、西欧同盟を「欧州連合の発展の不可分の構成要素」とはしたものの、欧州連合の一方的意志によって西欧同盟を利用することはできず、西欧同盟に「要請」しなければならないとされたことである。すなわち、「［欧州］連合は、欧州連合の発展の不可分の構成要素である西欧同盟（WEU）に対して、防衛政策的関連を有する［欧州］連合の決定および行動を策定し、実施するように要請する。［閣僚］理事会は、WEUの諸機関と合意の上で、必要な実務的規則を定める」（「マーストリヒト条約」第J・四条第二項）とされた。

第四に、欧州連合の共通外交・安全保障政策が、NATOと両立するということを明記したことである。すなわち、「本条による［欧州］連合の政策は、特定の加盟諸国の安全保障・防衛政策の性格を損なわない。本条による［欧州］連合の政策は、北大西洋条約から生じる若干の加盟国の義務を尊重し、同条約の枠内で定められた共通安全保障・防衛政策に適合する」（「マーストリヒト条約」第J・四条第四項）とされた。

欧州防衛についての上述の意見対立のために、その後の「アムステルダム条約」（一九九七年一〇月調印、一九九九年五月発効）は、欧州連合の共通外交・安全保障政策に大きな変更を加えることはできなかった。とはいえ、幾つかの重要な変更が行われた。すなわち第一に、いわゆる「建設的棄権」を設けたことである。閣僚理事会における全会一致原則や加盟国の拒否権は維持されたが、棄権は決議の成立を妨げず——ただし、棄権した加盟諸国の理事の持ち票の合計が全持ち票数の三分の一を超えた場合には決議は成立しない——、棄権した加盟国は、当該決定を実行する義務を負わないとされた。ただし、その場合、当該加盟国は、決定が欧州連合にとって拘束力を持つことを受け入れなければならない(「アムステルダム条約」によって修正された「欧州連合条約」第二三条第一項)。これにより、全会一致の達成が容易となった。

第二に、共通防衛政策の決定を長期的課題ではなく、「漸進的」に行うものとした点である(同第一七条第一項)。

第三に、西欧同盟との関係をより緊密にしたことである。すなわち、西欧同盟を欧州連合に統合する可能性を見据えて両者の機構的関係を緊密にすることを定めた。また、欧州連合は西欧同盟に「要請する」ことなく、西欧同盟を使用することができるようになったことである(同第一七条第三項)。

第四に、西欧同盟の「ペータースベルク任務」を欧州連合の共通外交・安全保障政策の中に盛り込み(同第一七条第二項)、欧州連合自身が域外で軍事行動を行うことを明確にしたことである。

このように、欧州連合は、条約上は、域外での軍事行動を、西欧同盟を利用して行うことができるようになったが、実施するには欧州理事会におけるコンセンサスおよび閣僚理事会における全会一致(一部は特定多数)が必要であり、しかもこの任務に即応できる緊急展開部隊を持っていなかったため、これらの規定は、まだ実践的意味をほとんど持っていなかった。

この問題はしかし、英国の方針転換とフランスの柔軟な姿勢によって解決された。すなわち、一九九八年一二月のサン・マロ会談において両国首脳は共同宣言に調印し、欧州が国際舞台における役割を果たすことができるように、「アムステルダム条約」に規定されている共通外交・安全保障政策を実施に移すことを確認した。また、そのために欧州連合は独自の軍事力を保持すること、競争力のある防衛産業の育成が必要であること、ただしこれは欧州防衛に果たすNATOの集団的防衛機能を損なうものではないことを確認した。

これは、フランス(NATOの一九四九年の創設以来の加盟国であるが、一九六六年に加盟国としては留まったがその軍事機構からは脱退していた）が、欧州防衛にはＮＡＴＯが不可欠であることを認め、他方英国が、欧州連合自身が独自の軍事力を持つことを妨げないことを明らかにしたものである。欧州連合自身が独自の軍事組織を持つことは、西欧同盟の解体、欧州連合へのその編入を意味するものである。欧州防衛をＮＡＴＯと欧州連合の二本立てで行うことはドイツの方針であり、対立していた英仏が歩み寄ったことは、ドイツ外交の貫徹を意味すると言っても過言ではない。

サン・マロ会談での確認は、欧州理事会のその後の会議に反映された。すなわち、一九九九年六月のケルン会議においては、西欧同盟を将来的に欧州連合に統合することが決定された。同年一二月のヘルシンキ会議においては、欧州連合が二〇〇三年末までに、国際的な危機の克服のために、六〇日以内に兵力五万から六万の緊急展開部隊を投入し、すくなくとも一年間任務に当たる能力を備えることが確認された。ただし、域外展開のために編成されていない欧州各国の軍隊の再編、近代化は、冷戦終結に伴う国内世論の動向や財政悪化のために進んでおらず、漸く二〇〇五年に一五〇〇人程度の緊急展開部隊が編成されることになった。

「ニース条約」（二〇〇一年二月調印、二〇〇三年二月発効）は、「欧州連合条約」第二五条を改正し、共通外交・安全保障政策の分野における国際情勢を監視し、閣僚理事会による政策決定を補佐する既存の「政治委員会」の名称を「政治・安全保障政策委員会」に変更し、この委員会にさらに、閣僚理事会の責任の下に「危機克服の作戦行動の政治的監督および戦略的指揮」の任務を与えた。その後、軍事参謀本部に相当する「軍事委員会」や、「ペータースベルク任務」のための早期警戒、情勢評価、戦略計画の立案を行う「軍事参謀部」も設置され、欧州連合は、共通安全保障・防衛政策を実際に軍事的に実施するための指揮命令組織を備えることになった。

これを受けて欧州理事会は二〇〇三年一二月のブリュッセル会議において、「欧州安全保障戦略」を決定し、以下の三つの戦略目標を明らかにした。

一、国際テロリズムに対抗する闘い

二、大量破壊兵器の拡散に対抗する闘い

三、組織犯罪に対抗する手段としての「崩壊した諸国」への支援

この「欧州安全保障戦略」においては、冷戦時代の防衛構想から脱する新たな防衛構想が明らかにされている。すなわち、もはや直接の侵略だけに備えるのではなく、ダイナミックな性格を持つ「新たな脅威」――国際テロリズム、大量破壊兵器、組織犯罪を指す――にあっては、「第一次防衛ラインはしばしば外国にある」という考え方である。確かにこの件は、軍事政策的観点からのみ論じられてはおらず、これらの脅威には「純粋に軍事的手段」だけでは対抗できず、諸手段の併用の必要性が強調されている。すなわち、政治的、経済的、軍事的、司法的、警察的、人道的手段や啓蒙活動等の併用である。このように、「欧州安全保障戦略」は諸手段の併用を主張しているが、軍事的手段が不可欠であることに変わりはなく、軍備庁の設置による欧州の軍事力の強化が主張されており、欧州連合が域外での軍事行動を積極的に行う意思を示したものである。これは、加盟国領土外での「防衛戦争」への方針転換ともとれるものであり、アメリカの「ブッシュ・ドクトリン」にも似ている。そのため、その後の議論では、この方針に強い懸念も噴出しており、現在ではこの構想は、非軍事的脈絡でのみのものと限定解釈されているようである。

欧州連合の軍事同盟化、ＮＡＴＯからの自立化の動きは、着実に進んではいるが、しかし、現実にはＮＡＴＯぬきでは欧州の防衛も、軍事的世界戦略も考えられず、中長期的にＮＡＴＯに依存せざるを得ない状況が続く。それ

は、とりわけ軍事的理由からである。すなわち、例えば、前述の通り、「ペータースベルク任務」を実施するための緊急展開部隊の編成は漸く緒についたばかりであり、これを実際に投入し動かすための能力は、軍事力の近代化が遅れている欧州連合にはまだ備わっておらず、結局、NATOの有する輸送能力、情報収集能力、通信能力等に頼るしかない。そのため、「リスボン条約」は、アメリカやNATOとの関係に配慮しながら、長期的に欧州の軍事的自立を図るという既存の方針を踏襲している。

欧州連合加盟国には、ポーランドのようにアメリカやNATOとの関係を重視する国々があり、また、オーストリア、フィンランド、スウェーデンのように軍事同盟に正式加盟せず、中立国としての立場を取る国もある。このような中で、独仏を中心に欧州の軍事的自立を進めるための手段が「恒常的構造的協力」(「新欧州連合条約」第四二条第六項)である。これは、域外での「ミッション」を実施する能力と意欲を持つ加盟国が設立する軍事的協力制度であり、欧州連合の軍事的中核を形成するための手段である。閣僚理事会の特定多数をもってする決定によって「恒常的構造的協力」の設立が承認されると、その後の参加の承認には、閣僚理事会において、既存の参加諸国を代表する構成員の特定多数による決定だけが必要になる。また既存の参加国の資格を停止させることも、同様の手続きで可能となる。

(Ⅱ) 新自由主義

「旧欧州共同体設立条約」第二条は、共同体が追求する目標として、調和・均衡のとれた経済生活の持続的発展、高水準の雇用、高度の社会的保護、男女の平等、インフレのない持続的成長、高度の競争力、経済の収斂、高度の環境保護、環境の質の改善、生活水準の向上、加盟国間の経済的・社会的結束と連帯の促進を掲げ、これらの目標を実現する手段が、共同市場の設立、経済・通貨同盟の設立、共通政策であるとしている。

同条約第四条第一項は、これらの目標を実現するために、欧州共同体およびその加盟国が共通の経済政策を導入することを謳っているが、この経済政策に「自由競争を伴う開かれた市場経済の原則」に従うことを義務づけている。そのため、同条約第二条に掲げられている雇用、社会保障、環境の分野の目標も、自由競争と市場原理に従属する他ない。すなわち、経済政策の優先順位は「高水準の雇用」、「高度の社会的保護」、「高度の環境保護」ではなく、市場と自由競争の保障、企業活動の重視に置かれざるを得ない。

通貨・為替相場政策については、「旧欧州共同体設立条約」第四条第二項は、欧州共同体とその加盟国が統一的な通貨・為替相場政策を導入することを謳っている。いうまでもなく、これはすでに統一通貨ユーロの導入（二〇〇九年一月一日現在、ユーロを導入した加盟国数は一六である）等により一部実現している。これらの統一的な通貨・為替相場政策が追求する「優先的目標」は、「物価の安定」とされており、この「物価の安定」はまた、欧州中央銀行制度の「優先的目標」ともされている（同第一一一条第二項）。それだけではない。「安定した物価」は、「健全な公的財政」、「貨幣的枠組み条件」、「恒久的に破綻に陥らない国際収支」と並んで、欧州共同体がその目標を追求する際に遵守すべき基本原則とされている（同第四条第三項）。これにより、欧州共同体加盟諸国が、財政政策を機動的に実施して雇用の拡大や社会保障の拡充を目指すことは、法的に制約を受けている。

これらの条項は、まさにケインズ主義的政策の否定を意味するものであり、新自由主義的思想やマネタリストの経済理論等の影響を強く受けていることを示すものである。

イデオロギーとしての新自由主義とは、市場の全面的、絶対的な自由こそが、この世において最適なものを作りだすのに必要にして十分な条件であるという思想である。したがって、社会や世界の全面的市場化を要求し、国家による規制を緩和ないし撤廃すること、公共サーヴィスの提供を行う国営・公営事業を民営化することを要求する。この思想が国家に認めるのは、自由な市場のための制度を整え、守ることであり、特に治安や軍事の分野における役割である。このイデオロギーは、世界の最適地で経済活動を行い、最大利潤を確保しようとする多国籍巨大資本のイデオロギーに他ならない。

しかし、加盟諸国の実際の経済・財政・金融政策や欧州中央銀行の金融政策が、全くの新自由主義的政策、マネタリスト的政策であるというわけではない。特に加盟諸国では、政権を維持または奪取するためには、雇用、福祉、環境等に一定程度配慮した政策を掲げ、実施せざるを得ない。とはいえ、加盟諸国の諸政策は、最近とみに新自由主義的、マネタリスト的傾向を増していることは事実である。すなわち、労働市場の規制緩和による賃金・労働条件の引き下げ、社会保障制度の労働者にとって不利な変更、民営化、企業・富裕者減税等である。また、アメリカにならって金融の規制緩和、証券化をすすめた。

一方、「新欧州連合条約」は、欧州連合の目標について定めた第三条の第三項第一段において、「欧州の持続的発展」、「高度の環境保護」、「環境の質の改善」と並んで、「完全雇用および社会進歩を目指す高度の競争力を有する社会的市場経済」を目指すことを謳っている。これらの諸目標を追求する際の基礎が、「均衡のとれた経済成長」と「物価の安定」とされている。

「旧欧州共同体設立条約」や「旧欧州連合条約」にも掲げられていない「完全雇用」を掲げ、単なる市場経済ではなく、社会的拘束性を有する市場経済、すなわち「社会的市場経済」を謳っていることは注目される。

「新欧州連合条約」のこの規定は、旧二条約の新自由主義的傾向を修正することを宣言したものであろうか。そうではなさそうである。というのは、具体的政策について述べる「欧州連合運営条約」は、確かに第一一九条および

第一二〇条で、「新欧州連合条約」第三条に言及しているものの、「完全雇用」と「社会的市場経済」という語を全く使用せず、「高水準の雇用」（第一四七条第一項・第二項、第一五一条第一段）と「自由競争を伴う開かれた市場経済の原則」（第一一九条第一段・第二段、第一二〇条、第一二七条第一項）という語句を多用しているからである。これらの条項により、欧州連合および加盟国の経済・財政・金融政策、欧州中央銀行の金融政策は、「自由競争を伴う開かれた市場経済の原則」に基づくことを条約的に義務づけられる。また、欧州連合および加盟国の雇用政策が具体的に追求するのは、「完全雇用」ではなく「高水準の雇用」であり、この雇用政策は「自由競争を伴う開かれた市場経済の原則」に従属させられることになる。「完全雇用」と「社会的市場経済」という目標は、単なるお題目に終わる可能性がある。とはいえ、アメリカのサブプライム・ローンの破綻を契機とする世界同時不況の下で、当面は新自由主義的政策の後退、国家独占資本主義的政策の復活・強化がみられるであろう。

いずれにせよ、「完全雇用」と「高水準の雇用」、「社会的市場経済」と「自由競争を伴う開かれた市場経済の原則」という必ずしも相容れないないしは明確ではない目標を掲げており、「リスボン条約」の経済政策における曖昧な性格、妥協的な性格が明らかである。このことは、欧州の保守勢力のみならず、社会民主主義政党の多くが、この「リスボン条約」を成果とみなしていることに示されている。

三　「リスボン条約」に至る経緯

欧州連合・欧州共同体に加盟する二七カ国の政府代表は、二〇〇七年一二月一三日にリスボンにおいて、「リスボン条約」に調印した。以下では、同条約の採択・調印に至る経緯を、「欧州憲法条約」の批准の失敗とその原因、ドイツによる打開策の提案に絞って簡単に検討しておこう。

1、「欧州憲法条約」の批准の失敗

欧州理事会は二〇〇一年一二月に、「ラーケン宣言」をもって、加盟国、加盟予定国、加盟候補国（ブルガリア、ルーマニア、トルコ）の政府代表や議会代表、欧州委員会の代表等が参加する「欧州諮問会議」を招集し、統合の更なる拡大と深化に備えるための「欧州憲法条約」草案の起草を委託した。この草案は若干の修正を経て二〇〇四年一〇月二九日に、二五の加盟国の政府首脳によってローマで調印された。「欧州憲法条約」は二〇〇六年一一月一日までに、欧州連合のすべての加盟国で批准手続きを完了して発効する予定であった。

批准は当初は順調に進んだが、二〇〇五年五月二九日にはフランスが国民投票にもって否決した（投票率六九・三パーセント、反対五四・七パーセント、賛成四五・三パーセント）。この結果は予想されていたとはいえ、欧州連合に衝撃が走った。同年六月一日にはオランダの国民投票が、事前の世論調査の結果どおり否決した（投票率六二・八パーセント、反対六一・六パーセント、賛成三八・四パーセント）。オランダの国民投票の結果には拘束力が与えられていなかったが、国会に議席を持つ政党のほとんどが、国民投票の結果を尊重することを事前に明らかにしていたため、その公約どおり議会が否決した。

これを受けて英国が六月六日、二〇〇六年春に予定していた国民投票の実施を中止し、批准手続きそのものの停止を表明した。これに続いてポルトガル、スウェーデン、デンマーク、フィンランド、ポーランド、アイルランド等が批准手続きの延期を発表した。

二〇〇五年六月一六・一七日の欧州理事会は、批准手続きは継続するが当初予定していた二〇〇六年一一月一日の発効は不可能と判断し、「熟考のための期間」を置き、二〇〇六年前半に批准手続きについて再度協議することで合意した(2)。これによって欧州連合の「危機」はひとまず回避された。

その後ラトヴィア、キプロス、マルタ、ルクセンブルク、ベルギーが批准し、批准を済ませた国は二〇〇六年四月末までには一四カ国に増加し、さらに二〇〇六年末までには一八カ国に増加した。しかし、国民投票で否決したフランス、オランダのみならず、英国、ポーランド等でも批准の目途は全く立たず、打開策が模索された。

二〇〇六年六月一六・一七日の欧州理事会は「欧州憲法条約」について討議し、「ニース条約」によって改正された現行の「欧州連合条約」および「欧州共同体設立条約」では長期的には対処できないこと、「欧州憲法条約」の内容は維持されるべきことを確認したが、これをどのように行うかについては、合意が成立しなかった。そのため、大国ドイツに、各加盟国との協議を行って、同国が議長となる二〇〇七年前半に「欧州憲法条約」の問題について報告書を提出し、打開策をその中で提案するように委託した。この提案に基づいて、フランスが議長となる遅くとも二〇〇八年後半までに必要な措置が講じられることになった(3)。

欧州連合がこのように、「欧州憲法条約」の問題の解決に迫られたのは次の事情による。欧州連合の創設に関する「欧州連合条約」(一九九三年一一月一日発効のいわゆる「マーストリヒト条約」)は、その後「アムステルダム条約」と「ニース条約」によって二度改正されており、現在の欧州連合・欧州共同体は二〇〇三年二月一日に発効した「ニース条約」により運営されている。「ニース条約」は、加盟国が一五カ国の時に署名されたもので、将来の「東方拡大」によって加盟国が二七カ国に増えることに備えて、すなわち図体の巨大化に伴って迅速な決定が困難になることを未然に防止するために、決定方式の変更とそれに伴う機構改革を中心に行ったものであった。

その内容とは第一に、主たる立法機関である閣僚理事会の決定に関して、全会一致事項を減らして特定多数決事項を増やすとともに、各加盟国の持ち票数を変更し（新規加盟国には新たに割り当てた）、特定多数の成立要件も変更した。第二に、欧州委員会の委員の数の割り当て方法を変更し、全加盟国が平等に一委員を割り当てられることになった（それまでは英独仏伊西には他の加盟国よりも多い二委員が割り当てられていた）。第三に、新規加盟による議席の際限のない拡大に歯止めをかけるために、欧州議会の議席の配分を変更し、議席総数の上限を七三二とした。ただし、二〇〇四年六月の欧州議会選挙までに二七ヵ国への拡大は実現しないことは明らかだったので、ニースでの政府間会議は経過規定を決定し、遅れて加盟するルーマニアとブルガリアに議席を追加配分するために、七三二議席を暫定的に上回っても良いとした（「欧州連合の拡大に関する議定書」第四条）。

「ニース条約」が準備した「東方拡大」は、二〇〇七年一月一日に完了した。すなわち加盟候補国となっていた一二カ国の内、先ずポーランドやチェコ等の一〇カ国が二〇〇四年五月一日に、残るルーマニアとブルガリアが二〇〇七年一月一日に欧州連合への加盟を果たしたのである。そのため、欧州連合のこれ以上の拡大は、現行の「ニース条約」によっては技術的に不可能とされている。特に、クロアチアが加盟要件を満たしつつあり、その加盟に対応できない。また欧州連合は、欧州の安全保障上の理由から、すでに加盟を果たしているスロヴェニアや加盟要件を満たしつつあるクロアチアの他にも、他のバルカン半島の諸国の加盟の実現のために様々な援助をしているが、現行条約ではこれらの国の加盟は不可能とされている。

「欧州憲法条約」は、現行の「ニース条約」では対処できない加盟国数の更なる「拡大」に備えるためだけではなく、欧州統合の一層の「深化」のために構想されたものであった。

2、フランスとオランダの国民投票の結果の意味

国民投票は、付される案件の是非を問うという側面だけではなく、時の政府を信任するか否かを問うという側面を持たざるを得ない。フランスとオランダの国民の投票行動については、すでに詳細な分析がなされている。例えば欧州委員会が委託した調査結果(4)によると、特にフランスでは、政府に対する信任投票という側面が強かったことが読み取れる。

すなわち、「欧州憲法条約」に反対の理由として挙げられたのは(複数回答可)、多いものから順に①「雇用への否定的影響があるため」(三一パーセント)、②「フランス経済は弱すぎる／失業者が多すぎるため」(二六パーセント)、③「条約案は(経済的に)リベラルすぎるため」(一九パーセント)、④「大統領、政府、特定政党に反対するため」(一八パーセント)、⑤「社会的ヨーロッパの側面が十分ではないため」(一六パーセント)、⑥「条約案は複雑すぎるため」(一二パーセント)、⑦「トルコ人に欧州連合に入ってもらいたくないため」(六パーセント)等となる。これらの「理由」から、シラク政権(当時)の雇用政策に対する強い不満が読み取れる。

シラク大統領は「欧州憲法条約」をつくることに大きな役割を果たしたが、しかしその足元は決して磐石ではなかった。すなわち、二〇〇二年四月～五月の大統領選挙においては、保守・中道の「共和国連合」のシラク大統領と社会党のジョスパン候補との争いになるという大方の予想は覆され、極右政党「国民戦線」のリュパン候補が大躍進し、シラク大統領との決選投票に持ち込み、シラク大統領は辛うじて再選されたという経緯がある。移民の排斥を公然と主張するリュパン候補が支持を集めた背景には、不況、高失業率、犯罪の多発があった。この時、極右勢力の伸張に危機感を募らせたフランス国民の多くは、決選投票ではシラク大統領に投票したが、彼を積極的に支持したというわけではなかった。

再選後のシラク大統領率いる「共和国連合」は、続く六月に行われた総選挙において過半数を大きく上回って勝利し、五年ぶりに保革共存政権を解消した。発足したラファラン新内閣は、産業界の要請を受け入れて解雇規制を緩和したため、企業の大規模リストラが進行した。そのため、選挙公約に掲げていた失業率の低下を実現できなかった。

加えて、二〇〇四年五月一日の欧州連合の「東方拡大」に伴い、新規加盟の東欧諸国からの不法就労者(5)が目立つようになり、これは「ポーランドの配管工」というセンセーショナルな表現で取り上げられ、低賃金で働くこうした労働者に対するフランス人労働者の反感と不安が募っていた。

フランスの厳しい経済社会状況、シラク政権の雇用政策に対する批判、欧州連合の拡大による職の不安は、極右政権の誕生を心配する必要のない国民投票において、容易に「ノン」という投票行動に結びついたと思われる。強い雇用不安に襲われているブルーワーカーの実に七九パーセントが、「欧州憲法条約」に「ノン」の票を投じたことが、これを端的に示している。

一方、オランダの国民投票における「反対」の理由は、①「情報が不足しているため」(三二パーセント)、②「国家主権が失われるため」(一九パーセント)、③「政府、特定の政党に反対するため」(一四パーセント)、④「欧州(連合)は高くつきすぎるため」(一三パーセント)、⑤「欧州統合に反対するため」(八パーセント)、⑥「雇用状況に悪影響を与える/オランダ企業が流出する/職が失われるため」(七パーセント)、「条約案に積極的なものを見出せないため」(六パーセント)、「条約案は行きすぎで性急すぎるため」(六パーセント)、「専門技術的すぎる/規則が多すぎるため」(六パーセント)、「これ以上の拡大に反対するため」(六パーセント)等である。

ここでは、反対の理由として情報不足を三割強が挙げているが、それ以外の理由は様々である。しかし、政府とその雇用政策に対する不満、欧州統合の拡大・深化がオランダ国民にとって得ではないという考え方が読み取れよう。

オランダでは、「オランダ・モデル」として称賛されたワークシェアリングの導入等によって失業率は激減し、二〇〇一年には二・一パーセントにまで下がった。しかしその後、失業率は再び増加し始め、二〇〇五年には五パーセント台に上昇した。また、社会保障支出の削減、賃金引下げ等によって生活水準は全般的に下がり、社会の二極分解が進行したこともあって、政府の雇用対策や社会保障政策に対する不満が拡大していた。

「欧州（連合）は高くつきすぎるため」という反対理由が挙げられたのは、次のような事情による。すなわち、二〇〇五年度計画ベースの欧州連合の財政収入全体に占める割合は、①「GNP負担金」（各国のGNPに一定の割合を乗じた額）が七三・〇パーセント、②「付加価値税独自財源」（各国の付加価値税の〇・五ポイント相当分）が一四・四パーセント、③「対外共通関税」（域外からの輸入品等に課される統一関税収入の七五パーセント相当分）が一〇・一パーセントであり(6)、分担金の性格を持つ①②だけで収入の九割近くを占める。このような収入構造のため、オランダを含めた「豊かな」加盟国国民の一人当たり負担額は、「貧しい」新規加盟国よりも格段に大きい。

一方、二〇〇五年度配当計画ベースの欧州連合の支出費目は、①「農業」が全体の四六・二パーセント、②「構造的措置」が三〇・五パーセント、③「内政分野」が七・五パーセント、④「行政」が六・〇パーセント、⑤「対外政策分野」が五・二パーセント等であり(7)、①②で約四分の三を占める。「農業」政策予算は、農家への補助金、農村地域の振興のために支出されている。また「構造的措置」予算は、その七〇パーセントが、一人当たりGNPが欧州連合の平均値の七五パーセント未満の地域のために、一一・五パーセントが、旧東独のような構造的問題を抱えている地域の社会的経済的構造転換の支援のために、一二・三パーセントが、学校・職業教育制度や雇用促進制度の変更のために支出されている。要するに、欧州連合の財政のほとんどは、農業補助金とインフラ整備補助金として、「貧しい」国や地域に支出されている。そのため、農業部門の比重の決して大さくない「豊かな」国は、欧州連合の財政からの還流が少なく、負担のほうが大きい「純支払い国」となる。その中でもオランダは、国民一人当たりの純負担額が最も多い国である。現在の財政構造をそのままにして、欧州連合が加盟国を増やすことは、自分たちの負担を増大させるだけだという思いが、投票行動に少なからぬ影響を与えたと思われる。

加えて、次のような事情も見逃せない。すなわち二〇〇三年一一月に、イスラム社会における女性差別を扱った映画を撮った監督がモロッコ系移民二世の青年に銃で殺される事件が起きたが、これを契機に、それまで外国人に比較的寛容であったオランダの世論は変化し、右翼政党による移民排斥運動が広がりを見せ始めた。右翼政党は、批准投票に向けて、「欧州憲法条約」は国家主権を侵害し、欧州連合の官僚機構を肥大化させるだけでなく、新規加盟諸国からの移民の波を生み、とりわけトルコが加盟すればイスラム教徒が大量に流入するなどとする宣伝を強めていた。

以上のように、フランスとオランダの国民が「欧州憲法条約」に反対した理由は様々であるが、現在の欧州連合にも反対であるという意見を持つ者が国民の多数を占めているわけではない。国内の政治的経済的状況、とりわけ雇用問題や移民・外国人労働者問題が大きな影を落としており、国民の多数が欧州連合のこれ以上の性急な拡大と深化にブレーキをかけたように見て取れる。

3、「ベルリン宣言」

すでに述べたように、「欧州憲法条約」の批准の危機の打開は大国ドイツの手に委ねられた。すなわち二〇〇七年前半期に議長国となるドイツが、新たな提案を行うことになっていた。

ドイツ首相メルケルは欧州理事会議長に就任早々の二〇〇七年一月一七日、欧州議会で演説し、「熟考の局面は過ぎた。今や、六月までに新たな決議を作成することが肝要である」(8)と述べ、自分の手で、早急に危機打開の道筋をつけることを明らかにした。議長国ドイツは、「欧州憲法条約」についての各国との交渉を秘密裏に行っていたが、外交筋からは、メルケル首相が同年三月八日の欧州理事会において、非公式提案を行ったことが漏れ伝わった。それは、「欧州憲法条約」の核心は維持するものの簡素化した条約とし、また対立と国民投票を避けるために「憲法」という名称は捨て、六月に政府間会議を招集して年末までに詳細な条約案を作成させるというものであった。メルケル首相がこの案を実現するための跳躍台として三月二五日の「ベルリン宣言」を利用することも、漏れ伝わった。

二〇〇七年三月二五日の「ベルリン宣言」(9)は、二つの「ローマ条約」——「欧州経済共同体設立条約」および「欧州原子力共同体設立条約」の二条約はローマで調印されたためにこう呼ばれている——の調印五〇周年を記念して採択された政治的文書であり、四つの部分から構成されている。その最初の部分では、過去五〇年における欧州統合の成果が挙げられ、最後の部分で、二〇〇九年の欧州議会選挙までに、欧州を新しい基礎の上に立てる意思が表明された。ここには、「欧州憲法条約」への言及はなく、「新たな共同の基礎」という言葉が使用された。すなわち同宣言は、「我々は・・・欧州連合を二〇〇九年の欧州議会選挙までに新たな共同の基礎の上に立てるという目標で一致している」との表現を採用した。同日に行われた記念演説(10)でメルケル首相は、「我々がローマ条約の五〇年後に憲法条約を持つことを望んだ者は、失望するであろう」と述べ、「ベルリン宣言」によって「欧州憲法条約」の発効を断念したことを明らかにした。

この「ベルリン宣言」により加盟国は、二〇〇九年までに「新たな共同の基礎」をつくるべく協力する義務を負うことになった。しかし、「新たな共同の基礎」がどのような法的形式を採るのかを、すなわち新条約なのか、現行条約の改正なのかを、メルケル首相は明らかにしなかった。

4、議長国ドイツの提案

二〇〇七年六月二一・二二日にブリュッセルで開催された欧州（首脳）理事会は、メルケル議長のイニシャティヴの下に、「欧州憲法条約」を正式に断念し、しかしその主要な内容を現行の二条約を改正してその中に盛り込むことで合意した。また、この条約改正のために政府間会議を招集することで合意し、議長に「欧州連合条約」第四六条に従って同会議招集のための措置を早急に講じるように要請した。欧州理事会はさらに、「委任命令」(11)を出し、こうした命令書としては異例なほど詳細かつ具体的に改正内容を指示し、次期議長国のポルトガルに対してこれに従った草案を作成し、政府間会議に提出するように要請した(12)。この一六頁から成る「委任命令」が、政府間会議による改正作業の基礎、枠組みを成すものである。

七月二三日に作業を開始した政府間会議（欧州委員会と欧州議会の代表も参加）には、先の「委任命令」を基に作成された改正条約草案(13)（第一次草案）が議長国ポルトガルより提出された。改正条約に関わる部分が一四七頁、一二の議定書と五一の宣言に関わる部分が一三二頁に及ぶこの第一次草案はその後、加盟国の専門家、外相等による討議・修正を経て第二次草案(14)となった。これは一〇月一八・一九日の加盟国政府首脳の非公式会議の討議に付され、同会議はイタリアとポーランドの主張を取り入れて若干の修正を施し、採択の手続きに入ることを確認した。こうして「リスボン条約」は一二月一三日に正式に調印された。

四　「リスボン条約」と「欧州憲法条約」との違い

「リスボン条約」は「欧州憲法条約」の内容を基本的に踏襲したものである。とはいえ、相違点も多数ある。以下では、主な内容上の変更・追加点に絞って紹介しておこう。条文の分割、結合、移動などの技術的変更や、内容の変更を伴わない字句や表現の変更は取り上げなかった。また、必要と思われる限り現行の二条約との相違点についても触れた。

1、「国家性」の象徴

「リスボン条約」は先述の通り、現行二条約の改正という形式を採用したが、「欧州憲法条約」の内容の多くをほぼそのまま踏襲しており、事実上の新条約といってもよい。それにもかかわらずこのような形式を採ったのは、「リスボン条約」は欧州連合の連邦国家化を狙うものだとの批判をかわし、加盟国政府が国民投票を行わずに議会だけで批准できるようにすることを狙ったものである。

「リスボン条約」も国際条約であり、いうまでもなく発効には批准が必要である。ただ、新条約の批准には、加盟国の憲法的規定や政治的判断により、国民投票を実施しなければならない場合がある。しかし、改正条約の場合には一般的にハードルが低くなり、国民投票の実施が批准の要件とならない傾向が見られる。「リスボン条約」が現行二条約の改正という形式を採ったのは、すでに述べたように加盟国が国民投票を実施せずに議会のみで批准できるようにするためであるが、そのためには「リスボン条約」によって改正される二条約の憲法的性格を否定しなければならず、「連邦国家」を連想させるような表現を削除しなければならない。さらに、欧州連合の立法における加盟国議会のチェック機能を強化する必要が生じる。

こうして「リスボン条約」は、「欧州憲法条約」の内容を現行の二条約に移しかえる際に、国家の臭いを放つ一切の条文、文言、表現を取り除いた。すなわち第一に、「欧州憲法条約」は欧州連合の旗と歌を正式に定め、「多様性の中の統一」という欧州連合の標語を定め、欧州連合の通貨をユーロとし、五月九日を欧州デーとする条文を置いていたが（第Ⅰ―八条）(15)、「リスボン条約」はこれを採用しなかった(16)。そのため、ベートーヴェンの「歓喜に寄す」（第九交響曲）は正式の欧州連合歌にはなりそこねたが、しかし今後も欧州連合の行事には事実上の欧州連合歌として演奏されるであろう。また旗に関しても、すでに青地に一二の金色の星を円環状に配したものが定着しており、事実上の欧州連合旗として引き続き使用されることになる。

第二に、外交・安全保障政策の共通化の進展に懸念を示す英国への配慮もあって、「欧州憲法条約」が新設を定めていた「連合外相」（第Ⅰ―二八条）は、名称が「外交・安全保障政策担当連合上級代表」に変更された。

第三に、「欧州憲法条約」は欧州連合の機関が制定する二次法の種類と名称の変更を行い、一部に国法を連想させる「欧州法（律）」「欧州枠組み法（律）」という名称を使用していたが（第Ⅰ―三四条）、「リスボン条約」はこれを採用せず、「規則」、「指令」、「決定」等という現行の名称を使用する。

しかし、「リスボン条約」が「欧州憲法条約」が行った二次法の区分についての基本的な考え方を変更していないことには注意が必要である。すなわち「欧州憲法条約」は、立法機関である閣僚理事会および欧州議会が共同で、または一方が他方の「参加」をもって「法律制定手続き」に従って決定する二次法である「欧州法（律）」および「欧州枠組法（律）」のみに、「法律の性格」を与え、その他の二次法を「法律の性格を有しない二次法」と呼んでいたが、「リスボン条約」も、閣僚理事会および欧州議会が共同で、または一方が他方の「参加」をもって「法律制定手続き」に従って制定する二次法を「法律」と呼び、これ以外の二次法を「法律の性格を有しない二次法」と呼んでいる。

第四に、「欧州憲法条約」は加盟国の国法に対する欧州連合の法の「優位性」を定める条文を置いていたが（第Ⅰ—六条）、「リスボン条約」はこれを採用しなかった。欧州共同体および欧州原子力共同体の管轄領域における欧州法の「優位性」は、欧州法の重要な特徴の一つであり、欧州統合の基礎を成す原則である。欧州法の「優位性」なくして、共同体の運営は不可能であり、加盟国国民に国籍にかかわらず平等の取り扱いを保障することもできない。欧州法の「優位性」は、条文上の根拠のない不文律の原則であるが、一九六四年の欧州司法裁判所の判決で表明されて以来、加盟国および欧州司法裁判所の判決の積み重ねによってすでにゆるぎない法的確信になっている。

「リスボン条約」は欧州法の「優位性」を条文の中には盛り込まなかったが、これを次のような処理によって明らかにした。すなわち、条約に添付した宣言において政府間会議は、欧州司法裁判所の判例法の通り、条約および条約に基づいて制定される二次法が加盟国の国法に対して優位性を持つこと認めることを明らかにした(17)。

なお、条約またはその構成部分である議定書に添付される宣言は、議定書とは違って条約の構成部分ではなく、したがって条約または議定書の法的内容を変更できない。しかし、一つまたは複数の条約締結国が一方的に添付する宣言とは異なり、全条約締結国が合意した宣言は、条約または議定書に解釈の余地が残されている場合にはその解釈を拘束することができるとされている。

2、「基本権憲章」の扱い

欧州連合は、基本的人権を中心にした基本権のカタログを、二〇〇〇年一二月七日に「欧州連合基本権憲章」として採択したが、これは単なる宣言であり、したがって法的拘束力はなかった。「欧州憲法条約」はこの憲章に若干の修正を施し、これをその内部に第Ⅱ部として採用したため、「欧州憲法条約」が発効した折には、この「基本権憲章」は当然にも全加盟国を法的に拘束するはずであった。しかし、「欧州憲法条約」は断念された。これに代わって調印された「リスボン条約」は、改正した二条約の中に「欧州連合基本権憲章」を盛り込まず、次のような処理を行った。

すなわち「新欧州連合条約」は基本権に関する第六条を新たに設け、「連合は、二〇〇七年一二月一二日にストラスブールにおいて調整されたテキスト(18)での、二〇〇〇年一二月七日の欧州連合基本権憲章が定める権利、自由および原則を、承認する。すなわち、基本権憲章と二条約（「新欧州連合条約」と「欧州連合運営条約」を指す――引用者）は法的に同列にある」(19)と述べた。このように「新欧州連合条約」は、「基本権憲章」の法的拘束力を認め、また二条約と同列にあることも謳っているので、この変更は単なるシンボル的、表面的変更に過ぎない。

なお、「ポーランドおよび連合王国への欧州連合基本権憲章の適用に関する議定書」(20)により、ポーランドと英国は、「基本権憲章」の拘束から一部免れることができる。「基本権憲章」は、欧州連合の機関、組織およびその他の部署に適用され、加盟国には専ら連合法を施行する際に適用されるが、この議定書により、欧州連合司法裁判所、ポーランドおよび英国の国内裁判所は、国内の行政法および行政措置が「基本権憲章」の定める基本権、自由または原則と一致していない、との判断を行うことはできない。また、「基本権憲章」第四編の定める権利は、ポーランドおよび英国の国内法がそのような権利を定めていない場合には、両国の住民にそのような権利を保障しない。第四編の定める権利とは、企業内での情報提供および意見聴取を受ける労働者の権利、団体交渉および団体行動の権利、職業紹介サーヴィスを利用する権利、不当解雇から保護される権利、公正および適正な労働条件を享受する権利、児童労働の禁止および職場における若年者の保護、家庭生活および職業生活の保護、社会保障および社会的支援を受ける権利、保健、公共サーヴィスを利用する権利、環境保護、消費者保護である。

英国がこのような拒絶の選択権を主張したのは、「基本権憲章」によって自国の法体系、とりわけ労働法が変更を迫られることを懸念したからである。

ポーランドは別の理由からである。例えば、「基本権憲章」第二一条は、「性、人種、皮膚の色、民族的または社会的出自、遺伝的特徴、言語、宗教または世界観、政治的またはその他の見解、少数民族の一員であること、財産、出生、障害、年齢」による差別を禁止しているだけではなく、「性的指向」による差別をも禁止しているのに対し、国民の九割がカトリックであるポーランドでは、バチカンの教義に忠実であり、同性愛はいまだ社会的にも法的にも認知されていないからである。

一方、カトリック教会を中心とする宗教的保守勢力とは異なって、労働組合は社会権が盛り込まれている「基本権憲章」に賛成している。

このように「基本権憲章」に対する国論は二分されており、「基本権憲章」を認めることによって「リスボン条約」の批准が困難になることを避けるために、カチンスキ大統領のポーランド政府は、英国にならって拒絶の選択権を行使することを決意していたが、この態度は新首相トゥスクによっても引き継がれた(21)。その際ポーランド政府は、国論が二分していることを考慮して、「リスボン条約」に二つの宣言を添付した。一つは、「基本権憲章」は、公衆道徳、親族法、人間の尊厳の擁護、身体および精神の不可侵の分野において法を制定するという、加盟国の権利には抵触しないことを謳った宣言であり(22)、もう一つは、ポーランドの体制転換に果たした労組「連帯（ソリダリノシチ）」の社会運動に言及して、「基本権憲章」第四編に定められている社会権および労働者の権利を留保なく尊重することを謳った宣言である(23)。

3、加盟国議会の権限

欧州連合の立法における加盟国議会の関与の度合いを、「リスボン条約」は「欧州憲法条約」よりも強化した。「リスボン条約」は「新欧州連合条約」の中に、加盟国議会の役割に関する一般的条項を設けているが、これは「欧州憲法条約」にはなかったものである。この「新欧州連合条約」第一二条は、「欧州憲法条約」の様々な条項の中に規定されていた加盟国議会の権限をまとめたものに過ぎず、したがって象徴的な意味を持っているとはいえ、加盟国議会の権限の強化がこの条項に現れているわけではない。

その強化は、とりわけ「欧州連合における加盟国議会の役割に関する議定書」(24)および「補完性および比例性の原則の適用に関する議定書」(25)に現れている。すなわち第一に、欧州連合による立法が「補完性の原則」を侵害しているか否かを加盟国議会が検討する期間を、「欧州憲法条約」付属の同名の二つの議定書(26)のそれぞれ第四条と第六条は、通常の場合で六週間以内としていたが、これが「リスボン条約」の二つの議定書においては、八週間へと延長された。加盟国議会はこの期間内に、「法律案」を検討し、これが「補完性の原則」と一致していないと判断する場合には、その判断の根拠を明らかにする書面を提出することができるが、六週間以内にこれを行うのは非常に困難であり、二週間延長される意味は大きい。

第二に、「リスボン条約」は、間接的ではあるが、加盟国議会に、欧州委員会が提出する「法律」案を葬り去る可能性を与えた。「欧州憲法条約」付属の「補完性および比例性の原則の適用に関する議定書」第七条においては、総数（一院制の議会は二票を、二院制の議会は各院が一票を持つとして計算）の三分の一以上——自由、安全および正義（公正）の領域に関する規定に基づく法案の場合には四分の一以上——の加盟国議会が、法案は「補完性の原則」に一致しないとの見解を明らかにした書面を提出すると、当該の法案の再検討が行われることになるが、法案の提出者である欧州委員会（またはその他の機関や組織）は、元の法案を維持することも、変更することも、撤回することもできる。いずれの場合にも、理由を明らかにしなければならないが、加盟国議会の見解には拘束されない。

これに対して「リスボン条約」に添えられた「補完性および比例性の原則の適用に関する議定書」第七条は、上記の手続きの他に、欧州委員会が提案者となる「通常の法律制定手続き」に限ってではあるが、新たな手続きを導入した。すなわち、上と同じ方法で計算する過半数の加盟国議会が、「法律」案は「補完性の原則」に一致しないとの見解を明らかにした書面を提出する場合であって、欧州委員会が再検討後も元の「法律」案を維持する場合には、欧州委員会は自己の見解を加盟国議会の見解と一緒に法律制定者（閣僚理事会および欧州議会）に送らなければならない。閣僚理事会が構成員の総数の五五パーセントの多数をもって、または欧州議会が投票総数の過半数をもって、「法律」案が「補完性の原則」とは一致しないとの態度を明らかにすると、当該の「法律」案は廃案になる（Ⅱの c）を参照）。

4、特定多数に関する新規定の適用時期と少数派保護

「欧州憲法条約」は、閣僚理事会（および欧州理事会）の特定多数決による決定事項を増やし、現行「ニース条約」の下での特定多数の成立の三要件［①賛成国数の要件（過半数の場合と三分の二以上の場合がある）、②賛成国の持

ち票数要件（総数中の一定票数以上）、③賛成国の人口要件（全加盟国の総人口に対する割合が六二パーセント以上）[27]を、二〇〇九年一一月一日から①③の二要件のみとし——ただし通常の特定多数決の場合は①は五五パーセント以上に、③は六五パーセント以上に、理事会が欧州委員会（または連合外相）の提案によらずに立法する特別の特定多数決の場合にはそれぞれ七二パーセント以上と六五パーセント以上に変更——、人口の多い大国に有利な決定方式に変更しようとした（第I—二五条）。

「リスボン条約」は、先述の通り、「ニース条約」の下で持ち票において破格の待遇を受けていたスペインとポーランドに配慮して、閣僚理事会（および欧州理事会）における特定多数の内容およびその適用時期を以下のように変更した。

（a）特定多数の成立要件については、二〇一四年一〇月三一日までは現行の三要件を適用し、二〇一四年一一月一日以降から新規定を適用する。

（b）ただし二〇一四年一一月一日から二〇一七年三月三一日までを移行期間とし、この期間にいずれかの加盟国が現行の三要件の適用を主張した場合には、これが適用される。

（c）二〇一七年四月一日以降は、新規定のみを適用する[28]。

さらに閣僚理事会は、「リスボン条約」が加盟国首脳によって調印された同日（二〇〇七年一二月一三日）に全会一致の決定を行い、これにかつての「イオアニナの定式」の内容を変更して盛り込み、少数派保護を強化した[29]。「イオアニナの定式」とは「イオアニナの妥協」とも呼ばれており、マーストリヒト条約の発効後の一九九四年三月二九日に、ギリシャのイオアニナで開催された非公式外相会議で合意された少数派保護の紳士協定を指す。加盟国数が一二であったこの当時の閣僚理事会における特定多数の成立要件は、①賛成国数の要件と②賛成国の持ち票数要件の二要件であり、②は七六票中の五四票以上であったため、成立を阻止するには二三票でよかった。一九九五年のスウェーデン、フィンランド、オーストリアの加盟とともに持ち票総数は八七票に拡大し、特定多数の成立には六二票以上が必要となり、したがって成立を阻止するためにはこれまでの二三票ではなく二六票以上が必要となった。欧州連合の一五カ国への拡大を前にして英国とスペインらは、阻止票の数を二三票のままにすることを要求した。こうして合意されたのが「イオアニナの定式」であり、その内容とは、法案に反対する意向を表明した国の合計持ち票が二三票ないし二五票である場合には、閣僚理事会は議決を行わず、反対国の持ち票が一九票以下になるまで、法案の修正等を行うというものであった。

この「イオアニナの定式」は、「ニース条約」が持ち票の再配分を行ったために適用されなくなったが、「欧州憲法条約」の交渉の際に、二〇〇九年から二〇一四年までは「イオアニナの定式」を新たな内容で採用することで合意が図られ、同条約の付属文書である「第I―二五条に対する宣言」[30]として調印された。その内容とは以下の通りである。すなわち成立阻止に必要な加盟国数と持ち票数を満たさなくても、反対の意向を持つ国の数とその持ち票数が成立阻止に必要な数の七五パーセントに達する場合には、直ちには特定多数決による議決はなされず、合意形成の努力が必要となる、というものである。具体的には、通常の特定多数の成立を阻止するには、加盟国数の四五パーセント超（成立には五五パーセント以上が必要）、または人口比の三五パーセント超（成立には六五パーセント以上が必要）が必要であるが、またハードルの高い特別の特定多数の成立を阻止するには、加盟国数で二八パーセント超（成立には七二パーセント以上が必要）、または人口比で三五パーセント超（成立には六五パーセント以上が必要）が必要ではあるが、この数に達しなくてもそれぞれの数の七五パーセント以上に達すれば、閣僚理事会は

「適当な期間」[31]調整の努力を強制され、一時的とはいえ特定多数の成立が阻止される。

先の閣僚理事会の二〇〇七年一二月一三日の決定も、「欧州憲法条約」の先の付属宣言を踏襲し、二〇一四年一一月一日から二〇一七年三月三一日までは、特定多数の成立を「適当な期間」阻止するには規定数の七五パーセント以上（例えば通常の特定多数の場合、加盟国数の三三・七五パーセント超または人口比で二六・二五パーセント超となる）でもよいと定めたが、さらにこれを二〇一七年四月一日以降には規定数の五五パーセント以上（例えば通常の特定多数の場合、加盟国数の二四・七五パーセント超または人口比で一九・二五パーセント超となる）に引き下げ、少数派保護を一層強化した。

「イオアニナの定式」を条約本文へ入れることはポーランドが強硬に主張したが、ほとんどの加盟国が反対した。閣僚理事会の決定を一時的とはいえ阻止できる少数派の形成のハードルを低くしすぎると、少数派の保護には有効でも、迅速な決定がほとんど不可能になるとの危惧からである。

結局、ポーランドの要求は実現しなかったが、閣僚理事会の決定の中に盛り込まれたため、ポーランドの要求は実質的には実現された。ただしこの決定は、閣僚理事会の全会一致の決定によって廃止することも可能である。

これまで「イオアニナの定式」が実際に適用されたことはほとんどない。閣僚理事会による法案の討議・採決の前段階で、各国の実務者代表による会議で討議され、少数派に配慮した調整がなされているからである。しかし、加盟国数の増加の下での新「イオアニナの定式」の採用は、この調整作業を難しくさせることが予想される。

5、強化協力に必要な加盟国数

強化協力とは、欧州連合が排他的に管轄しない分野において、統合をさらに進める意思のある加盟国同士が互いに協力する制度であり、その設置が認められると、「欧州連合条約」および「欧州共同体設立条約」に則しかつその制限内で、欧州連合の機関を利用することができる。欧州統合の進め方やスピードについては加盟国間に意見の相違が生じるのは避けられないことであり、この制度は統合推進国の先行を認める制度として「アムステルダム条約」によって初めて設けられたものである。

「アムステルダム条約」はこの強化協力の設置申請に必要な加盟国の数を過半数としたが、「ニース条約」は八カ国以上に、「欧州憲法条約」第I—四四条第二項は三分の一以上に、「リスボン条約」は九カ国以上に変更した（「新欧州連合条約」第二〇条第二項等）。現在の加盟国数は二七であるが、今後の加盟国数の増加を考えると、「リスボン条約」は「欧州憲法条約」よりも設置を容易にしたといえる。

6、個人情報の保護

旧二条約には、個人情報の保護に関する規定は存在していなかったが、一九九五年一〇月二四日の「個人情報保護のための指令」(32)がこれを定めていた。同指令第三条第二項はしかし、同指令の適用範囲から「欧州連合条約」第V編（共通外交・安全保障政策）と第VI編（警察協力および刑事司法協力）に従った行動を除外することを、すなわち治安、国防、国家の安全、警察の分野における国家の活動には、個人情報保護の規定を適用しないことを定めていた。

「欧州憲法条約」はこれに対して、条約内に初めて個人情報の保護に関する一般規定を設けた。すなわち第I—五一条第一項で、個人情報の保護に対する権利を規定し、同条第二項で、欧州議会および閣僚理事会によるそのための規則の共同立法および独立の官庁によるこの規則の遵守の監視について規定した。しかし、「欧州憲法条約」のこの条項によって先の指令が無効になるというわけではなく、二〇〇三年九月三〇日の政府間会議は、「第Ⅰ―五一条に対する宣言」(33)を採択し、「欧州憲法条約」第Ⅰ―五一条に基づいて制定される個人情報保護法は、一九九五年の指令が適用除外分野を定めていることに注意を喚起した。

「リスボン条約」は、「欧州連合運営条約」第一六条第一項および第二項前段に個人情報の保護に関する一般規定を設け、「欧州憲法条約」第Ⅰ―五一条の規定を引き継いだ。「リスボン条約」はさらに、「新欧州連合条約」第三九条において、共通外交・安全保障政策の分野において加盟国が処理する個人情報の保護およびその自由な交換に関するルールについては、閣僚評議会が決定を制定することを定めた。

このように「リスボン条約」は、二条約の中に個人情報の保護に関する一般規定と特別規定を置き、個人情報の保護に対する姿勢を鮮明にした。これにより一般規定は、警察協力・刑事司法協力の分野における個人情報の保護に及ぶことになったが、政府間会議は「刑事司法協力および警察協力の分野における個人情報の保護についての宣言」(34)を採択し、「欧州連合運営条約」第一六条に従ってこの分野において制定される法規は、この分野の特殊性を考慮した特別なものにする必要性を明らかにしている。

7、条約改正の目的

「欧州憲法条約」は第Ⅲ―四四三条において正式の条約改正手続きを、第Ⅲ―四四四条において略式の条約改正手続きを定めていたが、「新欧州連合条約」は両手続きを第四八条においてまとめて規定し、その第二項に、条約改正の目的を、欧州連合に移譲された「管轄権の拡大または縮小」とすることができることを新たに規定した。これによって、条約改正の目的は、単に欧州統合の推進のためだけではなく、後退のためでもよいことが明確にされた。

8、加盟の条件

「欧州憲法条約」第I―五八条第一項は、加盟を申請する条件として、第I―二条に規定されている欧州連合が掲げる「諸価値」を尊重すること、すなわち人間の尊厳、自由、民主主義、平等、法の支配を尊重し、少数派に属する者の権利を含めた人権を擁護することを挙げていたが、「新欧州連合条約」は第四九条前段においてこれを引き継ぐだけではなく、新たに「欧州理事会によって合意された基準が考慮される」との一文を挿入した。

ここで言われている「欧州理事会によって合意された基準」とは、一九九三年六月二二日のいわゆる「コペンハーゲン基準」(35)を指す。この基準は政治的基準、経済的基準および法制度基準の三つから成る。政治的基準とは、「民主主義、法の支配および人権を保障する制度の安定」「少数派の尊重と保護」であり、上述の欧州連合が掲げる「諸価値」を尊重することに相応する。経済的基準は、「機能する市場経済の存在」「欧州連合内部の競争圧力や市場の力に耐える能力」であり、一定の競争力を備えた市場経済を持つことである。法制度基準とは、「政治連合および経済・通貨連合の目的の堅持を含む加盟国としての義務を引き受ける能力」である。この義務を引き受けるには、膨大な数の二次法(派生法)、判例法、国際協定等を含むEC・EU法のすべてを受け入れることが必要であり、自国の法体系を変更しなければならない。

欧州連合への加盟の受け入れはこれまでも、「コペンハーゲン基準」を厳格に適用して行ってきたわけではない。「コペンハーゲン基準」の経済的基準は、競争力ある市場経済を備えていなければならないという基準であるが、東欧諸国がこれを満たさずに加盟したことが示しているように、また最近では、コソヴォ自治州の独立を認めさせるために、セルビアに経済援助と欧州連合への加盟を交換条件としてもちかけたことが報道されているように、地政学的・戦略的理由こそが加盟の是非を左右してきたのである。

「リスボン条約」による改正によって、「新欧州連合条約」が、欧州連合が依拠する「諸価値」の中に、現行条約の中にはない（とはいえ「欧州憲法条約」の中にはある）「少数派に属する者の権利」を新たに加え、これを尊重することを加盟申請の条件とし、さらに「コペンハーゲン基準」への事実上の言及によってこれを条約的加盟基準に引き上げた。これによって欧州連合は、加盟を拒否し、あるいは加盟交渉を延々と行って事実上の加盟拒否の状態をつくることを正当化する手段を得たということであろう。ここでは、政教分離原則をとってはいるがイスラムの国であり、クルド問題を抱える加盟候補国トルコが想起されるであろう。

9、管轄権の区分

「欧州憲法条約」第I―一一条ないし第I―一七条は、欧州連合と加盟国との管轄権の区分についての規定を置き、連合の排他的管轄権の分野および共有管轄権の分野等を定めている。共有管轄権について第I―一二条第二項は、「加盟国は、連合が自己の管轄権を行使しなかったとき、またはもはやこれを行使しないと決定したときに限り、自己の管轄権を行使する」と定めているが、「欧州連合運営条約」第二条第二項はこれを二つの文に分け、「加盟国は、連合が自己の管轄権を行使しなかった場合に、かつその限りにおいて、自己の管轄権を行使する。加盟国は、連合が自己の管轄権をもはや行使しないと決定した場合に、かつその限りにおいて、自己の管轄権を新たに行使する」との規定に変更した。

両者の規定に本質的な違いはない。とはいえ、変更は以下の意図に基づくものと思われる。すなわち、加盟国が自己の共有管轄権を行使できるのは、原則として①欧州連合が自己の管轄権を行使しなかったとき、②欧州連合が自己の管轄権をもはや行使しないと決定したとき、のいずれかの場合であるが、後者は欧州連合が、行使中の共有管轄権を行使しないとの意思表示を自ら積極的に行う場合であり、両者の間にある質的な違いを明確にしようというものである。

なお、二〇〇七年一〇月一九日の政府間会議の「管轄権の区分についての宣言」(36)によれば、「連合が自己の管轄権をもはや行使しないと決定」するとは、第一に、当該分野にすでに存在する「法律」の廃止を、欧州連合の当該機関が決定することである。この場合、閣僚理事会は、構成員の発議に基づいて、「欧州連合運営条約」第二四一条の手続きに従って、欧州委員会に、当該「法律」の廃止の提案を行うように要求することができる。第二に、加盟国政府の代表による政府間会議が「欧州連合条約」第四八条第二項ないし第五項に定める正式の条約改正手続きに従って、欧州連合の当該管轄権を廃止することである。この場合、言うまでもなく、全加盟国による批准が必要である。

さらにまた、共有管轄権については欧州連合の行動に枠をはめるために、「共有管轄権の行使に関する議定書」(37)が添付され、欧州連合の共有管轄権の行使は、「連合の当該二次法によって規定された要素にのみ及び、全分野には及ばない」ことが定められた。

10、弾力条項

弾力条項(柔軟条項)とは、「旧欧州共同体設立条約」第三〇八条にもある規定である。これは、共同市場の枠内でその目的を実現するために欧州共同体の行動が必要であるが、しかし条約にそのための権限が定められていない場合、閣僚理事会がそのための法規を、欧州議会に諮問した後、欧州委員会の提案に基づいて全会一致をもって制定することを認める規定である。

この弾力条項には、加盟国の管轄権を侵害する道具になりはしないかという懸念がつきまとう。そのため「欧州憲法条約」第Ｉ―一八条は、この条項を発動する場合には、欧州委員会に、加盟国の注意を喚起する義務を課し（第二項）、また加盟諸国の法令の調和が禁じられている分野においてこの条項を発動することを禁じた（第三項）。「欧州連合運営条約」第三五二条は、これらの規定を引き継いだが、新たに第四項を設け、弾力条項が共通外交・安全保障政策の目標を実現するために利用されてはならないことを明言する規定を置いた(38)。

11、自由、平等および正義の領域

「欧州連合運営条約」第三部第Ｖ編は「自由、平等および正義の領域」であり、五つの節、すなわち第一節「一般規定」、第二節「国境検査、庇護および移住」、第三節「民事事件における司法協力」、第四節「刑事事件における司法協力」、第五節「警察協力」から構成されている。特に、刑事司法協力および警察協力の分野では、「欧州憲法条約」と比較して、加盟国間の協力の推進が容易となっている。

（ｉ）民事司法協力

民事司法協力について定める「欧州憲法条約」第Ⅲ―二六九条はその第三項において、国際親族法の分野における司法協力については、閣僚理事会が、欧州議会に諮問した後、全会一致をもって「法律」（「欧州法（律）」または「欧州枠組み法（律）」である）を制定すること、また閣僚理事会は国際親族法の特定の側面については、欧州議会が共同立法機関として立法に関与することを定める「通常の法律制定手続き」に従って制定される二次法の対象とすることを、欧州委員会の提案に基づいて、欧州議会に諮問した後、全会一致をもって決定できることを規定している。

「欧州連合運営条約」第八一条第三項は、「欧州憲法条約」のこの規定を引き継いでいるが、一部に、新たに加盟国議会の拒否権を認める規定を挿入した。すなわち、欧州委員会が提出する「法律」案は、加盟国議会に送付され、通知後六ヶ月以内にいずれかの加盟国議会がこの「法律」案を拒否すると、この二次法は制定されない。親族法の分野で外からの介入を是としないポーランド等への配慮に基づく変更であろう。

(ii) 刑事司法協力

「欧州憲法条約」第Ⅲ—二七一条第四項によっても刑事司法の分野における強化協力の設置は可能であるが、その条件は厳しく、また時間がかかる。すなわち、国際的重大犯罪分野において犯罪行為および刑罰を特定する最小限の規則を定める等の際に、いずれかの加盟国理事が、法案(「欧州枠組み法(律)」案である)は自国の刑法秩序の基本的側面に抵触すると考えるときは、当該法案は欧州理事会に付託され、法律制定手続きは停止されることになる。欧州理事会は、法律制定手続きの停止後四ヶ月以内に、法案を閣僚理事会に戻すか(この場合は法律制定手続きの停止は終了する)、欧州委員会または加盟国のグループに新たな法案の提出を求める(この場合は当初提案された法案は廃案となる)。欧州理事会が法律制定手続き停止後四ヶ月以内に行動しなかったとき、または前記の新法案が提出後一二ヶ月以内に制定されなかったときで、加盟国の少なくとも三分の一が、当該法案に基づいて強化協力の設立を望むときには、設立の授権がなされたものとされる。

これに対して、この分野の強化協力について定めた「欧州連合運営条約」第八二条第三項は、付託された欧州理事会に、欧州委員会または加盟国のグループに新たな法案(「指令」案である)を提出するように求める権限を与えておらず、欧州理事会が法律制定手続きの停止後四ヶ月以内に閣僚理事会へ法案を戻す決定を行わなかった場合で、少なくとも九カ国の加盟国がその後四ヶ月以内に、当該法案に基づく強化協力の設立を望むことを欧州議会、閣僚理事会および欧州委員会に通知するときには、設立の授権がなされたものとするとの規定を設けた。これによって設立の要件が緩和された。

(iii) 警察協力

警察協力について定める「欧州憲法条約」第Ⅲ—二七五条は、この分野における強化協力の設立に関する規定を置いていない。「欧州連合運営条約」はこれに対して、その第八七条第三項第三段に、強化協力の設立についての規定を新たに設けた。そのための条件は、刑事司法における強化協力の設立の条件と同じである。

12、地球温暖化対策

「欧州憲法条約」の環境に関する条項(第Ⅲ—二三三条および第Ⅲ—二三四条)は、「旧欧州共同体設立条約」の条項をほとんどそのまま引き継いだものであり、第Ⅲ—二三三条第一項(d)において、欧州連合の環境政策の目標の一つとして「地域的または地球的な環境問題の解決のための国際的次元での措置の推進」を挙げてはいるが、その対象となる特定の環境問題の名を挙げておらず、抽象的な印象は否めない。これに対して「欧州連合運営条約」第一九一条第一項は、上記の対象となる分野として、特に「気候変動の克服」を挙げ、国際協力による地球温暖化対策の推進に本腰を入れる決意を示している。

13、欧州人権規約への加盟

「欧州憲法条約」は第Ⅲ―三二五条第六項(a)の(ii)および同第八項において、欧州連合が欧州人権規約に加盟する場合には、閣僚理事会が欧州議会の同意を得て特定多数によって決定することを定めている。これに対して「新欧州連合条約」は第六条二項において、欧州連合が欧州人権規約に加盟できることを謳っているが、「欧州連合運営条約」は第二一八条第六項(a)の(ii)および第八項において、閣僚理事会の決定は、特定多数ではなく全会一致を必要とすることに変更した。また同第八項においては、欧州人権規約への加盟協定が発効するには、全加盟国による批准を必要とすることが規定されている。このように、欧州人権規約の加盟のハードルは、「欧州憲法条約」のときよりも格段に高くなった。

14、欧州議会の議席の確定

「欧州憲法条約」は、第Ⅰ―二〇条第二項前段において、欧州議会の総議席数の上限を七五〇とし、これを加盟国に「逓減的比例的」に配分し、上限を九六、下限を六とすることを定め、後段においては欧州理事会が、前段に定める原則が守られている欧州議会の構成についての決定を、欧州議会の発議に基づいてかつ同議会の同意を得て、全会一致をもって行うことを定めている。

「新欧州連合条約」第一四条第二項前段および後段は、「欧州憲法条約」の上記規定をほぼそのまま引き継いだが、七五〇議席には欧州議会議長を含めることを明らかにする語句を追加した。

欧州議会は二〇〇七年一〇月一〇日の総会で、二〇〇九～二〇一四年の会期の総議席数を七五〇とする配分案を賛成多数で可決したが、同年一〇月一九日の非公式の政府首脳会議は、議会案よりも一議席多くイタリアに配分することを内容とする宣言を採択することで合意した(39)。イタリアが、英国と同数の議席を持つことを強硬に主張したためであった。この宣言は「リスボン条約」に添付された。そのため二〇〇九～二〇一四年の会期の総議席数は七五一議席となり、「新欧州連合条約」に違反する状態が生じることになる。

15、知的財産権訴訟の管轄権の欧州連合司法裁判所への移管手続き

「旧欧州共同体設立条約」第二二九a条は、閣僚理事会が、欧州共同体的な知的財産権を創造する二次法の適用に関わる訴訟の管轄権を、欧州司法裁判所に移管することを、欧州委員会の提案に基づいて、欧州議会に諮問した後、全会一致をもって決定できることを規定している。

「欧州憲法条約」第Ⅲ—三六四条は、これを欧州議会および閣僚理事会の共同立法事項に変更している。すなわちこの場合、欧州議会の過半数による決定および閣僚理事会の特定多数による決定をもって、移管が行われる。

「欧州連合運営条約」第二六二条は、この変更を採用せず、「旧欧州共同体設立条約」の通り、欧州連合司法裁判所への移管を閣僚理事会の全会一致による決定事項とした。

16、略式の条約改正手続き

「新欧州連合条約」第四八条第六項および第七項は、「欧州憲法条約」第Ⅳ—四四五条および第Ⅳ—四四四条の規定を引き継ぎ、略式の条約改正手続きを定めている。このうち第四八条第七項は、以下の二つの場合を定めている。すなわち第一に、「欧州連合運営条約」または「新欧州連合条約」第Ⅴ編（「連合の対外的行動に関する一般規定および共通外交・安全保障政策に関する特別規定」）が、閣僚理事会の全会一致を要求している事項であっても、欧州理事会が、欧州議会の総議員の過半数による同意を得て、全会一致をもって決定すれば、閣僚理事会の特定多数による決定事項に変更できる。ただし、これは軍事または防衛政策に関連する事項の決定には適用されない。

第二に、「欧州連合運営条約」が、閣僚理事会の「特別の法律制定手続き」による立法を要求している事項であっても、欧州理事会が、欧州議会の総議員の過半数による同意を得て、全会一致をもって決定すれば、「通常の法律制定手続き」による立法事項に、すなわち閣僚理事会と欧州議会の共同立法事項に、変更することができる。

しかしその一方で、「欧州連合運営条約」は第三五三条を新たに設け、すでに挙げられている軍事または防衛政策関連の事項以外の適用除外事項を追加列挙した。すなわち①第三一一条第三段（欧州連合の独自財源制度の変更――特別の法律制定手続きに従った閣僚理事会の全会一致による立法事項）および第四段（欧州連合の独自財源制度の実施措置――特別の法律制定手続きに従った閣僚理事会の特定多数による立法事項）、②第三一二条第二項前段（多年度財政枠の決定――特別の法律制定手続きに従った閣僚理事会の全会一致による立法事項）、③第三五二条（弾力条項――特別の法律制定手続きに従った閣僚理事会の全会一致による立法事項）、④第三五四条（特に、加盟国の権利の停止措置とその変更または取消――特別の法律制定手続きに従った閣僚理事会（当該加盟国を除く）の特定多数による立法事項）である。

①が適用除外されたことにより、欧州連合の独自財源制度の変更には、引き続き閣僚理事会の全会一致が必要であり、欧州連合の財源問題の調整は今後も困難が予想される。

②の多年度財政枠については、「欧州憲法条約」第I―五五条第四項が、欧州理事会の全会一致の決定により、閣僚理事会が特定多数によって決定する事項に変更できる旨の規定をおいていたが、「欧州連合運営条約」もこの規定を採用している（第三一二条第二項後段）。そのため、ここでの適用除外とは、特別の法律制定手続きから通常の法

律制定手続きに変更することはできないことを意味する。なお、この多年度財政枠は、現在では七年間（二〇〇七〜二〇一三年）の「財政見通し」として実施されており、この「財政見通し」は支出類型ごとに配当額および支出額の上限を定めて、欧州連合・欧州共同体の中期の行動を財政的にしばる重要な法である。今次の「財政見通し」は、財政の膨張を阻もうとする「純支払い国」とより多くの恩恵を引き出そうとする新規加盟国を中心とする「純受け取り国」との対立、英国の財政負担を特別に軽減している英国「割引」を巡る対立、財政支出の四割強を占める共通農業政策関連支出すなわち農業補助金の削減を主張する英国等と「純受け取り国」ではないが農業補助金の恩恵を受けているフランスや新規加盟国との対立のために調整が難航したが、特定多数による決定事項に変更されるならば、二〇一四年以降の多年度財政枠についての調整は若干容易となるであろう。

③の弾力条項の適用除外は、いうまでもなく弾力条項の濫用を防ぐためである。先に述べた共通外交・安全保障政策のために発動することを禁じる規定と相俟って、弾力条項の発動は簡単にはできない。

④の加盟国の権利の停止等の決定を除外したことは、いうまでもなく欧州議会の関与を排除するためである。

17、連合市民の外交的および領事的保護

「旧欧州共同体設立条約」第二〇条および「欧州憲法条約」第Ｉ—一〇条第二項(c)は、連合市民権の一つとして、自分が国籍を有する加盟国が代表を置いていない第三国の領土において、他の加盟国の外交的および領事的保護を、当該加盟国国民と同一の条件で享受する権利を定めている。

「欧州連合運営条約」第二三条はこれを引き継ぐとともに、閣僚理事会が、特別の法律制定手続きに従って、欧州議会に諮問した後、この外交的および領事的保護を容易にするために必要な調整・協力措置を定める「指令」（二次法の一種）を制定することができる、との規定を追加した。

18、労働者の自由移動

「旧欧州共同体設立条約」第四二条は、加盟国労働者とその家族の自由移動を保障するための措置として、閣僚理事会が社会保障の分野において、加盟国ごとに異なる制度の下にある社会保険等の請求権取得等のための期間の合算に関する規定や加盟国領土内に居住する者への給付の実施に関する規定を、全会一致をもって決定することを定めている。

「欧州憲法条約」第Ⅲ－一三六条も、基本的にこの規定を引き継いだが、第一項において、対象を「労働者と請求権を有するその家族」ではなく、「労働者および自営業者と請求権を有するそれらの家族」に変更し、また新たに次のような第二項を起こし、加盟国の事情に配慮した。すなわち、いずれかの加盟国の閣僚理事会構成員が、当該法案（「欧州法（律）」案または「欧州枠組み法（律）」案である）は、自国の社会保障制度の適用範囲、コストおよび財政構造を侵害するか、または同制度の財政的均衡を損なうと考えるときは、法案を欧州理事会に付託する申請を行うことができる。この場合、「通常の法律制定手続き」は停止され、欧州理事会はその後四ヶ月以内に、法案を閣僚理事会に戻すか（この場合、法律制定手続きの停止は終了する）、欧州委員会に新法案の提出を求める（この場合、当初の法案は廃案となる）かの、いずれかの行動を取る(40)。

「欧州連合運営条約」第四八条は、「欧州憲法条約」第Ⅲ－一三六条をほぼ引き継いだが、付託後四ヶ月以内に欧州理事会が取り得る行動としてさらに、全く行動しないという選択肢を追加し、この場合も、この四ヶ月経過後には、当初の法案は廃案となるとした(41)。加盟国の事情に一層の配慮を加えた規定である。

19、エネルギー分野での協力

「旧欧州共同体設立条約」第一〇〇条第一項は、「[閣僚]理事会は、特に特定の商品の供給に重大な困難が生じる場合、経済状況に適した措置を、本条約に定めるその他の手続きを損なうことなく、[欧州]委員会の提案に基づいて、特定多数をもって決定することができる」と定めているが、「欧州憲法条約」第Ⅲ—一八〇条第一項もこの規定を受け継いでいる。

「欧州連合運営条約」第一二二条第一項も上記の規定を引き継いでいるが、以下のように傍点を付した語句を追加し、「[閣僚]理事会は、特に特定の商品の供給に、とりわけエネルギー分野において、重大な困難が生じる場合には、経済状況に適した措置を、二条約に定めるその他の手続きを損なうことなく、[欧州]委員会の提案に基づいて、加盟国間の連帯の精神において、決定することができる」とした。

また「欧州連合運営条約」第一九四条は、欧州連合のエネルギー政策について定める「欧州憲法条約」第三—一五八条をほぼ引き継いでいるが、その第一項に、同じく「加盟国の連帯の精神において」という語句を追加するとともに、欧州連合のエネルギー政策の目標として、「エネルギー網の連結の促進」を追加した。

これはいうまでもなく、昨今の国際市場における石油等の価格の高騰と予想される供給確保の困難に対して、結束して対処する強い意志を表したものである。

以上我々は、「リスボン条約」と「欧州憲法条約」との主要な相違点について検討した。「リスボン条約」は、「国家」や「連邦国家」を連想させる文言、表現等を削除するとともに、特に欧州連合の立法過程への加盟国議会の関与を強め、弾力条項に一層の制限を課し、統合を後退させるための条約の改正も認め、「スーパー国家」になるのではという懸念に配慮している。その他にもまた、個別の加盟国に様々に配慮している。すなわち、ポーランドには閣僚理事会の特定多数の新内容の適用時期の延期、新「イオアニナ定式」の導入による少数派保護の強化、「基本権憲章」に対する拒絶の選択権等を認め、英国には「基本権憲章」に対する拒絶の選択権を認め、イタリアには欧州議会の議席増を認める、といった具合である。これらはすべて、批准の障害を取り除くためであることはいうまでもない。

「リスボン条約」はこのように、「欧州憲法条約」の内容に変更を加えたが、同条約の基本的内容を引き継いでいることを忘れてはならない。すなわち、「スーパー・パワー」として迅速かつ一体的に行動するための制度的枠組みを備えているのである。

注

（1）「欧州憲法条約」の調印に至る経緯と内容については、小林勝『欧州憲法条約（監訳・解題）』（御茶の水書房、二〇〇五年）の「解題」を参照。

（2）Erklärung der Staats- und Regierungschefs der Mitgliedstaaten der Europäischen Union zur Ratifizierung des Vertrags über eine Verfassung für Europa（Tagung des Europäischen Rates am 16./17. Juni 2005).

（3）Conclusions of the European Union, Brussels, 17 July 2006, 10633/1/06, REV 1, p. 16-17.

（4）The European Constitution: post-referendum survey in France, June 2005/ The European Constitution: post-referendum survey in The Netherlands, June 2005.

（5）一〇カ国は、二〇〇四年五月一日の加盟によりＥＣ／ＥＵのフルメンバーになったが、多くの分野で経過措置が取られた。労働者の自由移動もそうした分野の一つであり、マルタとキプロスを除く八カ国に対して旧加盟国は、二年間これらの国からの労働者の移動を制限することが可能となり、これは三年の延長、さらに二年の再延長が可能とされた（「加盟条件に関する条約(Act concerning the conditions of accession of the Czech Republic, the Republic of Estonia, the Republic of Cyprus, the Republic of Latvia, the Republic of Lithuania, the Republic of Hungary, the Republic of Malta, the Republic of Poland, the Republic of Slovenia and the Slovak Republic and the adjustments to the Treaties on which the European Union is founded)」第二四条(Official Journal of the European Union, L 236, Volume 46, 23 September 2003, p. 40) および補遺Ⅴ(p. 803), Ⅵ(p. 812), Ⅷ(p. 824), Ⅸ(p. 836), Ⅹ(p. 846), ⅩⅡ(p. 875), ⅩⅢ(p. 906), ⅩⅣ(p. 915))。二年経過後に延長措置を講じたのはベルギー、デンマーク、ドイツ、フランス、イタリア、ルクセンブルク、オランダ、オーストリアである。

（6）Gesamthaushaltsplan der Europäischen Union für das Haushaltsjahr 2005, Brüssel-Luxemburg, Januar 2005, S. 24.

（7）Ebenda, S. 8. 絶対額より算出。

（8）Rede der Bundeskanzlerin vor dem Europäischen Parlament vom 17. 01. 2007, Presse- und Informationsamt der Bundesregierung, Pressemitteilung Nr. 20.

（9）Erklärung anlässlich des 50. Jahrestags der Unterzeichnung der Römischen Verträge.

（10）Rede von Bundeskanzlerin Angela Merkel beim Festakt zur Feier des 50. Jahrestags der Unterzeichnung der "Römischen Verträge" (Berlin, 25. März 2007).

（11）Presidency Conclusions of the Brussels European Council (21/22 June 2007), 11177/1/07, REV 1, p. 15-30.

（12）Ibid., p. 2.

（13）Draft Treaty amending the Treaty on European Union and the Treaty establishing the European Community - Draft Preamble (CIG 4/07); Draft Treaty amending the Treaty on European Union and the Treaty establishing the European Community (CIG 1/07); Draft Treaty amending the Treaty on European Union and the Treaty establishing the European Community - Protocols (CIG 2/07); Draft declarations (CIG 3/07).

（14）Draft Treaty amending the Treaty on European Union and the Treaty establishing the European Community - Draft Preamble (CIG

4/1/07　REV　1); Draft Treaty amending the Treaty on European Union and the Treaty establishing the European Community (CIG　1/1/07　REV　1); Draft Treaty amending the Treaty on European Union and the Treaty establishing the European Community - Protocols (CIG　2/1/07　REV　1); Draft declarations (CIG　3/1/07　REV　1).

（15）「欧州憲法条約」の邦訳については、前掲小林勝『欧州憲法条約』（御茶の水書房、二〇〇五年）を参照。

（16）ただし、ベルギー、ブルガリア、ドイツ、ギリシャ、スペイン、イタリア、キプロス、リトアニア、ルクセンブルク、ハンガリー、マルタ、オーストリア、ポルトガル、ルーマニア、スロヴェニア、スロヴァキアの一六カ国は、これらのシンボルを欧州連合のシンボルとして認めることを付属宣言で明らかにした（Erklärung des Königreichs Belgien, der Republik Bulgarien, der Bundesrepublik Deutschland, der Hellenischen Republik, des Königreichs Spanien, der Italienischen Republik, der Republik Zypern, der Republik Litauen, des Großherzogtums Luxemburg, der Republik Ungarn, der Republik Malta, der Republik Österreich, der Portugiesischen Republik, Rumäniens, der Republik Slowenien und der Slowakischen Republik zu den Symbolen der Europäischen Union, Schlussakte, Amtsblatt der Europäischen Union vom 17. 12. 2007, C 306/267）。

（17）Erklärung zum Vorrang, Schlussakte, ebenda, C 306/256.

（18）「欧州憲法条約」の第Ⅱ部を成す「欧州連合基本権憲章」が、条文の番号等の技術的修正を経て、この日の欧州議会の本会議において、欧州連合の主要三機関の長によって、すなわち欧州連合理事会議長、欧州議会議長、欧州委員会委員長の三者によって調印されたことを指す。

（19）Vertrag von Lissabon zur Änderung des Vertrags über die Europäische Union und des Vertrags zur Gründung der Europäischen Gemeinschaft, Amtsblatt der Europäischen Union vom 17. 12. 2007, C 306/13.

（20）Protokoll über die Anwendung der Charta der Grundrechte der Europäischen Union auf Polen und das Vereinigte Königreich, Amtsblatt der Europäischen Union vom 17. 12. 2007, C 306/156-157. なお、英国の拒絶の選択権は二〇〇七年六月二一・二二日の欧州理事会において認められていたが、その際にさらに二カ国がこの権利を留保していた（IGC Mandate, Annex I to the Presidency conclusions of the Brussels European Council (21/22 June 2007), 11177/1/07 REV 1, p. 25）。この二カ国とはポーラン

ドとアイルランドであったが、最終的にアイルランドはこの権利を主張しなかった。

(21) 同首相の就任演説（Exposé premiera Donalda Tuska, Warszawa, 23. 11. 2007, pobierz, http://www.premier.gov.pl/s.php?id=1389&path=10325）を参照。

(22) Erklärung der Republik Polen zur Charta der Grundrechte der Europäischen Union, Schlussakte der Regierungskonferenz, Amtsblatt der Europäischen Union vom 17. 12. 2007, C 306/270.

(23) Erklärung der Republik Polen zu dem Protokoll über die Anwendung der Charta der Grundrechte der Europäischen Union und das Vereinigte Königreich, ebenda.

(24) Protokoll über die Rolle der nationalen Parlamente in der Europäischen Union, Amtsblatt der Europäischen Union vom 17. 12. 2007, C 306/148-150.

(25) Protokoll über die Anwendung der Grundsätze der Subsidiarität und der Verhältnismässigkeit, ebenda, C 306/150-152.

(26) Protokoll über die Rolle der nationalen Parlamente in der Europäischen Union, Amtsblatt der Europäischen Union vom 16. 12. 2004, C 310/204-206；Protokoll über die Anwendung der Grundsätze der Subsidiarität und der Verhältnismässigkeit, ebenda, C 310/207-209.

(27) 現行の「ニース条約」の定める特定多数の成立要件は、詳しくは以下の通りである。すなわち、閣僚理事会が欧州委員会の提案に基づいて決定する場合には、賛成国数が全加盟国の過半数であり、かつ賛成国数の持ち票総数が二五五票以上（総数は三四五票）であることが必要である。閣僚理事会が欧州委員会の提案に基づかずに決定する場合には、賛成国数が全加盟国数の三分の二以上、かつ賛成国の持ち票総数が二五五票以上であることが必要である。その際にいずれの加盟国理事も、賛成国の総人口が欧州連合加盟国の総人口の六二パーセントに達しているかの検査を要求することができ、検査の結果この基準をクリアしていないことが判明した場合には、特定多数は成立しなかったものとして扱われる。

(28) a)、b)、c)については「過渡的規定に関する議定書」第三条（Protokoll über die Übergangsbestimmungen, Amtsblatt der Europäischen Union vom 17. 12. 2007, C 306/160-161）。

（29）この二〇〇七年一二月一三日の閣僚理事会の全会一致による決定は、同年一〇月一九日の政府間会議において合意された「欧州連合条約第九c条第四項および欧州連合の運営方法に関する条約第二〇五条第二項に対する宣言」(Declaration on Article 9c(4) of the Treaty on European Union and Article 205(2) of the Treaty on the Functioning of the European Union, Intergovernmental Conference, Lisbon, 19 October 2007, DS 871/07, p.1-3)に従ってなされたものである。この決定は「リスボン条約」と同時に発効することになっている。

（30）Erklärung zu Artikel I-25, Amtsblatt der Europäischen Union vom 16. 12. 2004, C 310/421-422.

（31）これがどの程度の期間であるのかは、「宣言」には規定されていない。

（32）Richtlinie 95/46/EG des Europäischen Parlaments und des Rates vom 24. Oktober 1995 zum Schutz natürlicher Personen bei der Verarbeitung personenbezogener Daten und zum freien Datenverkehr, Amtsblatt der Europäischen Union vom 23. 11. 1995, L 281, S. 0031-0050.

（33）Erklärung zu Artikel I-51, Schlussakte der Vertreter der Regierungen der Mitgliedstaaten vom 30. Sep. 2003 in Brüssel, AF /Constitution/de 8.

（34）Déclaration ad article 16B du traité sur le fonctionnement de l'Union européenne, Acte final, Conférence des représentants des gouvernements des états members, Bruxelles, le 3 décembre 2007, CIG 15/07 AF/TL/DC/fr 11.

（35）Presidency Conclusions of the European Council in Copenhagen(21/22 June 1993), SN 180/1/93 REV 1, p. 13.

（36）Declaration in relation to the delimitation of competences, Intergovernmental Conference, Lisbon, 19 October 2007, DS 870/07.

（37）Protokoll über die Ausübung der geteilten Zuständigkeiten, Amtsblatt der Europäischen Union vom 17. 12. 2007, C 306/158.

（38）なお、この第三五二条にはさらに二つの宣言（Erklärung zu Artikel 308 des Vertrags über die Arbeitsweise der Europäischen Union, ebenda, C 306/262-263）が付され、濫用に歯止めをかけている。第三〇八条は整理された条文では第三五二条である。

（39）Declaration on the composition of the European Parliament, Lisbon, 19 Oktober 2007, DS 869/07.

(40) なお、本条に対して政府間会議は、本条に基づく法案が加盟国の利益を十分に考慮すべきとの宣言（Erklärung zu den Artikeln III-136 und III-267, Amtsblatt der Europäischen Union vom 16. 12. 2004, C 310/460）を付した。

(41) 本条に対しても政府間会議は、本条に基づく法案が加盟国の利益を十分に考慮すべきとの宣言（Déclaration ad article 42 et 63bis du traité sur le fonctionnement de l'Union européenne, Acte final, Conférence des représentants des gouvernements des états members, Bruxelles, le 3 décembre 2007, CIG 15/07 AF/TL/DC/fr 1）を付した。

訳者あとがき

本書は、「リスボン条約」によって改正される「欧州連合条約」と「欧州共同体設立条約」（改正後の名称は「欧州連合の運営方法に関する条約」）を、二〇〇八年五月九日付の欧州連合官報に掲載されたドイツ語のテキストをもとに翻訳し、簡単な解題を付したものである。「議定書」と「補遺」の翻訳は省いた。翻訳に際しては、英語版とフランス語版も参照し、ドイツ語版からの翻訳では意味が曖昧となると思われる場合や誤記の箇所については、英語版とフランス語版から訳出した。

「リスボン条約」は全加盟国による批准を経て、早ければ二〇〇九年一月一日に発効する予定であったが、二〇〇八年六月一二日にアイルランドが国民投票によって否決したため、予定通りの発効は不可能となった。しかし、二〇〇九年一月末現在、他の加盟国では、チェコを除くすべての加盟国の議会が、すでに批准を済ませている。

チェコでは「リスボン条約」の違憲訴訟が行われたが、憲法裁判所が二〇〇八年一一月二六日に合憲の判決を出しており、議会が間もなく批准手続きを開始する。しかし、「リスボン条約」はチェコの主権を侵害するとして反対しているクラウス大統領は、アイルランドが批准しない限り自分は署名しないと言明している。議会がすでに批准しているポーランドのカチンスキ大統領も、欧州統合の深化に懐疑的であり、未だ批准書に署名していないが、いずれ署名せざるを得ないであろう。同じく議会がすでに批准しているドイツでも、ケーラー連邦大統領が署名しておらず、批准手続きは完了していない。ドイツでも「リスボン条約」への同意法律の違憲訴訟が行われており、ケーラー連邦大統領は、「マーストリヒト条約」への同意法律の違憲訴訟の時と同じように、ドイツ連邦憲法裁判所が合憲の判断を下すまでは、署名を見合わせているためである。

アイルランドでは、憲法の規定により国民投票を避けることはできず、再度の国民投票が実施されるものと思われるが、今のところその目途は立っていない。同じ案件で一年に二度も国民投票を実施することは困難であり、再度の国民投票は早くて二〇〇九年後半に実施されることになろう。したがって、「リスボン条約」が次回の欧州議会選挙が始まる二〇〇九年六月までに発効する可能性はますます小さくなっている。発効は二〇〇九年後半に、おそらく二〇一〇年にずれ込むことになろう。

なお、本書の解題の一部は、拙稿「欧州連合『リスボン条約』の検討」[『中央学院大学法学論叢』第二一巻第二号(二〇〇八年三月三一日)所収]を加筆したものである。

二〇〇九年二月初旬

小林　勝

訳者紹介

小林　勝（こばやし　まさる）

東京大学大学院経済学研究科第Ⅱ種博士課程満期退学

中央学院大学、愛知大学、立正大学非常勤講師

主要著書『欧州憲法条約（監訳・解題）』（御茶の水書房、2005年）

『ドイツ社会民主党の社会化論』（御茶の水書房、2008年）

リスボン条約《じょうやく》

2009年3月1日　第1版第1刷発行

訳　　者　小　林　　　勝

発行者　橋　本　盛　作

発行所　株式会社 御茶の水書房

〒113-0033 東京都文京区本郷5-30-20

電話　03-5684-0751

振替　00180-4-14774

組版・印刷（株）タスプ

製本／東洋経済印刷（株）

Printed in Japan

ISBN978-4-275-00822-0　C3010